○引言

○产业集群基本理论

○发达与欠发达地区产业集群比较研究

○欠发达地区产业集群发展轨迹分析——以江西为例

○欠发达地区产业集聚度实证分析——以江西为例

○欠发达地区产业集群进一步发展战略分析——以江西为例

○欠发达地区产业集群支持体系创新研究

○全文总结与展望

欠发达地区产业集群研究

——以江西为例

◎罗 莹 著

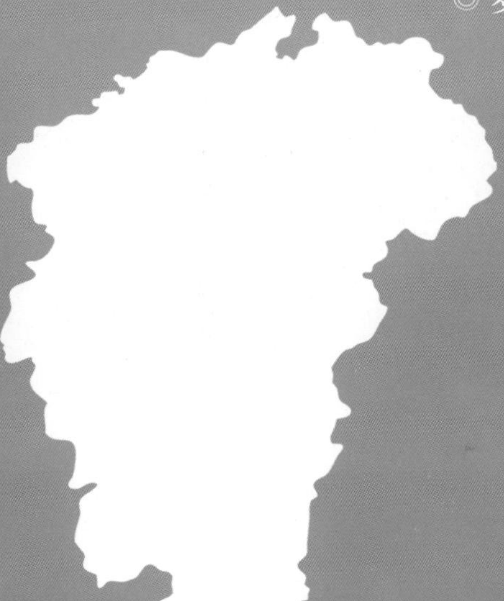

江西科学技术出版社

摘 要

产业集群已成为区域竞争力的重要力量来源和集中表现。现实世界中大量“块状经济”的存在,证实了经济活动非均衡的空间分布和集群现象的普遍性。国内外发达地区的经验表明,产业集群的培育、发展和升级,对于提升欠发达地区产业竞争力、加快经济发展及实现崛起目标都具有极其重要的现实意义。本文对产业集群的有关理论进行了梳理,阐述了产业集群理论的演变进程、理论特点,并对产业集群研究中的有关概念进行了界定。通过对发达地区与欠发达地区产业集群的比较和规范性分析,揭示了欠发达地区产业集群发展的特点、趋势,同时总结了发达地区产业集群发展的基本经验,并以此为理论基础,论证了产业集群对欠发达地区经济发展的作用和意义;围绕产业集群的演变轨迹及欠发达地区政府在推进产业集群和工业园区建设中的作用两条主线索,通过实证研究和理论研究相结合的方法,对于进一步发挥产业集群特有的集聚效应,引导欠发达地区经济持续发展、增强欠发达地区综合竞争力、缩小与发达地区的经济社会的差距、为实现跨越式发展提供新的动力等进行了富于价值的前瞻性探索;对欠发达地区有一定代表性的江西产业集群,在运用经济学工具对有关数据进行计算机整理和数学模型深入分析的基础上,对产业集群发展中关键性问题的解决提出了基本思路;对今后江西等欠发达地区产业集群的发展,提出了基本模式和路径选择;对欠发达地区产业集群发展中具有重要支撑意义的战略定位、政策、管理、技术、金融、文化创新等支持体系的建立,提出了富有说服力的对策建议。

本研究对目前理论界注意不多的欠发达地区产业集群所进行的独创性研究,将有指导借鉴意义的国内外产业集群理论进行的归纳综合,以及运用数学工具、有关数据建立的数学模型所进行的定量分析,用科学、准确的计算结论支持下得出的开创性的解释和分析,填补了欠发达地区产业集群理论某些领域的研究空白;在用一般的规范性方法分析问题的同时,还采用竞争优势理论、SWOT 等分析方法,率先对江西产业集群突出的、根本性问题及发展环境的优势、劣势进行的实证分析,为有关部门掌握更全面、更深入的产业集群现状及发展趋势和进行决策提供了理论成果。这些研究在理论上都具有一定的科学性、开创性和实践上的针对性、可操作性。

关键字:欠发达地区　产业集群　江西　为例

Abstract

Industry clusters have become important force to enhance the competitiveness of one region and they are the concentrated manifestation of regional competitiveness. There existed large number of "lump economy". This phenomenon showed that the spatial distribution of economic activities is unbalanced and the industry concentrations are universal. The experiences of developed countries demonstrated that cultivation, development and upgrading of industry cluster has extremely important realistic significance to enhance the industry competitiveness of under - developed region, promote economic development and reach the goal of rising abruptly.

In this thesis, related theories on industry cluster have been organized systematically. The development process and characteristics of theory of industry cluster are elaborated. Moreover, some concepts used in the study of industry cluster are defined. Based on comparison and the standardized analysis on industry clusters in developed and under - developed regions, the characteristics of development and tendency of industry clusters in under - developed regions are expounded. At the same time, the experiences of developing industry clusters in developed regions are summarized. On the basis of these studies, the role and significance of developing industry cluster in economic development in under - developed regions is evaluated. Some valuable proactive explorations have been made in this study. The development process of industry cluster and role of local government in promoting development of industry cluster and construction of industrial park are analyzed. A combination of case study with theory exploration is used to study how to bring the agglomeration effect produced specifically by industry cluster into full play, to lead sustainable economic development in under - developed regions, to reduce economic and social gaps between developed and under – developed regions, and to provide new motive power to reach the goal of economic rising abruptly. Basic principle is proposed to solve some critical problems in development of industry clusters in Jiangxi, which is a typical under – developed region. These propositions are based on deep analysis by means of economic tools and mathematic models. Basic models and development paths to the development of industry cluster in under – developed region, e. g., Jiangxi, are recommended. The establishment of some supporting systems is crucial to development of industry cluster in under – developed region. These systems include strategic orientation, policies, management, technologies, finance and culture innovation. Persuasive propositions to establishment of these systems have been made in this thesis.

Original research into industry cluster in under – developed region, which has drawn little attention from the theoretic field, has been conducted in this study. Domestic and international theories on industry cluster which can be used for reference have been synthesized. Quantitative analysis, which is based on construction of mathematical models, has been adopted in these researches. On the basis of results of these analyses, some pioneered conclusions are obtained. Some conclusions are original and unique, which have filled in the gap of theory on industry cluster in under – developed region. In addition to some common methods of standardized analysis, competition advantage theory and SWOT (strength, weakness, opportunity and threat) analysis are adopted in this study. These methods are used in the case study to analyze some outstanding issues and fundamental problems existed in industry cluster in Jiangxi. Advantage and disadvantage of development environment for industry cluster are also analyzed. With the theoretical achievements obtained in this study, the policy makers can know current situation and tendency of development of industry cluster more thoroughly and comprehensively, thus make scientific decisions. In theory, these studies are scientific and innovative. In practice, these studies are pertinent and manipulable.

Key words: Under – developed region　Industry cluster　Jiangxi　Case study

目 录

Table of Contents

第1章 引言

1.1 问题的提出

目前,国内经济学界对产业集群的研究取得了长足的进步。与国外相比,中国产业集群的研究在基础理论研究方面存在较大差距,但在实证研究方面却取得了许许多多令人欣喜的成果。尤其是在借鉴国外研究成果分析中国产业集群成长机制、培育方式、支撑机制等诸多问题,不仅形成了自身的研究特色,而且在一些领域深化了国外的一些研究。纵览这些成果虽然优点突出,不足之处也很明显:前期研究基本上是对某一地域、某一行业经验性的概括,这种研究直接、直观,但存在忽视产业与地区之间的关系,缺少对产业聚集等内在规律的研究等不足,而且在很长的一段时间内还融入了一些非经济学领域的政治性争论。现有的研究除有一定地域性特征外,更多的是集中在某一产业方面,而从系统工程角度的研究还不是很深入。

对于欠发达地区产业集群的发展,国外研究的很少,国内系统研究的也不多,这是产业集群理论的一大欠缺。目前已有的欠发达地区产业集群研究成果,基本上是借鉴国内外理论对欠发达地区产业集群的战略、竞争力提升、形成机制、优势培育等进行研究,对实践起到了一定的指导作用。笔者认为,现有成果存在的问题主要有:一是有些成果系统研究不够;二是有些成果对策可操作性不强;三是有的成果把主导产业误作产业集群;四是有的成果把不是产业集群的产业也混淆为产业集群;五是有的成果对欠发达地区的经济规律研究不够,提出的产业集群发展战略缺乏前瞻性。此外,很多论文和著作研究某地某一产业的集群,还没有突破经验性总结性的套路方法,还有相当部分研究把产业化作为产业集群来研究。事实上产业化既与产业集群相关，但又不是本质意义上的产业集群。

本文同样是在借鉴国内外产业集群理论和实践经验的基础上，通过对发达地区与欠发达地区产业集群的比较，研究中国欠发达地区产业集群的发展，对欠发达地区中具有一定代表性的江西产业集群进行深入研究；在分析存在的主要问题的基础上，提出江西产业集群发展模式、路径选择和支持体系建设及对策建议。主要包括：站在欠发达地区经济发展角度对产业集群有关理论进行梳理，以此为理论基础，揭示产业集群和产业集聚对欠发达地区经济发展的作用和意义；围绕产业集群和工业园区的发展演变规律、欠发达地区政府在推进产业集群和工业园区建设中的作用变化这两条主线索，通过实证研究和理论研究相结合的方法，在如何发挥产业集群特有的集聚效应和优势、推进江西工业园区向产业集群方向转化、增强欠发达地区产业竞争力和区域经济综合竞争力、引导欠发达地区产业持续发展、促进区域经济快速增长、逐步缩小与发达地区的差距、实现跨越式发展等方面进行富于价值的理论探索，并期望其中的思路、建议有益于政府部门的决策，为欠发达地区产业集群理论的丰富和实践指导起到一定的作用。

1.2 主题的基本内涵

发达地区与欠发达地区是相对的概念，用英文表达为 developed region 和 under - developed region(less - developed area)。在同一时间的不同空间范围或同一空间的不同时间范围内，如果参照系不同，所确定的欠发达地区会不一样。从全球的角度来看，中国、非洲、拉丁美洲等属欠发达地区，欧美、英、德、日等属发达地区；从中国来看，一般都将沿海地区划分为发达地区，中西部地区为欠发达地区。从经济学角度来看，欠发达地区的基本特征是经济体系薄弱、发展内生力小、产品竞争力弱、基础设施差以及由此而带来的社会文化体系的发展滞后；从统计数据来看，这些区域最明显的特征是“农业大县、工业小县、财政穷县”,其人均国民生产总值、人均财政收入、农民人均纯收入三项主要经济指标低于国内平均水平,与沿海地区进行比较,差距更大。本研究所指的欠发达地区是指在中国,受经济基础、历史文化、地理资源、区位条件、思想观念、科技教育等条件的制约,在经济社会发展水平上与先进地区存在较大差距的区域,这些区域除表现出相对性、地域性、历史性外,还表现出系统性和复杂性。

欠发达地区产业集群与发达地区产业集群没有本质区别,也不存在两种迥然不同的评价体系,是具有同一属性的产业组织和地理基础上的资源集聚体。不同之处在于它们所具有的“质”和“量”。在不同的历史背景下,在不一样的经济基础上,在有差异的文化氛围中,产业集群必然会出现具有差异化的现象及表现形式:不同的发展起点、水平、速度、类型;不同的运行模式、集聚目标、组织结构、复杂程度、集聚阶段;不同的产业归属;不同的集聚空间范围;不同的市场结构;不同的企业协作模式;不同的创新模式;不同的发展动力机制等。就政府的宏观调控而言,同样的产业政策在以上所述不同类型地区,其作用效果也可能有所不同;各地政策环境、政府服务水平及支持体系也不可能相同……基于此,欠发达地区产业集群的研究对象,实质上就是不同于发达地区的经济、社会、文化环境等现实背景下产生的一种经济现象、一种新的产业组织形式。

1.3 研究背景分析

1.3.1 历史与现实背景

产业集群的形成和发展受国内外历史与现实背景的影响极大。从目前的实践来看,产业集群的成长与国内外经济发展有着正相关的关联性。

在过去的几十年中,世界经济发展最突出、最明显的特征之一就是所谓的经济全球化。较早权威的叙述是国际货币基金组织(IMF)在1997年5月发表的一份报告,它指出经济全球化是指"跨国商品与服务贸易及资本流动规模和形式的增加,以及技术的广泛迅速传播使世界各国经济的相互依赖性增强"。而经济合作与发展组织(OECD)认为,"经济全球化可以被看作一种过程,在这个过程中,经济、市场、技术与通讯形式都越来越具有全球特征,民族性和地方性在减少"。从近10多年的实践来看,经济全球化也就是指贸易、投资、金融、生产等活动的全球化,即生存要素在全球范围内的最佳配合置;从本质上说经济全球化是生产力和国际分工的高度发展及进一步跨越民族和国家疆界的产物。随着经济全球化的趋势不断加强,国际贸易规模迅速扩大、跨国直接投资迅猛发展、全球要素资源加快流动使世界各国经济联系的加强和相互依赖程度日益提高。有资料表明,目前全世界跨国公司已有6.4万家,它们控制了全世界生产的40%,贸易的60%~70%,对外直接投资的90%,技术专利的80%,生产技术的90%。这些企业进入了全球经营的新阶段,即无国界经营阶段。

经济全球化为产业集群的发展提供了前所未有的推动力和升级的牵引力。它通过超越国界的对外贸易、资本流动、技术转移、提供服务、相互依存、相互联系的经济活动,为产业集群创造了无边无际的有形和无形市场;产品价值实现市场呈现多样化的全新格局,也为现代制造业、家电、手机、集成电路、计算机信息产业等新兴产业和优势产业集群的形成、培育、升级构建了宽阔的发展通道。近些年来,在世界各国资源流动、重组和中国沿海发达地区的产业升级等外力的推动下,欠发达地区产业集群已经逐渐演变为跨越式经济发展的主动力。经济全球化带来的资源和生产要素在全球合理配置,资本和商品在全球流动,科技的全球性扩张等历史的发展潮流不仅仅蕴藏着机遇,同时也夹带着各种风险。这些动态因素,也为中国产业集群创新能力的提升、市场竞争力的提高、形成机制的优化构建了新的环境。近几年,美国、法国、英国等10个对外直接投资流出最多的发达国家,流出额占全球比重超过了4/5;同期,卢森堡、法国、美国等10个对外直接投资流入最多的发达国家,流入额占全球份额的一半以上,形成了以德国为中心的欧洲圈、以美国为中心的北美圈和以日本为中心的亚洲圈。这样的经济圈,拉大了发达国家与发展中国家的经济差距,也使不同经济背景下的产业集群烙上不同的印记。一般来说,发展中国家的产业集群多为劳动密集型的加工企业,而发达国家则多为科技型、资金密集型企业,这是最明显的差异。

近五年来经济全球化又出现了新的特征:一是美元走弱、美国经济衰退、金融市场动荡;二是中国等发展中国家和经济体的持续发展。这些新的变化因素对世界经济及产业集群都不可避免地产生了各种影响。中国的国内经济环境和形势也有全新的变化:一是经济体制改革和社会主义市场经济体制的建立完善为产业集群发展注入了新的活力。市场对资源的配置力量和范围显著增强,商品市场的迅速发展,生产要素市场尤其是资源性产品市场已初步形成。国家对经济发展的调控手段和能力逐渐成熟,宏观调控体系业已基本建立,政府职能发生了积极转变,收入分配方式逐步适应市场化进程;二是经济结构调整取得了突破性的进展。随着国有企业改革的不断推进、多种所有制经济体系的建立和工业化程度的进一步提升,经济结构有了明显的变化,第一产业占 GDP 比重逐年下降,第二产业和第三产业的比重大幅上升,高新技术产业成为拉动经济发展的重要力量。这些前所未有的宏观环境的变化对于产业集群效率的提高,有着良好的促进作用。

产业集群的发展更离不开本国宏观经济的支撑。从局部来看,市场经济越发达,市场机制越健全,产业集群的发展就越健康;从整体来看,国家经济发展的越快,经济总量越大,人民生活不断提升,产业集群的发展就越有活力。历年《中国统计年鉴》显示,1978 ~ 2005 年,中国 GDP 从 3624 亿元增长到 18.23 万亿元,年均增速超过 9.4%;财政收入从 1132 亿元增长到 3.16 万亿元;外贸进出口总额从 206 亿美元增长到 1.42 万亿美元;外汇储备从 1.67 亿美元增长到 8189 亿美元;城镇居民人均可支配收入由 343 元提高到 10493 元,农村居民人均纯收入由 134 元提高到 3255 元;社会消费品零售总额从 1558.6 亿元增长到 67177 亿元;城市人均住宅建筑面积和农村人均住房面积分别从 6.7 平方米和 8.1 平方米增加到 26 平方米和 29.7 平方米。

近期国际经济发展的衰退趋势对世界各国的产业集群都会产生或大或小的影响,但中国经济发展形势对本国产业集群发展的影响更大。从中国经济发展和近10多年的运行轨迹来看,中国产业集群发展的机会多于挑战,受影响较多的可能是外向型的中小企业。这些企业多为加工企业,科技含量低,以低成本获取市场竞争力,而人民币的升值,无疑会挤小其利润空间。但从总体来说,国际经济形势对于中国产业集群的扩展、升级、科技创新、转型等创造了新的机会,尤其是中国10多年来经济转型为产业集群的发展拓展了新的空间。

1.3.2 区域背景

欠发达地区作为一个概念相对的特定区域,与沿海发达地区差别愈来愈明显的时间段是近30年,即20世纪70年代末至今。欠发达地区在经济发展的滞后对产业集群的形成有着重大的影响,同样产业集群的发展对于欠发达地区经济的影响同样重大。因此,有必要对发达地区和欠发达地区进行比较研究,找出相关规律,进行理论创新。

1986年,全国人大六届四次会议通过的"七五"计划将我国划分为东部、中部、西部三个地区。东部地区主要是沿海地区,包括北京、天津、辽宁、河北、山东、江苏、上海、浙江、福建、广东和海南等11个省(市);中部地区主要是地处我国内陆腹地的省份,包括黑龙江、吉林、内蒙古、山西、河南、湖北、安徽、湖南、江西、广西等10个省(区);西部地区包括新疆、西藏、甘肃、青海、陕西、宁夏、四川、贵州、云南等9个省(区)。1997年,全国人大八届五次会议决定设重庆市为直辖市后,也将其划入西部地区,西部地区所包括的省级行政区就由9个增加为10个省(区、市)。由于内蒙古和广西两个自治区人均国内生产总值的水平正好相当于上述西部10省(市、区)的平均状况,2000年国务院制定的西部大开发可享受优惠政策的省份又增加了内蒙古和广西。目前,西部地区包括的省级行政区共12个,分别是新疆、西藏、陕西、甘肃、青海、宁夏、四川、重庆、贵州、云南、内蒙古、广西;中部地区有8个省级行政区,分别是黑龙江、吉林、山西、安徽、河南、湖北、湖南、江西；东部地区包括的11个省级行政区没变，以上是广义的中西部地区划分。国家实施东北地区振兴规划后，吉林、黑龙江两省从中部地区划出。本研究所指的中西部地区是按狭义的划分来定义的，即中部区域包括山西、河南、安徽、湖北、湖南、江西等6省；西部地区包括新疆、西藏、陕西、甘肃、宁夏、青海、重庆、四川、贵州、云南、广西、内蒙古12个省(区、市)。

表1-1 中国欠发达地区情况表

欠发达地区	省份	土地面积/全国面积(%)	人口/全国(%)	GDP/全国(%)
中部地区	山西、吉林、黑龙江、安徽、江西、河南、湖北、湖南	10.7	27.57	25.32
西部地区	重庆、四川、贵州、云南、西藏、陕西、甘肃、青海、宁夏、新疆、内蒙古、广西	71.5	27.51	18.29

资料来源：中国统计年鉴2006。

中部区域具有“承东启西、联南结北”的区位优势、综合资源优势，是中国重要的能源原材料工业基地和农产品生产基地。产业基础较为完备，科技和人力资源丰富，是公路、铁路、水路交通的必经之处，特别是长江黄金水道和京广、京九、京沪、陇海等铁路干线及若干国道公路从中部区域穿过。中部区域有探明储量的矿产105种，煤炭保有储量占全国33%，其中山西省位居全国第一；原煤产量占全国总量48%；石油剩余可采储量和原油产量分别占全国37%和38%；江西金矿保有储量占全国41%，位居全国第一；银保有储量占全国36%，江西位居全国第一。磷矿保有储量占全国32%，伴生磷矿保有储量占全国56%，安徽居全国第一；磷肥占全国总产量的31%，湖北位居全国第一。水资源量占全国总量的24%；水库总库容占全国总量的32%；耕地占全国总量的23%，其中有效灌溉面积占29%；年发电量(未包括三峡电站发电量)占全国总量的21%；粮食产量占全国总量的30%；油料产量占全国总量的

41%；棉花产量占全国总量的35%；钢产量占全国总量的23%；水泥产量占全国总量的22%。

西部地区不仅耕地面积大，而且草原辽阔，拥有丰富的草场资源，著名的五大草场集中在这里。据统计，西部可开发的水能资源占全国总量的80%，煤炭占60%，铜矿占50%，铁矿占34%。新疆是中国石油储量较多的地区，预测生油储量在200亿吨以上，青海、陕西、甘肃等西北省区均有大量石油，正在进一步探明。新疆塔里木、吐哈、准噶尔盆地近年发现一批天然气重要富集区，现已累计探明天然气地质储量4190亿立方米。预计今后5～10年间，可再探明天然气地质储量6000亿立方米，使累计探明储量达到1万亿立方米。长江和黄河两大河流的中上游均在西部地区，水电资源开发潜力非常大。西部地区已探明的矿产资源有100多种，除具有明显优势的煤、石油、天然气外，还有铁、锰、铬、金、铜、铝等。

此外，中西部区域拥有长江、黄河、淮河、武当山、黄山、庐山、五台山、嵩山、衡山等名江名山，还有河洛文化、荆楚文化、三晋文化、少林寺、龙门石窟、井冈山、祁连山、昆仑山、天山、阿尔泰山、峨眉山、九寨沟、黄果树瀑布、火焰山、古代丝绸之路、万里长城、敦煌壁画、黄帝陵、成吉思汗墓葬及众多的古寺庙、古战场遗迹和中国革命战争历史英雄人物的纪念地等如诗如画的自然、景观、人文景观的旅游热点。欠发达地区的资源优势、特有的文化现象为承接东部沿海发达地区产业转移和形成产业集群提供了基础性条件。

与发达地区比较，欠发达地区主要在以下方面欠缺较多，也正是这些不足形成了发展方面的差距；也正是发展的落后在很大程度上抑制了产业集群的发展，而产业集群的欠发展，又影响了欠发达地区区域经济的核心竞争力的形成和经济发展步伐的加快。

1. 经济体系的开放度差，经济总量小，增长缓慢，资金、技术、人才等生产要素投入不足，经济绩效发展能力低。1978年，长三角地区的GDP占18.7%，2007年上升到23%。2007年，东部7省（河北、浙江、福建、山东、广东、广西、海南）实现国内生产总值占全国各地区总额的42.7%，西部12省市区占

19.2%,中部6省占21%。从我国改革开放以来,东部沿海地区的GDP明显高于中西部地区,而且至今东中西部地区经济总量的差距没有缩小的趋势。

表1-2 1979~2007年三大经济圈GDP增长情况

年度	全国GDP(亿元)	三大经济圈合计(亿元)	三大经济圈比重%	长三角合计(亿元)	长三角比重%	珠三角合计(亿元)	珠三角比重%	京津冀(亿元)	京津冀比重%
1979	4038.2	1368.2	33.9	742.6	18.4	209.3	5.2	416.3	10.3
1980	4517.8	1522.8	33.7	811.4	18.0	249.6	5.5	461.8	10.2
1981	4860.3	1639.3	33.7	879.3	18.1	290.4	6.0	469.6	9.7
1982	5301.8	1821.1	34.3	960.7	18.1	339.9	6.4	520.5	9.8
1983	5957.4	2004.2	33.6	1045.7	17.6	368.8	6.2	589.7	9.9
1984	7206.7	2386.8	33.1	1231.9	17.1	458.7	6.4	696.3	9.7
1985	8989.1	2953.1	32.9	1546.1	17.2	577.4	6.4	829.6	9.2
1986	10201.4	3319.6	32.5	1735.8	17.0	667.5	6.5	916.2	9.0
1987	11954.5	3986.9	33.4	2071.5	17.3	846.7	7.1	1068.7	8.9
1988	14922.3	5149.6	34.5	2623.0	17.6	1155.4	7.7	1371.2	9.2
1989	16917.8	5805.6	34.3	2862.1	16.9	1381.4	8.2	1562.1	9.2
1990	18598.4	6338.0	34.1	3071.0	16.5	1559.0	8.4	1708.1	9.2
1991	21662.5	7484.0	34.5	3577.0	16.5	1893.3	8.7	2013.7	9.3
1992	26651.9	9461.8	35.5	4615.4	17.3	2447.5	9.2	2398.8	9.0
1993	34560.5	12941.6	37.4	6419.3	18.6	3431.9	9.9	3090.4	8.9
1994	46670.0	17209.5	36.9	869.2	18.6	4516.6	9.7	3996.7	8.6
1995	57494.9	22038.7	38.3	11142.7	19.4	5734.0	10.0	5162.0	9.0
1996	66850.5	25739.8	38.5	13052.5	19.5	6519.1	9.8	6168.2	9.2
1997	73142.7	28993.4	39.6	14678.7	20.1	7315.5	10.0	6999.2	9.6
1998	76967.2	31398.5	40.8	15875.7	20.6	7919.1	10.3	7603.7	9.9

续表

年度	全国GDP（亿元）	三大经济圈合计（亿元）	三大经济圈比重%	长三角合计（亿元）	长三角比重%	珠三角合计（亿元）	珠三角比重%	京津冀（亿元）	京津冀比重%
1999	80579.4	33755.7	41.9	17097.7	21.2	8464.3	10.5	8193.7	10.2
2000	88254.0	38039.5	43.1	19170.2	21.7	9662.2	10.9	9207.1	10.4
2001	95727.9	42122.2	44.0	21210.9	22.2	10647.7	11.1	10263.6	10.7
2002	103935.3	46958.5	45.2	23836.6	22.9	11735.6	11.3	11386.4	11.0
2003	116741.2	54941.9	47.1	28106.6	24.1	13625.9	11.7	13209.4	11.3
2004	136584.3	66297.3	48.5	34205.7	25.0	16039.5	11.7	16052.1	11.8
2005	184739.1	83954.2	45.4	40907.6	22.1	22366.5	12.1	20680.0	11.2
2006	211808.0	97848.3	46.2	47754.0	22.5	26204.5	12.4	23889.9	11.3
2007	246619.0	114761.5	46.5	56199.0	22.8	30674.0	12.4	27888.5	11.3

资料来源：领导决策信息，2008，(40)。

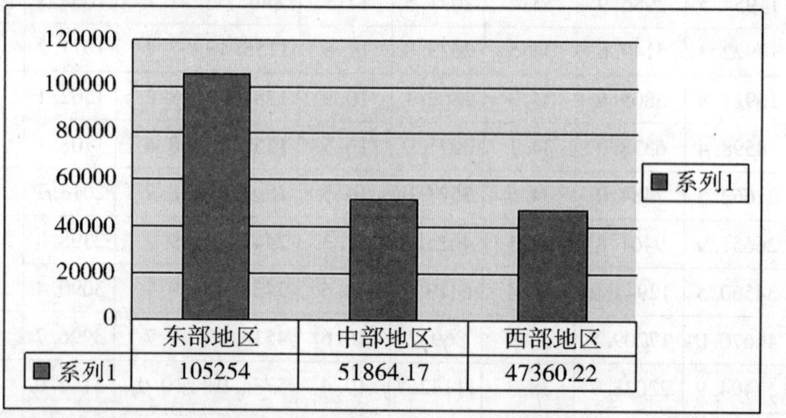

图1－1　2006年沿海地区与中西部地区人均GDP比较

数据来源：中国统计信息网。

2. 政府财政收入相对匮乏，固定资产投资强度差距大。没有快速的投资增长和必要的投资总量规模，劳动投入要素、科技进步要素就缺少必要的结合基础。从欠发达地区各要素贡献水平和规模构成来看，长期以来其投资总量规模和龙头资本规模都很薄弱，经济增长对投资增长的依赖程度依然很高。2005年，东部地区11个省市的固定资产投资达51896.31亿元，比中部省份高31873.33亿元，比西部12省市区高33991.04亿元。尽管2000年以来在国家政策的扶持下，我国中西部地区的固定资产投资规模在逐渐上升，但总量仍然较低，明显落后于东部地区。

3. 工业化水平低下、总量小、比重低，产业结构低级化，产品竞争力弱；工业化进程一般仍处于工业化初级阶段向中级阶段初中期转换过程中。2005年，中部有关省份的工业增加值只占全国的20.2%，西部12省(市、区)工业增加值占全国比例更低只有12.4%，比东部地区的11省低55%。数据显示2005年，中部六省中只有山西省第一产业所占比重低于全国水平、规模以上工业增加值占其GDP的比重高于全国平均水平。中部地区产业层次不高，还表现在高科技产业发展速度慢、产值占GDP比重低等方面。据统计，2005年中部地区的高科技产品进出口总额只有28.8亿美元，仅占其进出口总额的6.9%，在全国所占比重则更低。

表1-3 2006年中部与沿海地区全社会固定资产投资中利用外资情况表(亿元)

地区		全社会固定资产投资	利用外资	利用外资所占比例(%)
全国	总量	118957.0	4334.3	3.6
	平均	3837.3	139.8	3.6
江西		2742.0	95.5	3.5
山西		2353.4	29.2	1.2
安徽		3705.5	58.8	1.6
河南		6310.7	77.4	1.2
湖北		3578.1	69.3	1.9
湖南		3403.0	94.4	2.8

续表

地　区	全社会固定资产投资	利用外资	利用外资所占比例(%)
上 海	4922.3	270.4	5.5
江 苏	10775.4	874.8	8.1
浙 江	8446.1	387.5	4.6
福 建	3425.9	143.8	4.2
山 东	11500.0	483.4	4.2

资料来源:http://www.jx.stats.gov.cn

另外,长期以来由于工业化程度低的影响,中部地区的第三产业特别是现代服务业发展水平低,已经难以适应其经济特别是工业快速发展的需要。2005年,全国第三产业增加值占GDP比重为40.3%,在中部6省中山西、江西、河南三省都低于全国水平。其中河南仅为29.9%,在全国31省市区中倒数第一,并且增长速度明显低于其第二产业。

4. 市场化进程不快。市场规模小、市场发育不成熟,国有经济比重大,市场经济配套改革落后,资金等生产要素仍旧向发达地区集聚,要素市场和产品市场的控制权仍牢牢地掌握在大中城市和发达地区。由于自身体系和基础缺陷、资本导向力和聚集力不足、产业配套和市场配置能力薄弱,欠发达地区在全国宏观区域经济结构中处于比较被动的地位。其战略方向和战略目标不能单纯地按照自身的区域特点来确定,很大程度上要服从于发达地区的经济走势和战略方向,具有明显的战略从属性。

5. 对外开放程度不高。突出表现在开放程度指数、出口依存度、利用外资水平和质量等指标低下。有关数据表明,2002~2005年,中部地区的人均出口总额与东部的差距巨大,而西部与中部的差距逐渐缩小。2005年,西部人均出口总额的增长幅度超过中部,说明东部地区的外向型经济发展还在加快,西部发展急速赶超,而中部地区却还在徘徊。此外,中西部地区这3年中在人均利用外资方面虽稳步发展,但从速度来看仍大大落后于东部11省市的发展水平。有关数据还表明，“十五”期间中部地区累计利用外资总和 372.9 亿美元，仅占全国 9.8%，低于广东省 1 个省 7 个百分点；另外 2005 年中部 6 省的进出口总额 415.7 亿美元，占全国比重只有 2.9%，同样远低于广东、江苏等东部地区沿海省市。

表 1－4　2005 年东部与中西部地区工业化比较地域

地域	人均 GDP		三大产业产值比（%）			制造业增加值占比（%）	人口城市化率（%）	三大产业就业比（%）		
	GDP 总量（亿元）	人均 GDP（/人）	一	二	三			一	二	三
全国	183085	14040	12.6	47.5	39.9	52.0	43.0	44.8	23.8	31.4
东部	109925	23697	7.9	51.6	40.5	59.4	52.8	32.9	33.2	33.9
中部	37230	10576	16.7	46.8	36.6	34.8	36.5	50.5	21.1	28.4
西部	33493	9310	17.7	42.8	39.5	30.9	34.6	54.8	15.0	30.2

资料来源：中国统计资料 2006。

6. 城乡居民人均收入水平低。2005 年，东部地区的城镇居民人均可支配收比中部地区高出 4141 元，比西部地区高 4291 元；从农村居民人均纯收入来看，2005 年东部地区比中部地区高 2280 元，比西部地区高 2969 元。

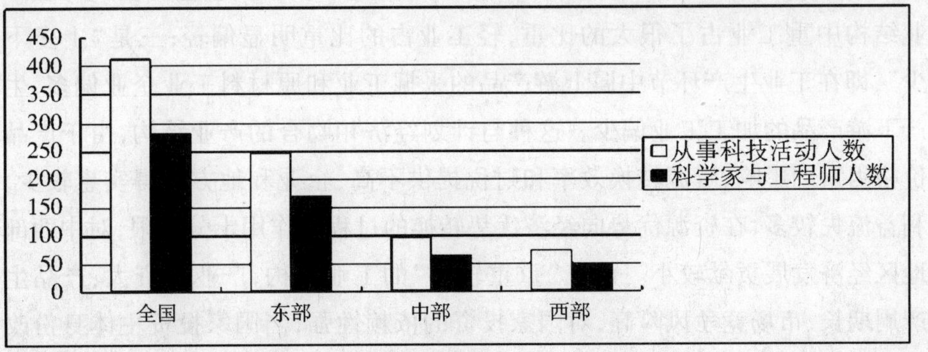

图 1－2　科技人员情况（2006 年，万人）

资料来源：国家科技部网站。

7. 科技人才资源不足,人力资源结构欠合理,科学技术源和载体不足。当今国际国内市场经济、技术的竞争,说到底是科技人才的竞争,尤其是高层次、复合型人才的竞争,人才资源的丰缺是科技、经济、社会发展的关键因素。欠发达地区科技进步迟缓的重要原因,就是其科技人才资源的严重不足。科技机构少,科技进步缺乏必要的支撑。科研机构是科学技术研究、开发、推广应用的支撑,是科技进步的依托。欠发达地区由于开发较晚,发展缓慢,尤其是科研机构明显不足,而且科研机构的人员结构与素质都参差不齐。

表 1－5　科技活动经费支出情况(2006 年,亿元)

地 区	经费支出	研究机构	大中型企业	高校
全 国	5757	914. 8	3175. 8	440. 9
东部地区	3967. 3	566. 3	2171. 9	272. 1
中部地区	1010	135. 7	618. 2	94. 8
西部地区	780	212. 9	385. 7	74. 1

资料来源:国家科技部网站。

8. 产业结构差异大。与东部地区相比,在全国区域分工与区际竞争中,中西部地的产业结构没有得到明显的改善,明显的特征有:一是“一大二小”,即农业占 GDP 重大,第二、第三产业占 GDP 比重小;二是“重重轻轻”,即在工业结构中重工业占了很大的比重,轻工业占的比重明显偏轻;三是“上多下少”,即在工业生产环节中属上游产品的采掘工业和原材料工业企业偏多,生产下游产品的加工工业偏少。这种与计划经济相吻合的产业结构,由于产品价格因素的影响,资源转换效率和财税提供不高,企业和地方所得实惠较少,利益流失较多,在资源优势向经济优势转换的过程中作用十分有限,对中西部地区经济发展贡献较小。而且“重重轻轻”的工业结构,产业投资大、产品生产周期长、市场竞争风险高,对国家投资的依赖性强,当国家投资主体身份改变之后,其投资移出的边际影响要远远超过东部地区的产业结构。相反,东部地区的主体产业是以“三来一补”为主建立起来的轻加工业,产品生产容易适应国内外市场变化而变化，产品的消费弹性系数大，民间资本和外资相对容易进入，加之国家“出口导向战略”的推动，企业经济活力较强且发展迅猛，极大地推动了东地区经济的腾飞。①

表1-6 中部地区各省科技进步指数及排名

省份/指标	湖南	湖北	河南	安徽	山西	江西
科技进步环境指数/排名	47.41/11	37.2/25	40.4/21	38.6/23	45.00/12	35.98/28
科技活动投入指数/排名	27.43/20	34.1/14	20.5/23	25.14/24	30.50/17	20.02/22
科技活动产出指数/排名	37.52/10	41.1/5	25.0/21	20.85/24	28.04/20	10.47/31

资料来源：根据2005全国各地区科技进步统计监测结果整理。

表1-7 入围企业按东、中、西三大区域的分布情况

地　　区	入围企业数量	入围企业营业收入（万元）	营业收入占1000大比重（%）
东部地区	656	604192511	67.26
中部地区	206	183743394	20.45
西部地区	138	110408965	12.29

资料来源：赵晓等. 2005年中国1000大企业区域分布分析. 山东社会科学，2007，(1).

还有研究表明，从各产业主要集聚的省份来看，中国制造业各行业主要集聚的地区，除了少数行业如烟草制品业、食品制造业、交通运输设备制造业和饮料制造业等之外，绝大部分行业主要集聚在广东、江苏、上海、山东和浙江等东部地区。具体表现为产业增加值前五位地区基本上是东部沿海省份，并且前五位地区产业增加值往往占整个产业增加值的60%以上。而且东部地区集聚的产业不仅有传统产业，如纺织业、服装及纤维制品业等；也有现代的产业，如电子及通信设备制造业等；不仅有劳动密集型产业，如纺织、服装、食品、

① 张克让. 我国东西部地区发展差异性比较研究[J]. 科技导报，2000，(8).

木材加工等行业；也有资本和技术密集型产业，如化学、医药、电子、机械、交通运输设备等产业。东部地区改革开放率先进行，制度相对完善，具有单位交易成本低和劳动生产效率高等方面明显优势。在这样的背景下，东部地区通过市场机制优化配置资源，必然结果是传统的并通过行政手段在中西部地区建立的制造业中心衰落，制造业向东部地区转移，形成制造业的东部集聚。东部发达地区以发展外向型经济为新的突破口，以提高进出口贸易占国民生产总值的比重为重点，大力发展对外贸易，大规模引进外资，外向型经济迅速崛起。与此同时，东部地区在大力推行公有制实现形式的多样化、加快企业产权制度改革、强化企业动力机制的同时，又积极鼓励引导个体私营等非公有制经济健康发展，比较早地形成了企业产权多元化的格局。如浙江的工业化进程相当大程度上就是依靠非公有制经济成分推进、完成的；另一方面，东部地区同中西部地区相比具有更大市场需求，巨大市场需求促进了我国工业的东部集聚，据统计 1995 ~ 2004 年，东部地区社会消费品零售额占全国比重为 59%，中西部地区仅为 41%，同时 1995 ~ 2005 年东部地区出口就占全国出口比重的 93%，中西部地区仅占 7%。① 此外，金融机构、大学、医疗卫生、文化设施等，东中西部地区的差距也很大。

表 1－8　各地区经济竞争力比较分析

地　区	区域经济竞争力	核心竞争力	辅助竞争力	经济综合竞争力
东部	0.683	0.595	0.548	0.819
中部	－0.255	－0.263	－0.245	－0.255
西部	－0.475	－0.380	－0.347	－0.610
中东部差距	0.938	0.858	0.793	1.074
西东部差距	1.159	0.975	0.895	1.429
西中部差距	0.221	0.117	0.102	0.356

资料来源：徐承红．产业集群与西部区域经济竞争力研究［M］．成都：西南财经大学出版社，2006.

① 吴三忙．制造业地理集聚与地区专业化分工水平 1995 ~ 2005［J］．工业经济，2007，(12).

图 1－3　沿海地区金融机构分布图

资料来源：中国产业地图编委会等．长江三角洲产业地图 2006－2007．社会科学文献出版社，2006.

田艳平(2007)等对此也有相关研究，通过采用主成分分析法主成分分析等方法，选择和分成 7 大类关键指标建立数量模型进行计算，得出的结论与本文的分析结论基本相同：

1. 经济实力排序：上海、北京、浙江综合经济实力分别位居前三，中部地区排名都比较靠后，与广东、江苏、福建等沿海地区有较大差距，如江西排第 19、安徽排第 22、湖北排第 23、湖南第 25、河南排第 30。

2. 资源实力排序：从资源占有情况来看，区域总人口(人力资源)、城市建成区面积、农业播种面积(土地资源)、电力消费等指标影响较大。广东、山东、江苏分别位列前 3 名；在前 10 位中，中部地区占了 3 位，湖北、江西的排名也比较靠前，河南排第 4 位，湖南第 9，安徽第 10，充分说明了中部地区省份所具有资源禀赋优势。

3. 教育科技实力排序：中部地区的河南、湖南、湖北分别排第5、7、9位，安徽、江西排名也比较靠前，说明中部地区在教育事业、科技投入等方面具有优势。但广东、江苏、山东排名分别位居前3位。

4. 产业结构与效益排序：上海、北京、江苏、广东、浙江与排名前10位的其他地区因子得分差距较大，优势明显；中部地区仅湖北排名第8位，其他地区排名都在20名以后，与沿海地区存在较大差距。

5. 开放程度排序：广东稳居第一位，其因子得分是居第二位江苏的3倍左右；居第二层次的江苏、上海、浙江、山东、北京等又与其他地区拉开的差距较大；中部地区湖南排在第8位，河南、湖北、安徽、江西分列第11、12、16、17位，其开放程度较高，但明显不如东部沿海地区。

6. 服务基础设施排序：城市燃气普及率、人均公共绿地面积、城市人口用水普及率、人均住宅使用面积等指标对服务基础设施建设的评价影响较大，北京、广东、浙江、上海、福建分别位居前5位，中部地区服务基础设施建设比较落后。

7. 政府管理水平排序：主要从财政收支状况来观察，广东、江苏、山东分别位居前3位，中部地区河南排名第8位，其余都排在10名以后，湖南第11，安徽第12，湖北第15，江西第20，整体处于中游水平。①

以上方面的落后，必然影响中西部地区的经济社会发展。同样，经济社会的欠发达也必然会导致产业集群发展的落后，影响发展产业集群的障碍要比东部地区多得多。

表1－9　按增加值计算的我国产业基尼系数（1995年和2005年）

行业	1995	2005	变幅（%）	2005年产业增加值前五位地区	CR_5
食品加工业	0.47	0.59	25.5	山东、河南、广东、江苏、辽宁	0.55
食品制造业	0.51	0.56	9.8	山东、广东、河南、上海、内蒙古	0.45

① 田艳平等．中部地区综合竞争力研究［J］．学习与实践，2007，(4)．

续表

行业	1995	2005	变幅(%)	2005年产业增加值前五位地区	CR_5
饮料制造业	0.49	0.51	4.08	山东、四川、广东、浙江、江苏	0.31
烟草制品业	0.63	0.55	-13	云南、湖南、上海、江苏、广东	0.49
纺织业	0.63	0.76	20.6	江苏、浙江、山东、广东、福建	0.78
服装及其纤维制品业	0.71	0.78	9.86	江苏、浙江、广东、山东、福建	0.79
皮革毛皮羽绒及其制品业	0.69	0.77	11.6	浙江、广东、福建、山东、江苏	0.75
木材加工业	0.51	0.63	23.5	江苏、山东、浙江、广东、福建	0.59
家具制造业	0.56	0.73	30.4	广东、浙江、上海、山东、江苏	0.71
造纸及纸制品业	0.49	0.69	40.8	山东、广东、浙江、江苏、河南	0.69
印刷记录媒介的复制业	0.50	0.63	26	广东、浙江、上海、江苏、山东	0.6
文教体育用品制造业	0.78	0.80	2.56	广东、浙江、江苏、山东、上海	0.88
石油加工业及炼焦业	0.56	0.55	-1.8	辽宁、山东、广州、上海、浙江	0.47
化学原料及化学制品制造业	0.48	0.59	22.9	江苏、山东、广州、浙江、上海	0.60
医药制造业	0.48	0.51	6.25	辽宁、山东、广州、上海、浙江	0.47
化学纤维制造业	0.71	0.81	14.1	浙江、江苏、山东、福建、河南	0.82
橡胶制品业	0.54	0.71	31.5	山东、江苏、浙江、广州、上海	0.68
塑料制品业	0.63	0.72	14.3	广东、浙江、江苏、山东、上海	0.71
非金属矿物品制造业	0.47	0.54	14.8	河北、山东、浙江、河南、上海	0.61
黑色金属冶炼及压延加工业	0.53	0.56	5.66	河北、江苏、山东、辽宁、上海	0.54
有色金属冶炼及压延加工业	0.41	0.49	19.5	江苏、浙江、河南、山东、广州	0.45
金属制品业	0.59	0.72	22	广州、江苏、浙江、山东、上海	0.73
通用设备制造业	0.58	0.68	17.2	江苏、山东、浙江、上海、辽宁	0.68
专用设备制造业	0.55	0.61	10.9	山东、江苏、浙江、广州、河南	0.57
交通运输设备制造业	0.53	0.54	1.89	上海、广州、江苏、吉林、山东	0.45
电气机械器材制造业	0.65	0.73	12.3	广东、江苏、浙江、山东、上海	0.75
电子通信设备制造业	0.73	0.82	12.3	广州、江苏、上海、北京、天津	0.82
仪器仪表制造业	0.65	0.77	18.5	广东、江苏、上海、浙江、北京	0.77

数据来源：①1993年数据来源于中华人民共和国1995年第三次全国工业普查资料汇编；②2005年数据来源于中国工业经济统计年鉴2006。

资料来源：吴三忙．制造业地理集聚与地区专业化分工水平：1995~2005[J]．改革，2007，(12)．

1.4 研究意义

1.4.1 理论价值

目前国内外研究产业集群的理论成果很多,但由于经济发展的历史条件、水平、技术创新体系、金融支持、创业文化等诸多内外因素的影响,一般来说,除少部分资源性产业集群外,现代产业集中、产业集群形成和快速发展基本上是在发达地区更先实现,理论界自然更多的视角集中在发达地域的产业集群上。因此,对相对薄弱并还没有引起足够重视的欠发达地区产业集群进行理论探讨,通过理论创新,对于丰富这方面的理论体系、拓展学科结构、深化产业集群的理论深广度是十分有价值的。产业集群已成为当今世界上最具特色和竞争力的经济组织形式,是当今经济组织发展的一个重要的研究方向,也成为各个学科的研究热点。站在欠发达地区的角度,对产业集群进行研究不仅视角新,而且待研究的问题多,更能取得具有创新性的理论成果。

其次,从目前现有的研究成果来看,大多数还是从传统的经济学、产业经济学、经济地理学、区域经济的角度延伸而来的。事实上,随着国际经济的全球化、技术创新的全球化,产业集群的研究范围被逐渐地拓展,产业集群现象已经不能从资源禀赋、内生性发展、市场容量等传统的区域经济学理论得出合理的解释。集群理论开始涉及跨国公司理论、创新系统理论、技术经济学、城市经济学、战略管理等学科领域,即由原来的只是强调某一学科的理论和方法转变为跨学科的理论交叉与渗透的综合研究方法。目前,中国各地的产业集群在发展区域经济和提升产业国际竞争力等方面取得了令人瞩目的成就,同时也面临升级的压力。对此进行研究,尤其是采用多学科的研究方法开展研究,更有利于在理论上有所突破、有所创新,得到更有价值的成果。

最后,国内外有关产业集群的研究非常丰富,围绕着某一具体内容都有各种各样的观点,以至于形成了所谓的“产业集群理论丛林”。对此进行比较,有利于扩大研究的视野。

20世纪90年代以来,中国学者对产业集群进行了大量研究,对产业集群的定义和分类、产业集群的形成与培育、产业集群与区域竞争力的提升、产业集群的演进与趋势、产业集群发展模式及动力机制、产业集群政策、产业集群组织、集群成长机理与竞争优势培育、产业集聚的交易费用等进行了深入的研究,也较合理地解释了一些现象,提出了许许多多富于建设性的对策,为中国产业集群的发展,起到了重要的指导作用。但是,如今国内对产业集群理论的研究多是以西方产业集群理论为指导来开展研究的,而西方产业集群理论是建立在西方文化、经济和制度的基础上的,用它对中国的产业集群现象进行解释,以指导中国产业集群政策和产业布局的实践有没有“水土不服”的情况?按照发达国家产业集群的发展模式培育中国的产业集群是否会出现“东施效颦”现象?在发达的市场经济条件形成产业集群的理论,对于还不发达的市场经济国家,尤其是欠发达地区产业集群的发展指导性有多大,都是随着理论研究的深化需要引起重视的。

1.4.2 实践意义

以正方兴未艾的江西产业集群为例,做一些填补欠发达地区产业集群发展理论空白方面的研究,是本研究的基本目的。江西属欠发达地区,产业结构等与其他欠发达地区相似,对其进行研究,一是有着极强的代表性。而且就江西经济发展的实践而言,也要求对产业集群进行深入的研究。

进入21世纪以来,江西省以工业化为核心,实施建设“三个基地一个后花园”(优质农副产品供应的基地、劳动力输出的基地、承接东部产业转移的基地和旅游观光的“后花园”)及“对接长珠闽,融入全球化”等经济发展战略,江西工业发展形成了前所未有的良好局面。在传统产业集群、资源型产业集群的结构优化进程中,以现代制造业为主要成分的新型产业集群已初露端倪。这一新的历史背景和现实要求不断向理论研究工作者提出了许许多多的问题,并首先要求理论上进行回答、解释和进行理论指导。

二是对现在少有人进行研究的经济欠发达地区产业集群问题进行实证性研究,在某一领域、某些方面更能突破传统思维的约束,更能起到填补某一领域研究空白的作用。江西产业集群形成的速度在逐年加快,产业结构升级的周期明显在缩短,对于理论上的指导要求变得越来越迫切。对此进行实证性研究,为政府部门的决策者、为企业家提供一些有针对性的、可操作性强的对策建议,不仅做了一个经济学研究人员应该做的工作,同时也大大提高了本研究的理论价值。

三是由于产业集群对创新需求的急速上升,创新部门在产业集群所起作用的比重越来越大,研发机构参与集群的数量和方式会越来越多。受市场机制的驱动,产业集群外的研发机构、大学也将会与加强与集群企业的合作,从而提高合作的数量和质量,也就可以提高技术创新的质量。本论文依此为切入点,对如何发挥创新部门、创新体系在集群中重要的支持作用进行研究,为决策部门提供操作性强的对策建议是本研究的基本出发点。

1.5 欠发达地区产业集群研究目标

1.5.1 研究目标与思路

在充分吸收产业集群理论、创新系统理论、比较优势理论、竞争优势理论等的基础上,研究经济欠发达地区产业集群的发展规律,提出具有指导意义的发展战略;通过相关比较,总结有关地区、有关产业集群的发展经验,得到有关启示;通过数据分析,对经济欠发达地区的产业集群,特别是江西的产业集群发展模式、升级路径、结构优化、产业竞争力提升等提出政策建议;研究产业集群发展的支撑体系建立及作用发挥等思路。

本论文预期的研究成果有以下方面:

1. 对具有现实指导意义的产业集群理论进行条理清晰和突出重点的综述。国外产业集群的研究成果很丰富,本研究只选择那些对产业集群理论发展有重大影响、对实践又有重要指导作用的古典经济学理论、马歇尔的“产业区”理论、克鲁格曼的新经济地理学理论、基于交易费用的集群理论、社会经济网络理论、韦伯的工业区位论、佩鲁的增长极理论、新竞争经济学的集群理论、波特的集群竞争优势理论进行述评,在回顾其演变进程的同时,对其主要特征进行阐述;对产业集群研究中的有关概念进行界定,论证产业集群对欠发达地区经济发展的重要性。

2. 对发展程度不同的地区的产业集群进行规范性和实证性分析,提出可供借鉴的模式和经验。目前这方面的研究不多,因此本课题着重对经济发达地区与经济欠发达地区产业集群比较研究,将国外及中国沿海地区产业集群发展演化特点、发展模式与经济欠发达地区产业集群比较分析,找出欠发达地区产业集群的发展差距;通过对发达地区的产业集群规范性分析,找到有利于借鉴的启示和经验。

3. 以江西为例,研究有决策参考价值的经济欠发达地区产业集群的发展规律和路径选择。改革开放以来,江西经济发展思路是以发展农业为核心的发展战略导致工业经济长期低速发展,财政收入低的状况一直难以改善。不但对农业投入的力度无法加强,且在这样的经济发展思路背景下,传统的产业集群,如陶瓷业不仅长期无法扩张,而且还不断萎缩,现代工业、科技型产业集群处空白阶段,这时期江西的落后是欠发达地区的缩影。进入21世纪后的七八年来,江西以工业化为核心为发展战略,工业生产总值、财政收入、GDP都翻了一番,以工业园区为依托的产业集群异军突起。为此,对这一进程进行回顾和总结,对江西新时期产业集群发展和升级进行研判,是本研究应完成的另一任务。

4. 以江西为例,对经济欠发达地区产业集群的进一步发展提出切合实际的对策建议。目前江西产业集群的形成和其他经济欠发达地区一样具有明显的地域特色:传统型、资源型的产业集群突破了长期以来的萎靡状态,在实施“沿海产业转移承接基地”等战略指导下,以现代制造业为核心、高新技术为支撑的现代产业集群逐年崛起。用经济学的工具对这些新的经济热点进行研究,提出新的战略思路,对新出现的问题,提出解决办法,为决策部门提供对策建议;在以江西为例的基础上,对经济欠发达地区的产业集群发展的政策、财税、金融、文化等支持体系的建立,提出有见地的思路等是本研究的根本性任务。

5. 以江西为例,对经济欠发达地区蓬勃兴起的工业园区进行实证性分析,特别是对带有普遍性特征的政府主导下的产业集聚的特点、优势、战略及存在的问题进行分析,有助于实际部门了解并掌握更深层次的情况;对于制度环境、社会文化背景不同,以及对于核心的产业活动不同下形成的工业园区来说,其形成机制和发展道路是有区别的,对其研究有助于更好地制定吸引外资的政策措施;江西的工业园区大多是建立在土地低成本基础上的产业聚集形式,劳动密集化程度较高,加工工业的附加值偏低,知识和技术的扩散作用有限,企业之间的联系不紧密,交易费用较大,容易受到外部市场动荡的冲击,也就是说有较强的市场脆弱性,难以形成群体参与市场竞争。此外,园区内部还存在着诸多不利于发展的因素,如严重的恶性竞争、产品雷同等,许多企业都自觉或不自觉地围绕一个产品进行生产,对产业链条的延长考虑得不多。

更重要的是,江西以工业园区为载体的产业集聚已经发展到了新的阶段,园区也出现了较好的产业集群势头,政府部门已经充分认识到了产业集群是提高工业园区内在品质、凝聚园区企业核心竞争力、打造"旗舰型"企业的有效组织形式。但是如何推进工业园区向产业集群转化,走什么样的路径,要采取哪些有效的政策措施,实现怎样的战略目标,如何进一步优化产业集群发展环境的方向等等,有相当多的理论和实际问题亟待研究。因此,有必要对江西产业集群最主要的问题进行分析,从而提出解决问题的对策。

1.5.2 研究的技术路线

技术路线是指导研究从选题、构思、论证到形成结论性的总体研究规划或步骤。经过调研和资料分析,本研究决定采取以下技术路线(见图1-4):

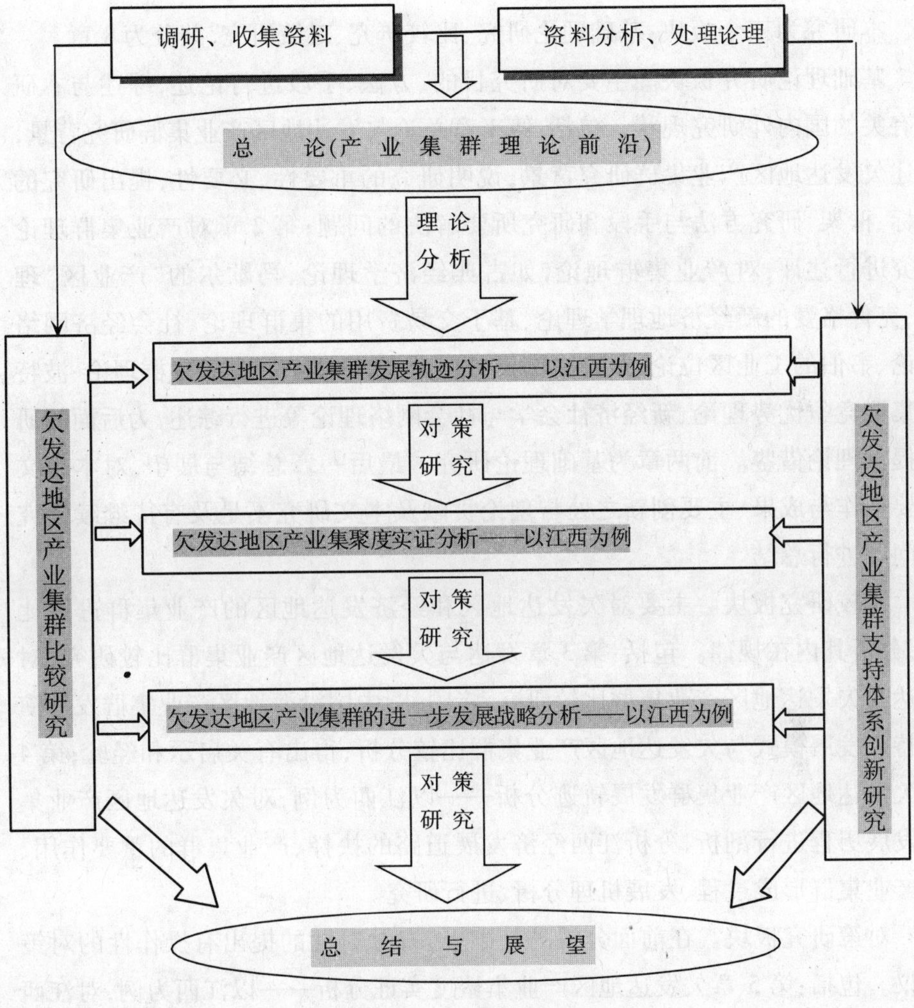

图1－4 研究的技术路线图

1.5.3 研究的逻辑框架

本研究为三个板块:基础理论研究、比较研究、对策研究,共分为8章。

基础理论研究板块。主要对研究目的、方法、手段进行论述,综述与本研究有关的国内外研究现状。包括:第1章总论欠发达地区产业集群研究背景,概述欠发达地区产业集群研究背景,说明研究的重要性、必要性,提出研究的目标、框架、研究方法与手段和研究所要解决的问题;第2章对产业集群理论研究进行述评,对产业集群理论,如古典经济学理论、马歇尔的"产业区"理论、克鲁格曼的新经济地理学理论、基于交易费用的集群理论、社会经济网络理论、韦伯的工业区位论、佩鲁的增长极理论、新竞争经济学的集群理论、波特的集群竞争优势理论、新经济社会学与社会网络理论等进行综述,为后面的研究提供理论借鉴。前两章为基础理论研究。最后一章总结与展望,对本论文主要工作与成果、主要创新之处与理论贡献及本文研究不足及有待继续研究的问题进行总结。

比较研究板块。主要对欠发达地区和经济发达地区的产业集群进行比较,分析其内在规律。包括:第3章发达与欠发达地区产业集群比较研究,对发达与欠发达地区产业集群比较研究,将国外、中国沿海地区产业集群发展演化特点发展模式与欠发达地区产业集群比较分析,得出有关启示和经验;第4章欠发达地区产业集群发展轨迹分析——以江西为例,对欠发达地区产业集群发展历程进行剖析,分析江西经济发展道路的抉择、产业集群的重要作用、对产业集群形成过程、发展机理分析、进行研究。

对策研究板块。在前面分析的基础上,有针对性的提出有操作性的对策建议。包括:第5章欠发达地区产业集聚度实证分析——以江西为例,对江西产业集聚度进行测算,分析产业集聚的基本状况,为推进其向产业集群转变的战略制定提供相关准备;第6章欠发达地区产业集群进一步发展战略分析——以江西为例,即从SWOT分析法的角度来分析江西产业集群,主要是对江西产业集群进一步发展进行战略分析与总体布局、策略与路径选择、传统产业集群结构调整与升级、高新产业集群结构调整与优化与风险控制、产业集群与城市群发展互动等进行研究；第7章欠发达地区产业集群发展支持体系创新研究，对欠发达地区产业集群发展主要的支持体系，如市场行为中的政府引导、创新产业集群政策的取向、技术创新支持作用的凸显、构建适应产业集群发展的文化环境、产业集群区域合作机制的强化等进行研究。

1.5.4 拟解决的关键问题

一是分析江西产业集群优劣势和主要缺陷，解决了这一问题，那么江西产业集群的发展方向的研究，要采取的措施也就基本清楚了；二是研究江西产业集群进一步发展战略分析与布局延伸，提出可操作性强的对策，这也是本研究的核心所在；三是提出欠发达地区产业集群发展主要的支持体系建设的思路，要有所创新，还要做艰苦的探索，这既是本研究的关键问题，也是本研究难点所在。

1.6 欠发达地区产业集群研究方法与手段

1.6.1 基本方法

1. 理论借鉴和实证调研相结合。在研究前人的相关成果和实地调研的基础上，对有关问题进行论证并得出有关结论。对集群内的企业、管理部门进行现场访谈，对它们的管理活动进行实地考察，既运用相关的理论、原理来分析研究产业集群创新中的现象和问题，提出新的观点；又对收集和调研所获得的相关资料和信息，进行规范处理和研究，印证理论并发现问题。

2. 规范分析法和实证分析法相结合的办法。从理论的层面对产业集群的发展规律进行逻辑推理和描述，并对探索的问题进行价值判断。除了从规范的角度进行理论分析外，同时还有选择地对一些案例实证分析，为理论研究提供事实依据。

3. 比较分析法。用比较经济学的办法,对经济发达地区和欠发达地区的产业集群进行比较,从而得出有益的经验总结与启示。同时将比较归纳与案例分析相结合,既归纳出国内外信息集群规律与特点、集群个性和共性问题,也研究欠发达地区有针对性的政策支持和措施,提出优化欠发达地区产业集群发展环境的有关建议。

4. 定量分析与定性分析相结合的办法。用竞争优势等理论对经济欠发达地区产业集群的内部机制进行定性研究,在通过大量数据整理的基础上,运用数理分析法等建立数理模型,使结论更准确。同时还综合运用经济学、统计方法,力图分析欠发达地区产业集群的运行规律、集群内各行为主体之间的相互作用、相互影响、相互依赖和集中度与工业增长的相互关系,从量化的角度探讨欠发达地区产业集群的基本特征。

1.6.2 运用工具

本文主要运用以下分析工具开展研究:

1. SPSS 软件 SPSS 是 Statistical Program for Social Sciences 的简称,即社会科学统计程序,是国际著名三大社会科学统计软件包之一(SAS、SPSS、Statis),也是世界上最早的统计分析软件,它是美国斯坦福大学的三位研究生于 20 世纪 60 年代末研制出来的。20 世纪 80 年代末,SPSS 迅速向 Windows 移植,现已推出 SPSS 13.0 版本,图形处理和结果输出更加完善,应用范围极广,普遍应用于自然科学、技术科学、社会科学的各个领域。迄今 SPSS 软件已有 40 余年的成长历史,全球约有 25 万家产品用户,广泛分布于通讯、医疗、银行、证券、保险、制造、商业、市场研究、科研教育等多个领域和行业,是目前世界上应用最多的专业统计软件。而且在国际学术界有条不成文的规定,即在国际学术交流中,凡是用 SPSS 软件完成的计算和统计分析,可以不必说明算法,由此可见其影响之大和信誉之高。另外,SPSS 最突出的特点就是操作界面极为友好,输出结果美观漂亮(从国外的角度看),使用 Windows 的窗口方式展示各种管理和分析数据方法的功能,使用对话框展示出各种功能选择项,只要掌握一定的Windows操作技能，粗通统计分析原理，就可以使用该软件为特定的科研工作服务。它更是非专业统计人员的首选统计软件，在众多用户对国际常用统计软件SAS、BMDP、GLIM、GENSTAT、EPILOG、MiniTab的总体印象分的统计中，其诸项功能均获得最高分。

2. Eviews　它是当前世界上最流行的计量经济学软件之一。软件名为是Econometrics Views的缩写，直译为计量经济学观察，通常称为计量经济学软件包。它的本意是对社会经济关系与经济活动的数量规律，采用计量经济学方法与技术进行"观察"。Eviews是美国QMS公司研制的在Windows下专门从事数据分析、回归分析和预测的工具。人们使用Eviews可以迅速地从数据中寻找出统计关系，并用得到的关系去预测数据的未来值。Eviews的应用范围包括：科学实验数据分析与评估、金融分析、仿真、销售预测和成本分析、应用经济计量学、总体经济的研究和预测、销售预测、财务分析、经济模型的估计和仿真、利率与外汇预测等。具体来说有以下功能：采用统一的方式管理数据，通过对象、视图和过程实现对数据的各种操作；输入、扩展和修改时间序列数据或截面数据，依据已有序列按任意复杂的公式生成新的序列；计算描述统计量：相关系数、协方差、自相关系数、互相关系数和直方图；进行T检验、方差分析、协整检验、Granger因果检验；执行普通最小二乘法、带有自回归校正的最小二乘法、两阶段最小二乘法和三阶段最小二乘法、非线性最小二乘法、广义矩估计法、ARCH模型估计法等；对二择一决策模型进行Probit、logit和Gompit估计；对联立方程进行线性和非线性的估计；估计和分析向量自回归系统；多项式分布滞后模型的估计；回归方程的预测；模型的求解和模拟；数据库管理；与外部软件进行数据交换等等。

Eviews处理的基本数据对象是时间序列，每个序列有一个名称，只要提及序列的名称就可以对序列中所有的观察值进行操作。Eviews允许用户以简便的可视化方式从键盘或磁盘文件中输入数据，根据已有的序列生成新的序列，在屏幕上显示序列或打印机上打印输出序列，对序列之间存在的关系进行统计分析。Eviews具有操作简便且可视化的操作风格，体现在从键盘或从键盘输入数据序列、依据已有序列生成新序列、显示和打印序列以及对序列之间存在的关系进行统计分析等方面。

本章小结

本章是绪论，主要论述了研究欠发达地区产业集群的必要性及在理论和实践上的意义；对于产业集群形成背景作了较详实的分析，在此基础上提出了本研究的研究目标、逻辑结构、拟采取的技术路线和要解决的关键问题，对于研究方法与研究手段、运用工具也进行了简单论述。

第2章 产业集群基本理论

2.1 基本概念与含义

在国内外有关产业集群研究的理论中,对产业集群定义的表述是五花八门的。如:“产业群”(industrial clusters)、“地方产业集群”(local clusters of enterprises)、“新产业区”(new industrial districts)、“企业集群”(clusters of enterprises)、“区域集群”(regional clusters)、“地方生产系统”(local production system),“价值链产业集群”(value - chain industrial clusters),有的研究还称之为“企业创新系统”(regional innovation system)、“地方创新环境”(regional innovation milieu)。中国产业集群发展较快的地方对其称谓,主要来自于对其基本特征的观察。浙江称其为“特色工业园”“块状经济”,广东则称它为“专业镇”“特色产业经济”,而理论界则更多的称之为“产业集群”“企业集群”“产业群”“产业簇群”“产业区”等。由于出自不同的研究思路,观察产业集群的角度、层面等就不尽相同,因而产业集群的内涵也必然呈现多样化。国外迈克·波特等学者或有关国际性组织有一定代表性的定义概述如下:

产业集群是企业为了共享专业化基础设施、劳动力市场和服务,而在地理上集中并且相互依赖、相互协作。

产业集群不仅仅是相互关联、相互支持的产业和机构,更重要的是使产业集群更具竞争力的企业及其相关支持机构之间的社会关系。

产业集群是一群相关产业领域的公司在某一特定地理区位上的集中。

产业集群是专业化组织的地方网络,其中生产过程密切联系,各公司之间交换并流通商品;集群是由创造附加价值的生产链把相互依赖的企业、知识生产机构(如大学、研究所、提供技术的企业、知识密集型的商业服务机构)、中介机构(如经纪人、技术和咨询服务的提供者)和顾客等联结起来而形成的网络。

产业集群不仅仅是相互关联、相互支持的产业和机构,更重要的是使产业集群更具竞争力的企业及其相关支持机构之间的社会关系。

创新集群是在同一市场环境下,在供应链上高度协作的相关产业和服务公司。

产业集群是生产网络,生产网络的生产链上各个公司(包括专业化供应商)相互联系、相互依赖。

产业集群是专业化组织的地方网络,其中生产过程密切联系,各公司之间交换并流通商品、服务以及知识。

集群是生产一系列相同或相关产品而面临共同的挑战和机遇的企业在部门和地理上的集中。

集群是由创造附加价值的生产链把相互依赖的企业、知识生产机构(如大学、研究所、提供技术的企业、知识密集型的商业服务机构)、中介机构(如经纪人、技术和咨询服务的提供者)和顾客等联结起来而形成的网络。①

表 2-1　各国学者对产业集群本质的理解

国 家	对产业集群的理解	国 家	对产业集群的理解
德 国	相似公司的聚集和创新模式	美 国	供应链网络和生产网络
意大利	产业知识流	加拿大	创新系统
墨西哥	创新系统	澳大利亚	创新网络和生产网络
荷 兰	价值链和生产网络	法 国	由知识链连接起来的独特组合
英 国	区域创新系统	爱尔兰	价值链

资料来源:许庆瑞等. 论产业集群形成的条件[J]. 科研管理,2003,(1).

① 宋周莺等. 产业集群研究进展探讨[J]. 经济地理,2007,(3).

为了获取新的互补技术,从互补资产和知识联盟中获得收益,加快学习过程,降低交易成本,克服或构筑市场壁垒,取得协作经济效益,分散创新风险和相互依赖性很强的企业(包括专业供应商)、知识生产机构(大学、研究机构和工程设计公司)、中介机构(经纪人和咨询顾问)和客户通过增值链相互联系形成的网络,这种网络就是群。①

国内研究产业集群较早的北京大学城市与环境学系的王缉慈教授也从不同的角度,对产业集群的概念进行了定义:

产业集群是一种经济地理现象或实践经验,又可看作一类产业空间组织或经济理论模式;我们可能将它用作区域经济发展战略,更应把它作为认识区域经济的思维方法,即产业集群是把区域经济视为相互依赖的企业和机构的地理集聚的经济系统的一种方法。

产业集集群是一组在地理上靠近的相互关联的公司或机构,它们同处在一个特定的产业领域,由于具有共性和互补性而联系在一起。

产业集群具有专业化的特征。

所谓产业集群实际上就是一种新的空间产业组织形式,是经济发展过程中出现的特定领域内一定数量的企业在一定地域范围内的集中、并实现集聚效应的一种现象。在集聚区内产业链完善,既有主导产业,又有为主导产业提供配套服务的其他产业企业和机构;既有上游企业,如零部件、机械设备制造商,也有下游的分销渠道和顾客;既有生产性企业,也有服务性企业和机构,如大学、科研机构、培训教育机构、专业媒体和贸易联盟等。如美国的微电子、生物技术、风险资本集聚在硅谷;汽车设备与零部件集聚在底特律;飞机设备生产与设计集聚在西雅图;影视娱乐业集聚在好莱坞等。可以说,产业集群是许多国家发展特定产业的方向,也是提高本地区竞争优势的有利途径。产业集群作为一种区域组织形式,对区域经济的发展和竞争力的提高起着重要的推

① 迈克尔·波特. 国家竞争优势[M]. 北京:华夏出版社,2002;迈克尔·波特. 竞争战略[M]. 北京:华夏出版社,1998;Michael E. Porter. Clusterst and New Economics of Competition [J]. HarvardBusiness-Review,1998,(11).

进作用，并成为推动区域及国家经济发展的重要经济发展模式。同时，集群内的企业可享受集群带来的内外部规模经济效应、较低的交易费用、生产专业化和知识外溢等好处，从而促进企业竞争力的提升。[①②]

还有不少研究人员对产业集群的概念作了新的定义。如仇保兴(1999)在有关著作认为，产业集群是有一群彼此独立自主但相互之间又有着特定关系，依据专业化分工和协作在某一地理空间高度聚集而建立起来的产业组织。这种组织的结构介于纯市场和层级两种组织之间，它比市场稳定，比层级组织灵活。借助于这种特殊组织结构，小企业之间建立长久的交易关系而且不一定需以契约来维持，而主要通过信任和承诺来进行协作。[③]

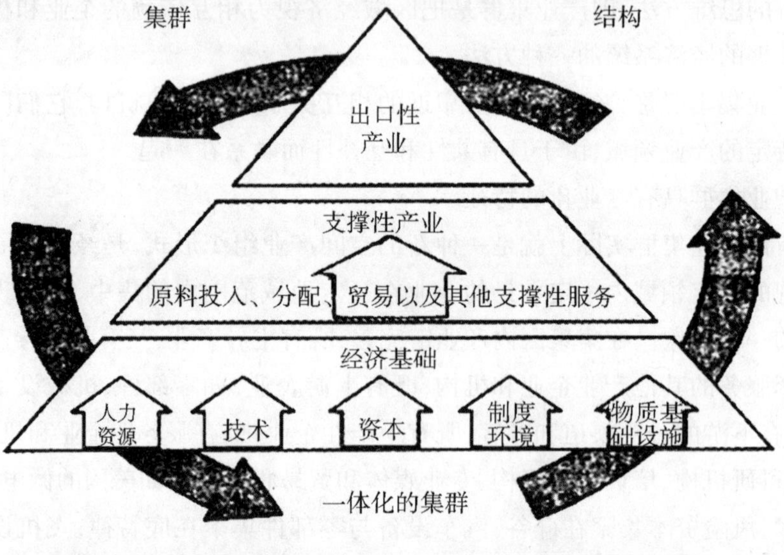

图2-1　斯坦福国际研究所的产业集群结构之金字塔模型

资料来源：楚波等．产业集群辨识方法综述[J]．经济地理，2007，(5)．

① 王缉慈．创新的空间——企业集群与区域发展[M]．北京：北京大学出版社，2001.

② 郑君君等．基于供应链的产业集群研究——以汽车产业为例[J]．武汉大学学报(哲学社会科学版)，2007，(1).

③ 仇保兴．小企业集群研究[M]．上海：复旦大学出版社，1999.

2.2 产业集群理论的历史演进与述评

回顾国内外产业集群发展历程,人们发现产业集群能够实现规模经济和有效率增长的原理在于:当企业内部分工演变成企业间分工时,原来属于企业内的环节就变成了独立的企业,由于每个环节的生产都面对市场的众多购买者,因此能够更好地实现每个独立环节的最佳规模,并通过市场需求的积累实现规模经济。而当某些环节被置于同一个企业,其生产和供给只是面向企业内部时,许多环节就不能实现最佳规模。产业集群能够降低交易费用的原理在于:众多同类企业、关联企业和机构在地理空间上的聚集塑造了富有效率的市场环境,地域的临近、交易的重复性和竞争性以及信息的快速流动等因素的影响,使得产业集群进入的市场具有稠密市场的特点,从而大大遏制了机会主义和欺诈行为的发生。

事实上,早在迄今300年前就有古典经济学家研究过以上所谓的产业集群的基本特性,这方面的论述也可以看成为有史以来经济学家们最早对产业集群功能的解释。

17世纪的英国经济学家威廉·配第(William Petty)认为,城市能够降低交易费用,从而提高分工水平。1776年,亚当·斯密(Adam Smith)在《国富论》中谈到分工与市场范围的关系。斯密将分工分为三种:一是企业内分工;二是企业间分工;三是产业分工或社会分工。第二种分工实质上就是现代意义上的产业集群的萌芽。在斯密看来,企业内的过细分工有可能导致规模过小,组织成本上升;纯市场分工则有可能使企业间交易成本上升,交易效率下降,因而在企业间建立长期的合作关系是至关重要的。这里斯密虽未明确提出产业集群的概念,却深入分析了纯企业和纯市场两种组织形式都无法避免的效率损失,并认识到企业建立长期合作关系的重要性,从而在实际上论证了产业集群产生和存在的合理性。18世纪中叶,卡尔·马克思(Karl Marx)认为分工可以提高工作效率,而协作则可以带来规模效益,协作劳动不仅提高了个人生产力，而且创造了一种集体生产力；协作劳动所引起的竞争意识和精神振奋可提高个体的工作效率；协作可以缩小生产的空间范围，由于劳动者的集结，不同劳动过程的靠拢和生产资料的集聚而节约费用。通过深度分工与专业化协作，必然使每一个成员企业能获得更高的生产效率。但是，由于当时生产力发展水平所限以及他们研究角度、研究对象的不同，尽管他们已经进行了产业集群最为核心问题的研究，但并未提出产业集群这一概念或命题。

从产业集群理论的基本内涵来看，可以将19世纪至今的国外产业集群理论发展历程简单地划分为三个阶段：以古典主义经济学为基础的产业集群理论、以市场学派和产业关联理论为代表的区域空间结构理论和进入20世纪90年代后新集群理论等蓬勃发展三个阶段。这一过程与不同时期的社会经济环境相联系，不断细化了集群体包含的关系结构体系，揭示出产业集群的实质在于为获取整体竞争优势，各相关主体空间集聚、利益互动、分工协作的现象。

如果要简单地对国外产业集群的研究其令人满意方面进行评价的话，可用两句话概括：一是它已经成为经济学中充满活力的一门新学科，二是其很多成果已经成为一些国家制定产业政策的依据，并且取得了非常好的经济绩效。如果要概述国外产业集群研究的不足之处的话，我也赞同这些观点：即现有的产业集群的研究主要集中在产业集群的机理、技术创新、组织创新、社会资本以及经济增长与产业集群的关系研究、基于产业集群的产业政策和实证研究方面，而对产业集群战略，特别是对发展中国家产业集群的研究较少；从不同方面研究产业集群的理论甚多，但没有完全形成系统的理论体系；偏重于实证分析并在此基础上的归纳；产业集群吸引了不同学科研究人员的注意力，成为国外理论研究的热点，但成果大多以研究论文的形式出现，缺乏系统研究的专著；关于产业集群的研究，目前理论仍落后于实践。

随着西方产业集群理论的成熟和扩散，以及中国改革开放后现代制造业、加工业的快速发展，20世纪80年代在浙江、广东和江苏的南部，逐渐出现了现代产业集群的现象，并表现出较高的产业竞争力和地区竞争能力。因此，国内学者也陆续开始对产业集群进行研究。王缉慈教授在1994年东亚工业变化国际学术讨论会上,发表了具有开创性意义的论文《中国新工业区的形成——开发区现象见解》,文中指出在中国沿海地区将可能出现以柔性专业化生产为特征的新产业区,并对存在的问题进行了分析。从此,中国对产业集群的研究与日俱增。

目前,国内经济学界对产业集群的研究也取得了长足的进步。尽管研究起步晚,在基础理论研究方面有较大差距,但在实证研究和借鉴国外研究成果分析中国产业集群问题等方面,却有很强的实证特色。前期研究基本上是采用模式研究的方式,如温州模式、苏南模式或其他什么模式等,在 20 世纪 90 年代,这种模式性的研究常常陷于一种非学术领域的政治性争论;另外的不足是忽视产业与地区之间的关系,缺少对产业在地区聚集和形成集群内在规律的研究。现在的研究除地域性特征外,更多的是集中在某产业方面。

就欠发达地区产业集群这一课题来说,国内研究在逐年增多,这主要是产业集群现象越来越为人们所关注,但多数论文和著作是研究某省、某产业的产业集群,还有相当部分是研究工业化、产业化,这既与产业集群相关,但又不是本质意义上的产业集群方面的研究。但总的来说,现有的研究都能借鉴国内外的理论成果,对本区域的产业集群的战略、竞争力提升、形成机制、优势培育等进行研究,都能起到一定的指导作用,其存在的问题主要有:一是有的系统研究不够;二是有的对策可操作性不强;三是有的研究对欠发达地区的产业特征了解不充分;四是有的把不是产业集群的产业也混淆为产业集群;五是有的对欠发达地区的经济规律研究不够,提出的战略缺乏前瞻性;六是一般性的分析研究多,定性研究与定量研究相结合的少。

2. 3　产业集群理论的主要流派与发展

2. 3. 1　古典主义产业集群理论

以古典主义经济学为基础的产业集群研究,主要是以分工为基础来研究与产业集群相关的比较优势，并采用规模收益不变和完全竞争的假设前提，来推导区域间的比较优势和形成产业集群的原因。该理论强调“空间异质性”，即非流动性要素（如矿产、某些生产要素）的不均匀分布、独特的气候条件或存在运输枢纽（如港口、码头或集市等）。

1. 马歇尔产业区位论。近代英国最著名的经济学家，新古典学派的创始人阿尔弗雷德·马歇尔（A. Marshall）是世界经济学领域最早对产业集群进行研究的经济学家。19 世纪 90 年代，马歇尔率先发现英国斯塔福德郡的陶瓷生产、椅子生产，谢菲尔德郡的利器生产等“产业区”（Industry District）现象。他在 1920 年出版的代表作《经济学原理》，吸取了 19 世纪中叶以后西方经济学的成果，又在形式和内容上继承了英国古典经济学的传统，被学界看成是继亚当·斯密《国富论》之后最伟大的经济学著作。马歇尔的理论贡献之一在于对“产业区”所进行的开创性研究。他发现了外部经济与产业集群的密切关系，解释了基于外部经济的企业在同一区位集中的现象，认为产业集群是外部性导致的；其次，他还将产业区定义为一种由历史与自然共同限定的区域，其中的中小企业相互协作、协同竞争，产生了较之一般经济区更高的区域和竞争力。马歇尔定义的产业区与一般经济区不同。他认为产业区内部企业的生产活动不是自给自足，而是建立在专业化生产之上的劳动分工的不断细化，且与区外经济建立开放、持久、广泛的联系，从而考虑的是其经济效率；再次，马歇尔对产业集群研究开创性的开创性还表现在他阐述了存在外部经济（External Economics）与规模经济（Scale Economics）条件下产业集聚产生的经济动因。他还把经济规模划分为两类，第一类是和产业的地区性集中有很大关系的产业发展规模；第二类是那些从事工业的单个企业的资源、企业的组织及企业管理的效率。与此同时，他还把第一类的经济规模称为外部规模经济，并强调在产业区的形成过程中，这种外部规模经济是非常重要的，因为“这种经济往往能因许多性质相似的企业集中在特定的地方——即通常所说的工业地区分布而获得”；马歇尔又把第二类的规模经济称为内在规模经济，他指出，企业内部的规模经济一般比较容易被人们所认识到，厂商也会尽可能使生产规模进一步扩大。企业外部的规模经济是十分重要的，随着产业的持续增长，尤其是集中在特定的地区时，会出现熟练的劳工市场和先进的附属产业，或产生专门化的服务性行业，以及改进交通设施和其他基础设施。为此，马歇尔认为在产业区内会产生三方面的外部经济：第一，产业集聚带来的中间投入产品的规模效应，促进了相关配套、辅助产业的成长和专业化，提高了专业化机械设备的利用效率，为地方化的产业提供了一个稳定的技术市场，因此能获得很大的产业优势；第二，产业集聚能带来劳动力市场规模效应，促使附属行业在附近成长起来，为产业中心提供工具和材料、组织交通，在许多方面对经济的使用原料有利；第三，产业空间集聚使更多的知识、信息、技能和新思想在产业区内的企业间迅速传播和应用，可以产生我们现在研究中常说的所谓的技术外溢现象。其中，前两者又被称为"金钱外部经济"（pecuniary Externalities），外部经济"这种经济往往能因许多性质相似的企业集中在规定的地方，即通常所述的工业地区分布而获得"。也就是说，产业集群的原因是为了获得外部规模经济提供的好处，即规模效应形成的外部经济，后者是技术外部经济。因此，他认为产业区的形成就是由于外部经济所导致的。

在当时背景下，马歇尔的理论中存在一些不足是必然的。他在理论中没有考虑企业迁入、迁出和企业的发展等影响区域发展因素变化，过分强调地方垄断优于竞争，也忽视了区域产业组织的外部连接与创新。他对产业区的功能、度量和效应等问题均未能触及。而且，马歇尔的产业外部经济理论，没有考虑区域内企业产业组织的外部连接与创新，也没有注意到不同产业的集聚程度和可持续性等问题。就方法论而言，由于缺乏严格的数理表述方法，从而使得马歇尔的产业区理论长期难以融合到主流新古典经济学之中。[①]

2. 韦伯的区位集聚论。比较接近产业集群理论研究的是现代工业区理论，其奠基人是德国经济学家阿尔弗雷德·韦伯（Alfred Webber），他在 1909 年出版的代表作《工业区位原论》的第一部分《论工业区位》中，探讨了工业区

---

① 阿尔弗雷德·马歇尔．经济学原理［M］．北京：商务印书馆，1997.

位决定以及促使工业在一定地区集聚的原因。韦伯在书中最早地提出了集聚经济的概念，从经济区位的角度探讨了工业集聚的原因，并首次建立了有关集聚的一套规则和概念。韦伯认为影响工业地方性积累和分布的因素除了运输成本和劳动力外，还有集聚要素和分散要素。“集聚因素是一种‘优势’，或者是一种生产的廉价，或者是生产在很大程度上被带到某一地点所产生的市场化，分散因素是由生产的分散化（生产不在一个地方）产生的生产廉价。”而集聚因素主要包括四方面：一是技术设备的专业化发展会促使企业相互合作，而推动地方的产业集中；二是劳动力组织的变化，即一个发展充分的、有特色的、综合性劳动力组织可以看作是一定意义上的设备，因其专业化带来了产业集群化；三是市场化方面的原因，这也是最为重要的因素，它可以因产业集群的内在动力驱使下，最大限度地提高批量购买和出售产品的规模，并在没什么投入的情况下建立企业信用，甚至可以“消灭中间人”，进而促使产业趋向于集中；四是经常性开支成本，即共用基础设施为企业带来的经常性开支成本的减少，同样可以促进产业集中。

对比韦伯和马歇尔的理论，他们对企业组织研究的主要差异在于观察的视野不同。马歇尔更多的是从新古典经济学的层面来研究当时十分重要的生产要素——工业组织，他的研究发现企业集聚的目的是为追求外部规模经济的扩大；韦伯的工业集聚理论是以古典经济学为基础，研究的层面是微观企业，将成本分析作为依据来研究自由竞争资本主义的工业地域结构，没有考虑垄断价格给企业带来的超额利润，也没有考虑政府的作用和当地社会文化的影响，认为企业是否集聚取决于集聚的好处与成本对比，所以他的理论不具有产业集群理论的一般性。但他对产业集群理论的贡献在于，除对影响工业区位的决定因素进行分析外，对产业集聚的阶段作了以下划分：产业集聚的低级阶段——企业自身的简单规模扩张，表现为产业集中化；第二阶段的特征是大企业借助于组织方式集中于某一地域，同时还吸引了同类企业的靠近，这时所出现的大规模生产的明显经济优势就是有效的企业地域性集聚效应。这里，韦伯最早地提出了产业集群演化发展思想，给今天人们对产业集群进行动态的演化分析提供了思想源泉。①

3. 胡佛产业集聚最佳规模论。20 世纪 30 年代，美国区域经济学家埃德加·胡佛（E. M Hoover）研究了不同产业的区位结构后，将规模经济区划分为三个层次并具有以下基本特征：单个区位单位（工厂、商店等）的规模决定的经济；单个公司（即联合企业体）的规模决定的经济；产业在某个区位的集聚体的规模决定的经济。这几个层次的经济各自实现最大值的规模，则可以分别看作是区位单位最佳规模、公司最佳规模和集聚体的最佳规模。埃德加·胡佛对产业集聚研究的主要学术贡献在于他指出了产业集聚存在一个最佳的规模，如果集聚的企业太少、集聚规模太小，则达不到集聚所能产生的最佳效果；如果集聚企业太多，则可能由于某些方面的原因使集聚区的整体效应反而下降。

对于胡佛关于产业集聚规模的理论，有的出版物是这样表述的：胡佛将集聚经济分为三类：内部规模经济；地方化经济（即生产相似产品的相邻厂商所带来的收益；对企业是外部的，但对产业部门而言是内部经济）；城市化经济（因为产业集聚在某一个城市而产生的，对企业和产业部门都是外部的）。对于城市化经济，胡佛认为群体以外的其他类型的产品供给或活动可能增进集聚优势，如公共投入的可供性在群体经济中则很可能成为一种密切联系活动的混合体，而不是一种活动的单位群，也就是说，供给的多样性形成了城市化经济的比较优势。需要指出的是，地方化经济和城市化经济在特征上的差异是很轻微的。②

4. 科斯等的交易费用论。新制度经济学的创始人英国经济学家罗纳德·科斯（R. Coase）在 1937 年发表的经典论文《企业的性质》，是最终让其获得诺贝尔经济学奖的两篇论文之一。在科斯的这篇并不长的文章里，科斯通过回答两个基本的问题从而为企业理论作出了历史性的贡献。这两个问题就是：企业为什么会存在？企业的规模由什么因素决定？对这两个问题的回

① 阿尔弗雷德·韦伯．工业区位论[M]．北京：商务印书馆，1997.
② 埃德加．M. 胡佛．区域经济学导论[M]．北京：商务印书馆，1990.

答——市场成本论与组织成本论——构成了《企业的性质》的核心内容。他还提出了“交易费用”这样一个概念，他认为，企业是市场的替代物，是价格机制的替代物，交易的功能和交易费用的节约是企业性质的根本特征。企业不同于工厂或作坊，它是产权的集合、契约的联盟和要素所有权剩余索取的纵向一体化。企业的存在取决于交易成本或者交易余额的多少，是一个商业性和交易性的概念。企业的核心不是生产而是经营，不是生产技术联系而是产权缔约关系。他认为在一定程度上企业比之市场更能节省交易费用，因此它在一定程度上替代了市场。市场交易合约的特点是用非人格的价格来配置资源，而企业这种合约的特点是由权威关系来配置资源。企业是一种以权威为特点的和约组合，它存在的合理性在于它能节省交易费用，它的功能是配置资源。①

诺贝尔经济学奖得主美国经济学家奥利弗·威廉姆森（Oliver Williamson）在1975年和1985年出版的《市场与科层》和《资本主义经济制度》两本名著中，通过交易费用的市场组织分析法对经济组织进行分析，他提出可以用交易的不确定性、交易频率和资产专用性（即投资的专用性程度）三纬度来解释经济活动的规制结构。在威廉姆森的著作中，他认为除了交易的外部条件存在不确定性外，交易的内部干扰因素本身也会产生交易的不确定性。在交易非专用性条件下，因新的贸易关系建立后重新安排比较容易，其存在的不确定性影响交易的程度不大；如果是资产专用性程度较高，交易中存在的不确定性的增加将会对交易产生严重影响。对于交易频率，威廉姆森是这样论述的，它是指在特定的时段内交易的次数，其对交易效率的影响表现在建立一种如双边规制结构或多边规制结构，即保留中间产品市场而非统一性或非一体化的专门性规制结构，要考虑这一结构在在经济上有无合理性，这一安排是否有效率。在资产专用性较强的情况下，是保留中间产品市场还是建立统一性结构或进行一体化生产主要取决于交易的频率。如果交易频率高，建立统一性

① Coase, R. H.. The Nature of the Firm. Economics November, 1937.

的规制结构进行一体化生产是有效率的组织安排；否则，则保留中间产品市场，即从市场上的其他企业购入中间产品的组织安排是更有效率的。①

对科斯、威廉姆森用交易费用分析经济组织理论的继续、深化和发展的是英国经济学家斯科特（A. Scott），他的著作集中反映了交易费用等主流思想。斯科特将交易费用分析方法具体运用到区域产业集群发展中，他认为产业集群的出现和发展，是企业对内部交易和外部交易的成本之间进行比较和选择的结果，是企业的生产经营垂直分离后在地理空间上出现的经济现象。斯科特认为，当企业的生产和经营出现垂直分离的环节时，产业集群内企业间经济交往也会带来集群外部企业交易活动频次的增加，这会诱导那些能与集群内企业建立密切经济联系且更希望减少交易费用的企业向集群区域集中；反过来，大量的企业向某一地域的集聚会极大地缩短企业间交往的空间距离，这又会带来外部交易费用的下降，这些好处又将进一步推动企业的垂直分离。投资强度的增加和企业也需要有能密切交流和接触的合作伙伴，这在一定程度上也会加剧企业的垂直分离。因此，企业垂直会加快产业空间集聚，产业空间集聚又会加剧企业的垂直分离。在社会分工日益强化和企业间的交易频率大大增加的情况下，会导致那些集群外的企业交易总费用上升。因企业交易成本与企业间的空间距离成正相关，这使得企业自然会产生近距离寻找交易伙伴的愿望，这些都是产业集群的形成原因。②

2.3.2　区域空间结构理论

从 19 世纪到 20 世纪的 200 年中，产业集群研究力量的另一分支是市场学派和产业关联理论。这些理论认为韦伯理论的局限性在于忽视市场对产业集群形成的影响，主张产业布局与厂址选择应接近市场和追逐利润最大化的原则来进行。

① Willianmson, O. E.. The Economic Institutions of Capitalism. NewYork: Free Press, 1985.

② Scott A. J. Industrial Organization and Location: Division of Labor, the Firm, and spatial process. Economic Geography, 1986, Vol. 62(3).

1. 市场学派理论的发展。其中有代表性的人物有德国的经济学家奥古斯特·廖什(August Losch)、德国地理学家克里斯塔勒(W. Christaller)、德国农业经济学家冯·杜能(Von Thunen)等学者。

19世纪初,德国进行了农业制度改革,农业产业开始向商品化、大型化发展。1826年,冯·杜能根据自己多年从事生产经营实际所获得的第一手资料开展研究,在出版的《孤立国同农业和国民经济的关系》一书中提出了农业生产的空间合理布局问题,并运用抽象演绎的分析方法,提出在一个围绕城市的均质平原上,农业生产的单位产品利润 $V = P - (C + T)$,其中P为农产品价格,C为成本,T为运费,在P、C既定的条件下,农业生产空间的合理布局取决于T,也就是取决农产品生产地与消费中心距离的远近。杜能在此基础上,还提出了著名的孤立国六层农作物圈层结构设想。①

1939年,廖什将一般均衡理论应用于经济空间,指出社会的产业布局应该选择在能够获得最大利润的市场地域。他把利润最大化原则同产品的销售范围联系在一起,认为一个经济个体的区位选择不仅受其他相关经济个体的影响,而且也受消费者、供给者的影响,所以企业的建设应应尽可能接近市场,以缩短产品的运输距离来节省费用。因此,对企业进行区位布局就要去寻找对企业生产、消费和供应最有利区域。城市是企业区位的点状集聚地,企业在大城市布局后,一些企业集聚点会演变为专门化的集聚区(地带)。

廖什的市场区位理论以市场需求作为空间变量,对市场区位体系作出了解释。在此基础上,还有一些学者研究分析了企业间的信息传递成本和企业产品生命周期之间的关联,他们认为处在不同生命周期的产业布局带有其自身特征。还有的学者在分析跨国公司对外投资价值取向时指出,企业在其邻近市场区域布局,就意味他因有更低的产品运输、信息搜寻和劳动力成本,这有利于企业获取较大的市场份额。与韦伯不同的是,廖什从利润最大原则出发分析区位问题,并将这一原则与消费者对产品的需求结合起来。与杜能、韦

① 冯·杜能. 孤立国同农业和国民经济的关系[M]. 北京:商务印书馆,1997.

伯相类似,廖什也在一系列假定条件下运用抽象和演绎方法探讨了企业区位的决定因素。他认为,如果企业是追求利润最大的主体,那么其合理区位主要是由产品的需求量大小决定的。如果企业建立在能够吸引足够数量的消费者的地点,有足够的消费需求,企业就能获得利润;反之,这样的地点就不能成为合理区位。他还进一步分析了影响消费者需求量的种种因素。所以,廖什的理论主要突出了需求因素对企业最优区位的决定作用,被称为古典区位论中的市场学派。廖什在其著作中,还研究了最优市场区位的形状、空间结构,分析了空间一般均衡的条件。①

克里斯塔勒在 1933 年出版的《德国南部的中心地》一书中,也提出了关于城市城镇空间分布和结构的中心地理论,揭示了第三产业特别是商业布局的内在规律。这一理论以商业集聚中心为研究对象,在确定个别经济活动的市场半径的基础上,引入空间组合概念,建立了一个关于商业集聚中心的网络等级序列的理论体系。② 该理论还认为从空间集聚角度出发,可以发现产业的空间集聚本身就存在带来外部经济(包括外部规模经济和外部范围经济)的好处,集聚区内企业因能共享基础设施、有关信息和专业化劳动力资源,能大大节约相关成本,促进企业生产灵活性。还有,信息知识共享也可促进产业集群创新及其社会关系网络的形成。此外,空间集聚是产业集群形成的重要机理之一,各种资源共享及集聚产生的外部经济是产业集群的主要竞争力,这也是推动区域经济发展的动力。

市场学派在理论上的一个重要建树是在重视企业市场因素的同时,将信息成本引入产业集群分析,并将一些有可能阻碍或干扰企业与市场间信息交流的政治、文化、教育、经济发展基础等因素考虑在其中,这些研究思路开阔了当时人们的研究视野。除此之外,市场学派没有发现企业、社会机构和政府构成的广泛联系,在理论上没有太多的创新,在技术路线上也没有更成功的价值。他们分析的目标中心还是单个企业,研究的角度还是从成本和区域环境

① 奥古斯特·廖什. 经济空间秩序——经济财货与地理间的关系[M]. 北京:商务印书馆,1998.

② 沃尔特·克里斯塔勒. 德国南部中心地理原理[M]. 北京:商务印书馆,1998.

出发来分析企业区位选择和产业布局。因此，与这一理论吻合的经济组织只能称为外部力量嵌入式的企业空间集聚，而不是产业集群。

总的看来，古典区位论立足于单个的或某一方面的经济客体（如农业种植地带、工业企业、市场、城镇）的空间分布和区位选择。对单个经济客体最优区位的决策因素进行研究，更多的追求企业成本和运费的最低，且采用的是新古典经济学的静态局部均衡分析方法，即以完全竞争市场结构下的价格理论为基础来研究最优区位决策的问题。因此，古典区位论可以说是一种微观层次上的静态的资源空间配置优化理论。

2. 产业关联理论的发展。与市场学派同时成长的还有产业联合体理论、增长极理论、地域生产综合体理论等，这些理论研究基本上是以投入产出分析法和产业关联为基础，所以理论界将这一理论统称之为产业关联理论。

（1）产业联合体理论。该理论于 1956 年由美国科学家艾萨德（Isard）提出，他认为产业联合体可以看作在一个特定区位上的一组相关经济活动，由于在这些活动之间存在着技术、生产、分配等多方面的联系，因而联合体必然是有效率的。他还认为集聚的外经济效应会带来市场结构的改变并产生垄断利润，通过分配带动生产要素价格提高、造成要素市场的激烈竞争和因阻止外来企业进入等因素，也会导致产业联合体创新能力的削弱。

产业联合体理论强调企业之间稳固和正式的投入产出联系，其原则是企业之间可观测的空间交易成本最小化。学界认为这一理论也存在许多不足：首先，产业联合体理论的企业区位选址行为是基于可观测的空间交易成本；其次，把产业联合体看作一个封闭的循环系统，这种封闭的投入产出系统割裂了地区与世界经济的联系；其三，由于产业联合体过于强调企业之间垂直的产出联系，这必然导致联合体内企业之间横向联系和竞争不足，从长期来看，这种产业联合体的经济组织模式将导致地区产业的衰退。①②

（2）增长极理论。1955 年，法国经济学家弗朗索瓦·佩鲁（Francois Per-

① 瓦尔特·艾萨德．区域科学导论[M]．高等教育出版社，北京：1991.

② 王步芳．世界各大主流经济学派产业集群理论综述[J]．外国经济与管理，2004，(26).

oux)首次提出了增长极概念。他认为经济空间在成长过程中,总是围绕着极核进行,空间发展如同部门发展一样,增长不是同时出现在所有地方。它以不同强度首先出现在一些增长点或增长极上,然后通过不同的渠道向外扩散,并对整个经济产生不同的最终影响。这种影响具有正、负两种效应,即"扩散效应"与"回波效应",前者基于产业集群企业与周边地区在生产过程中的购买原材料、吸收剩余劳动力以及投资等作用而体现;后者则是由于发达地区有效率的生产者通过竞争抑制欠发达地区的经济活动,一般产业集群的有效性就在于其扩散效应压倒回波效应而刺激经济增长。在此研究基础上,还有一些研究人员认为增长极是位于城市区域的一组正在不断扩大的产业,它通过对产业的周边地区和相关产业的影响而诱导区域经济活动的进一步发展。

增长极理论还将推动性产业、集聚和区域经济增长联系起来,认为政府植入的推动性产业会产生里"昂惕夫乘数效应"和"极化效应",形成围绕该产业的集聚,从而带动地区经济增长。①

理论界认为这种理论的缺点也是相当明显的:首先,增长极时常表现为"空吸泵",造成周边地区的贫困;其次,增长极的扩散效应是基于投资的乘数作用和产业的垂直联系,这与内生于规模报酬递增的产业集聚的本源意义并不是同一回事;其三,增长极的成功强烈地依赖于推动性工业的竞争力,如果地方所设置的推动性产业并不具备竞争力,增长极的前景将是脆弱的。②③

3. 地域生产综合体理论。地域生产综合体(Territorial Production Complex 简称 TPC)是在前苏联创建并得到广泛采用的区域产业组织形式。巴朗斯基(БараHckun)是前苏联最有影响的地理学家和经济地理学区域学派的奠基人之一。他强调经济地理与自然地理的结合,重视自然条件的研究,提出"地域生产综合体"的思想,重视区划和综合分析,强调区域观点在经济地理中的运用。著作有《前苏联经济地理、国家计划委员会洲区概况》《前苏联经济地理》

---

① 弗朗索瓦·佩鲁. 新发展观[M]. 北京:华夏出版社,1987.

② 王步芳. 世界各大主流经济学派产业集群理论综述[J]. 外国经济与管理,2004,(26).

③ 安虎森. 区域经济学通论[M]. 北京:经济科学出版社,2004.

等。他在20世纪30年代就提出了"地域生产综合体"的概念,并认为它是经济区形成的基础和核心。1941年,前苏联经济地理学家科洛索夫斯基(N. N. Kolosovskiy)系统地论述了地域生产综合体的概念,他提出"在一个工业点或一个完整的地区内,根据地区的自然条件、运输和经济地理位置,恰当地(有计划地)安置各企业,从而获得特定的经济效果,这样的一种各企业间的经济结合(相互制约的结合)就称为生产综合体。"该定义表明了"地域生产综合体"的重要特征。美国学者艾萨德接受了综合体的概念,并把其作为阐述他的区域科学体系的一个组成部分。艾萨德认为地域生产综合体发展的根本动力在于它能比企业单独布点带来更大的聚集经济效果,它不是企业简单地地域聚集,而是使生产上相互补充、经济上密切相关的企业在地域上有序结合布局,产生明显经济效果。他还阐述了关于在一定地域以一定的专业化部门为核心,能够充分发挥专业化部门在整个地域的生产联系的生产地域经济体系的形成机制与过程,该理论主要优点体现于在有限的空间为核心集中投入资源,而且能够形成生产要素的地域性集中,最重要的是它注重于产业之间发展的和谐性。①

总的说来,以空间区位结构为出发点来研究产业集群的这些理论视角和思路与古典经济学主义理论相比,研究的角度发生了根本性变化,主要体现在以下三个方面:一是由过去以单一企业为中心,从区位到企业的单一线条的分析思路转变为由区域和关联产业整体出发,继续注重区位因素及其与企业、产业关系,在重点分析区域间、产业间相互作用的同时,揭示了集群内企业间的利益相关性;二是以辩证的思维和发展的眼光去分析产业集群,这有助于人们更客观地把握集群发展的规律性,及时发现和研究解决其中的潜在问题;三是这类理论还注意到了政府的作用,为后来研究产业集群发展动力机制,更好地发挥政府的作用开了先河。但一些学者也认为该理论还存在许多不完善的地方,例如对企业关系的认识主要集中在以产业链、价值链为纽带的垂直关联性

① 吴传清. 马克思主义区域经济理论研究[M]. 北京:经济科学出版社,2006.

上,缺乏对水平分工企业关系的深入分析;区域非均衡发展思想和由此理论指导下带来的区域差距的扩大也受到了经济学界的猛烈抨击;这一理论对区域间相互作用的分析只看到了加速发达地区发展的作用力,忽视了推动落后地区发展的扩展效应,这也容易造成集群永恒、区域分工格局永恒的错误观念。①

2.3.3 新产业集群理论的形成

从20世纪80年代尤其是1990年后,产业集群理论研究进入了一个黄金时期,研究成果的数量、广度和深度都达到了全新的高度。其中具有代表性理论流派有:欧洲的地理学理论、意大利的新产业区理论、波特(M·Poter)的新竞争优势理论、威廉姆森等人的社会经济网络理论、创新环境理论和以克鲁格曼(Krugman)为代表的新经济理论等。

1. 新产业区理论。新产业区理论的提出始于20世纪70年代末、80年代初。该理论产生的现实基础是美国硅谷、意大利、德国、法国等国的大量中小企业在某一产业区域内聚集成长,区内企业的专业性高,企业之间既竞争又合作。不仅有战略联盟、集体合同、投入产出联系,还包括非正式交流、沟通、接触、面对面对话,企业之间平等竞争,协同面对国际市场。这种基于中小企业既竞争又合作的有效的产业网络,有力地促进了地方经济的快速发展。新产业区理论还基于这些区域的劳动力市场,是由社会劳动分工紧密联系在一起的地方企业网络而形成的。

新产业区理论的研究者揭示了这种企业网络的基本特点:首先,具有很强的学习能力和创新能力;其次,处于网络内的企业具有高度专业化的劳动分工;第三,这种企业网络具有柔性化的生产特征;第四,网络内的企业具有社会根植性,从而使新产业区内的企业实现了既竞争又合作,企业之间基于信任的联系十分密切;最后,在新产业区内有区域劳动力市场网络为企业提供高质量

① 曾菊新. 空间经济:系统与结构[M]. 武汉:武汉出版社,1996.

的劳动力。因此,新产业区是依靠内源力量发展起来的经济区域,在区域内,各行为主体通过中介机构建立长期、稳定的关系,结成一种合作网络,共同构成一种独特的区域创新网络。①

2. 创新环境理论。该理论主要由欧洲创新环境研究小组的学者提出。他们认为单一的企业不可能完成企业创新,创新环境是企业进行创新的约束系统,也是一个学习系统。这样的约束系统、学习系统,有利于企业对产品和市场进行研究或技术创新,有利于企业生产新产品,开发新的服务项目,这样的环境有利于企业产品和服务市场化。该理论指出,创新环境的明显特征是"集体学习",即区域内包括企业、研究院所和大学等在内的创新主体间有密切和稳定的创新协同关系,"集体学习"的过程主要包括新企业在集群区内衍生、区域内企业间的结网和互动、专业人才和劳动力在当地企业间的流动等。该理论还把创新和生产能力的提升看作是一个动态社会过程,认为创新实际上是网络中各个行动者长期持续互动累积的结果,而企业网络成为进行创新的组织的一个载体,即企业间沟通和交流那些只能意会不能言传的隐形知识的能力愈来愈被人们看作是改变经济环境的重要条件;而难以用语言表达的隐形知识必须在网络组织的各个行动者之间交换,必然会强化空间聚集优势,这种优势对于技术密集型和知识密集型企业的成长具有重要作用。"集体学习"的系统性特征与企业的地理集聚与创新要求相联系产生的新现象,成为集群研究的新天地。

该理论还强调了区域环境特征在企业创新中起着重要作用。创新环境对创新具有重要的影响,是创新赖以进行的一个重要意境,是创新的重要载体之一。创新环境也是一个有能力创造协作过程的复杂系统,这个系统有利于集群的形成。

3. 新经济地理学理论。该理论的主要代表人物是前面所述的美国经济学家保罗·克鲁格曼,该理论的主要特点是将新经济地理学、新国际贸易理论

① 安虎森.新产业区理论与区域经济发展[J].北方论丛,1998,(2).

引入产业集群理论研究中。20 世纪 90 年代,克鲁格曼在他的论著中将空间思想第一次正式引入产业集群的经济活动分析。他认为经济活动中能够导致收益递增的原因之一是企业的集聚与规模经济有紧密联系,并进一步揭示了企业经济间的活动能推动有关的企业向某一空间集聚的一般规律。他还判断并得出因受到一些贸易保护、地理分割等环境因素的约束,产业集聚的空间格局是多种多样的,一些特殊的历史事情还会对产业集聚产生重大影响的结论。克鲁格曼认为,假设存在规模报酬递增、不完全竞争市场结构的条件,以 D－S 模型为基础再加入劳动力在企业间流动与要素报酬之间的累积因果关系,即劳动力越集中的地方因垄断竞争特性的影响,其要素报酬也越高,这些地域就越吸引劳动力的集中,如此便可以解释产业集群的形成。也就是说,克鲁格曼认为产业集群只是因企业的规模报酬递增、运输成本和生产要素移动并通过市场传导的内部机制的相互作用下而产生出来的。事实上,他在强调产业"中心"的内生性和竞争均衡作用的同时,也注意到了地域及企业外部环境影响作用等因素。

在克鲁格曼相继发表的《递增收益和经济地理》《地理与贸易》《发展、地理与经济地理》和《空间经济:城市、区域与国际贸易》等论文中,对产业集群理论作了其他创新方面的研究。据克鲁格曼(1991)测算,区位基尼系数超过 0. 30 的产业就有 49 个,其中最大的产业是再生橡胶产业,基尼系数是 0. 50。按照克鲁格曼的研究,美国传统产业的区位基尼系数高于高技术产业,这与一般的研究结论相异。克鲁格曼还提出了"中心—外围"模型,即在一个国家,包括两个地区——东部和西部;生产两种产品——农产品和制造品;农产品是同质的,生产品规模报酬不变和完全竞争;制造品包括许多差异产品,每种产品的生产中都有规模经济,以至于形成了一种垄断竞争的市场结构。如果东部是制造业中心,西部是农业外围,它们的持续性可通过数学函数推出:

$$K = \frac{\tau^{\pi\sigma}}{2}[(1+\pi)\tau^{\sigma-1} + (1-\pi)^{-(\sigma-1)}]$$

其中, $K = \frac{\tau^{\pi} S_W}{S_E}$, $S_W S_E$ 分别指西部和东部地区的厂商销量, π 指制造品

在支出中的份额，τ 的倒数衡量的是运输成本，σ 与均衡规模经济成反比。当 $K > 1$，在西部开始生产就是有利可图；当 $K < 1$，才是一个可持续的“中心—外围”均衡。其结论是：一个地区成为制造业中心，而另一个地区成为农业外围，这种模式取决于较大的规模经济、较低的运输成本以及制造业在支出中较大的份额这三者的某种结合。

在以上理论的基础上，荷兰乌特列支大学的波斯玛（Boschma）等人对新经济地理学理论进行了更深层次的论述，论证了新知识在产业集群中的重要性，并通过建立内生技术进步的模型，解释某区域所进行的研究与开发后的企业空间集聚过程。他们还把区际贸易新类型的基础建立在新经济地理学模型上，这些研究拓展了跨区域贸易的产业集群理论。这期间的一些研究还通过观察寡头垄断的现象，探讨了存在产业外部与内部外溢效应条件下生产与产品创新的地理分布，认为即使两个地区在自然条件方面非常接近，也可能由于一些偶然的因素（例如历史事件）导致产业开始在其中一个地方集聚，由于经济力量的收益递增作用，在地区间交易成本没有大到足以分割市场的条件下，就可能导致产业的集聚。①②

4. 新竞争优势理论。基于新竞争经济学的集群理论的典型代表人物是美国著名学者迈克尔·波特（Michael E. Porter），他在研究国家竞争优势的来源时，提出了基于产业集群发展的国家竞争优势理论。他在《国家竞争优势》一书中提出，一个国家的竞争力取决于这个国家的产业竞争力，而这种产业竞争力来源于产业的国内合作而不是国内竞争，国家的竞争力是通过一个高度的本地化过程而创造和发展起来的。基于以上论述，波特提出了著名的“钻石”模型。

在波特的“钻石”模型中，对竞争优势起决定作用的因素包括四个方面：要素条件；需求状况；支持性产业和相关产业；企业的战略、结构和竞争。这四个因素组成一个国家的竞争环境，使厂商相互作用，产生竞争力。而且波特还

① 克鲁格曼．地理学和贸易［M］．北京：北京大学出版社、中国人民大学出版社，2000.
② 张发余．新经济地理学的研究内容及其评价［J］．经济学动态，2000，(11).

指出，这四种因素是一个有机的整体，互相影响、互相制约，任何一种因素的薄弱都会限制产业升级和创新的潜力。当四种因素相互促进、持续发展时，优势产业会不断增强；反之，原本是优势的产业也会失去优势，进而走向衰退。

波特强调，"钻石模型"是一个动态的系统，只有在每一个要素都积极参与的条件下，才能创造出适合企业发展的环境，进而促进企业投资和创新，因此，地理集中是必要条件。

波特认为，产业集群的核心内容是其竞争力的形成和竞争优势的发挥，这是产业集群在市场经济中生存和发展的根本保障，其中产业集群与竞争的关系表现在三个方面：第一，产业集群内的企业通过在群内蓬勃兴起的生产力对群外企业带来影响；第二，集群内的企业通过发挥群内的各方面优势进行低成本的技术创新为将来的发展夯实基础；其三，集群形成的特有环境有利于新企业的产生、集群规模及集群影响的扩大。他还认为，当产业集群一旦形成，企业数目达到最初的关键多数时，就会触发自我强化的过程，而新的产业集群最好是从既有的集群中萌芽。

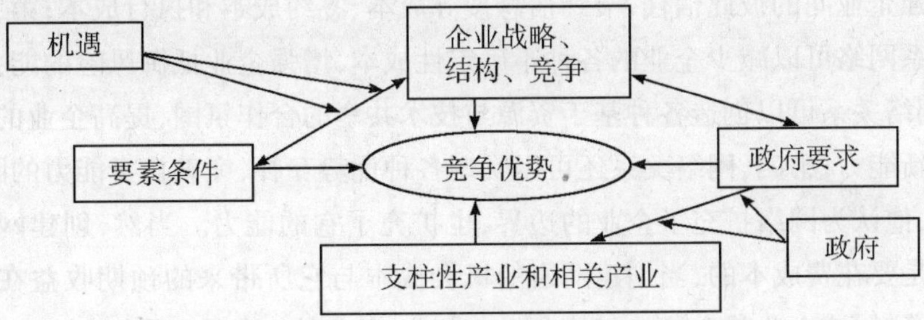

图 2－2 波特的竞争优势图

波特理论的创新之处在于将产业竞争优势决定因素与地理集中因素结合起来研究，从竞争优势的角度为产业集群的形成机制提供了一种解释。他阐释了产业集群为什么会具有竞争优势，强调了产业集群对生产效率的提高及对创新的促进作用，同时也强调了政府对产业集群发展的作用，政府的政策对集群的形成、发展模式和发展周期都有重要的影响。特别要求政府在引导产业集群发展时,不要去干扰市场扭曲竞争,而应去寻找制约集群发展的因素,着手加以改进。如果集群发展受到技能短缺的限制,应该设法解决教育培训的问题;如果受到低效的基础设施的限制,就应该去建设基础设施。波特还指出,在产业集群的机制作用下,群内企业会时常向下延伸产业链至销售渠道和客户,并侧面发展到配套产品的企业、技术支持公司或其他专业相关的公司,包括提供专业化劳动力培训、教育、信息研究和政策支持的政府和其他机构。①②③

5. 社会经济网络理论。在科斯提出交易费用的概念的基础上,威廉姆森以有限理性和机会主义假设为前提,提出了中间组织(通过不完全整体契约连接起来)的概念,而这种中间组织是企业关系网络的一个自我构建过程,企业通过各种经济和非经济活动扩充和连接自己的关系网络。这种关系网络对于企业来说也是一种资本,企业如何从这种资本中实现利益要求,取决于它如何利用好它的关系网络来获取各种信息和生产经营资源。他认为这种"资本——网络"关系可以降低企业的交易成本:第一,稳定和顺畅的关系网络可以增强企业间的彼此信任,节约信息搜寻成本、签约成本和执行成本;第二,这种关系网络可以减少企业的各种不确定性成本,增强企业抵御风险的能力;第三,网络关系可以创造各种基于资源与技术共享的合作氛围,提高企业的研发和创新能力;第四,网络关系还可以实现各种优势互补,突破自身能力的限制。总之,他认为网络扩充了企业的边界,也扩充了它的能力。当然,创建网络关系也是要花费成本的,当创建网络的机会成本与它所带来的预期收益在边际上相等时,该企业就会停止扩充行为,这时,企业的"关系边界"就被确定了。事实上,企业内外存在着多重边界,"法人边界"规定了企业的法权地位,"契约边界"确定了企业的资源整合能力,"不完全整体契约边界"包容了组织治理的多层次,"关系边界"拓展了组织合作与交流的范围。从单个企业看,企

① 迈克尔·波特. 竞争论[M]. 北京:中信出版社,2003.
② 迈克尔·波特. 国家竞争优势[M]. 华夏出版社,2002.
③ 陈柳钦. 产业集群与产业竞争力[J]. 南京社会科学,2005,(5).

业的关系边界是相当清晰的，但是多家企业之间的关系边界可能呈现出交错、重叠等复杂的特征（其中还交织着人际关系网络），因此，关系总是呈网络状的。[①②③] 从产业集群的特性来看的确是一个网络的关系综合体，由于在相同的地域，关联的专业分工、企业文化与企业制度的趋同性、企业业务和劳动力的频繁交流，产业集群网络与其他企业网络相比具有更强的凝聚力。在企业的各种关系网络建设中，信任是核心和基础，而集群的发展有助于增强企业间的信任。

20 世纪 60 ~ 70 年代，社会网络观点在学术界的影响日益扩大，到 80 ~ 90 年代，社会网络理论已经成为当代社会学理论的基石。尽管社会网络理论本身没有经济空间的含义，但它却有明确的产业空间的实用意义，如在产业集群内部，企业之间的彼此临近，使得这种规制力量的确定性大大增加。特别是当存在独特的本地经济基础和文化时，社会关系网络中的根植性将会产生决定性的影响。此时，过去的关系倾向于继续维持下去，或者良好的行为惯例逐渐形成，从而大大减少机会主义行为，节约交易费用，提高市场交易效率，产业集群的组织效率得以形成。

21 世纪初，马丁・菲力浦（Martin Phillip）等欧美一些学者综合了美国经济学家克鲁格曼的新经济地理理论和罗墨的内生增长理论，建立了经济增长和经济活动的空间集聚自我强化的模型，证明区域经济活动的空间集聚由于降低了创新成本，从而刺激了经济增长；反过来，由于向心力使新企业倾向于选址于该区域，经济增长进一步推动了空间的集聚，进一步验证了著名的缪尔达尔的“循环与因果积累理论”。

德国学者 Claus Steinle 和 Holger Schiele（2002），在 Research Policy 上发表《产业集群何时产生？》一文，也对产业集群的产生进行了富有成效的研究。

---

① 奥利弗・威廉姆森．交易费用经济学：契约关系的规则企业制度与市场组织——交易费用经济学文选［C］．上海：上海三联书店、上海人民出版社，1996.

② 盖文启．创新网络——区域经济发展新思路［M］．北京：北京大学出版社，2002.

③ 吴向鹏．产业集群理论：经济网络与社会关系网络的视角［J］．西安财经学院学报，2003，(6).

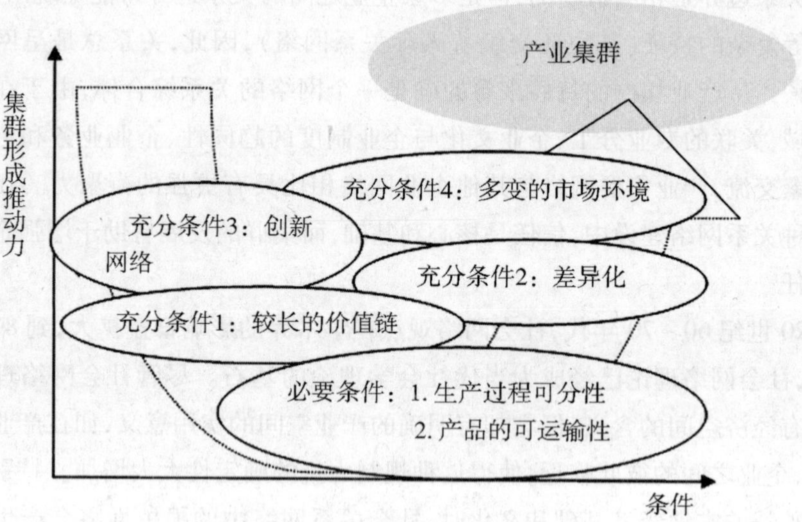

图 2－3　产业集群形成条件

他们指出集群的形成要有必要条件和充分条件，必要条件是指生产过程可以明确地分解为几个不同的阶段或几道程序。只有生产过程可分，分工与专业化才有可能形成；如果生产过程不可分，也就加工程序必须同时完成，那么这种产品生产只能由一个企业来完成，也就无法形成所谓的产业集群。可运输性的产品包括制造品和服务，服务产品的流动方式是服务产品提供者与其工作器具一起转移。如果总产品不能移动，则企业的区位选择将取决于产品消费者的所在地；充分条件是该产业有较长的价值链、差异化、创新网络以及多变的市场环境。产业的价值链受到两个因素影响：技术与利润。产业的价值链越长，该产业的竞争力就越取决于各专业活动的协调和合作。产品差异化能有效避免同类企业的无序竞争，又能提高企业专业化水平，刺激产品创新。差异化可以满足消费者的各种差别需求，减少消费者搜索成本，因此将吸引更多的消费者，扩大市场规模；反过来，更大的市场规模又会促进产业集聚。

从以上产业集群理论发展的轨迹来看，过去 200 来年工业的兴起是西方产业集群理论的形成基础，产业的分工和专业化是西方产业集群研究的最初视角，信息化和中介服务组织的兴起为西方产业集群研究提供了新的天地，而追求交易费用的减少和企业利润最大化一直是西方产业集群热衷研究的焦点。而近二三十年来，产业集群理论研究在发展中国家的蓬勃兴起，与此相伴随的是产业集群研究也兴旺起来了。原因之一是，无论是西方各国还是发展中国家，尤其是亚洲和拉丁美洲的一些国家与地区，在过去二三十年里新型工业化发展中的一些产业具有产业集群理论揭示的重要特征，特别是产业集群快速发展对区域经济增长的贡献，促使东西方经济学界不得不关注这种现象；第二个原因是最近十几年主流经济学和经济地理学两大领域逐渐呈现出交叉融合的迹象，尤其是经济学的研究成果对区域和城市问题解决的指导意义明显。实践也不断对理论界提出新的问题，相关学科的交融和实践的密切联系开拓了产业集群研究的许多新领域，产业集群研究也不断向纵深方向探索；第三个原因是许许多多的经济学名家或经济战略研究专家青睐产业集群，起到了一些“名人效应”等特殊作用，他们提出的一些观点和判断，又引起了更多人去关注和进一步分析相关的问题。

总的来看，产业集群的基本理论构架或发展轨迹可以用图 2－4 表述如下：

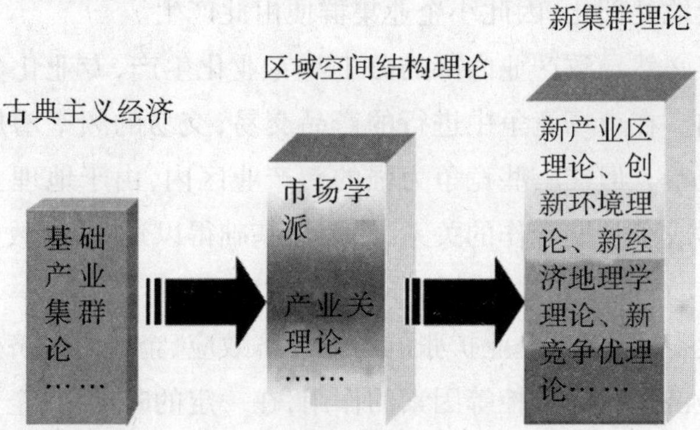

图 2－4　产业集群理论构架或发展轨迹

2.3.4 国内产业集群研究的有关论点

近几年来,国内产业集群的研究者认为:

中国目前出现的产业集群基本是小企业集群,这些集群是按照专业化分工和协作在某一地域集聚起来的既自主独立又相互关联的小企业,其企业组织的架构介于纯市场组织和层级组织之间,比市场组织稳定,比层级组织灵活。在这种特殊的组织架构机制作用下,集群内的小企业之间的交易关系不一定需要规范的契约来维持,更多的是通过信任和承诺来进行。在这样的企业组织内的每个小企业,都可以获得组织外的企业所没有的交易费用低的成本优势。

产业集群的形成归根于企业为获取成本优势,而成本优势的形成,又源于企业为改善生存环境所进行的“结盟”。这里生存环境可简单地分解为“交易成本”“外部化价格”和“内部化成本”三方面。若交易成本+外部化价格>内部化成本+交换的成本,则所有的生产与交换活动都会被整合到企业内部;反之,如果小企业能与其他相关企业建立良好的分工协作关系,降低交易成本,并使总成本<内部化成本,则企业就不会将有关的生产环节内部化,而会将生产环节尽可能地外部化,因此小企业集群便由此产生。

企业集聚必然导致产业内部的分工与专业化生产,专业化分工则要求交易的频率增加。在市场竞争中进行的产品交易,交易的频率增加会增加交易成本和机会成本。但在一些竞争力强的新产业区内,由于地理上接近的专业化企业之间形成了长期合作的关系,使信任基础得以建立,导致监督成本和机会成本降低,同行业企业之间的协作竞争能力增强。①

由于产业空间聚集、企业扩张的产业经济效应、企业对经济效益的追逐和政府对企业经济运行的调控等因素的作用,在一定的时期内,企业在某一地域空间集聚、扩张,对该地域经济的发展会产生极化效应等重要的影响。也就是

---

① 胡伟强等. 产业集群形成的新兴古典经济学解释及实例研究[J]. 求索,2006,(6).

说，随着该地域企业集聚和扩张规模的逐步扩大，该地域经济腹地的不同要素会通过企业集聚形成的经济网络向该地域集中和重新配置，从而形成区域经济增长和发展中心；其次是扩散效应，即随着区域经济增长点和发展极的形成，其要素收益差增长点和发展极要素又将向该地域周围腹地扩散，最后达到要素流动和配置的最佳效应。

发展中国家的产业集群成长，基本上可以看作是国家宏观环境、集群和群内企业三纬度相互作用的结果，任何一个纬度存在缺陷或者不正常，都将严重影响产业集群的正常成长和持续发展。产业集群的培育要兼顾三个纬度，注意纬度间的协调和发展，才能保证集群的健康发展。产业集群的机制有助于企业实现外部规模经济和内部规模经济后提升自身质量：一方面，企业获得外部规模经济后，增强了企业竞争力，有助于企业的进一步扩张；另一方面，集聚在同一区域的企业，因依赖于同一产业“产业链”而进行的分工协作，容易形成企业的进一步联合，又推进新的外部扩张。

纵观产业集群的发展历程，我们可以看出其理论研究可以大致分为两大层面：一是基础性理论和宏观性的理论研究，主要包括产业集群定义的内涵和外延、产业集群生成原因与发展的决定性因素、产业集群的评价及产业集群内企业间的竞争与均衡等内容；二是实证性或案例性的分析，内容包括对某个国家或某一区域或某一产品产业集群的现状进行研究，分析是否存在集群现象或如何集群方向发展，以及从实证分析的角度剖析产业集群存在的问题并提出相关对策。当然，以上划分只是一般的、大致的情况。事实上，产业集群研究中有相当多的成果既有理论上的假设和推理，又有实证的详尽分析或比较研究。但这些研究的方法都基本上是采用经济学中常用的均衡、规模经济、外部经济、不完全竞争等分析方法。近几年，理论界越来越关注产业集群与区域发展的关系，并借鉴经济地理、产业经济学等基础理论，不断开拓产业组织等相关理论研究新领域，对产业集群中出现的规模经济、经济外部性、竞争与垄断、产业关联现象进行了重点研究。在产业集群的实证研究中，对集群内企业有意识地加强前向关联或后向关联，以及提高专业分工的程度进行了较多分析,还提出了许多有助于政府改善和调整产业政策,以促进本地区或本国的产业提高效率等相关政策建议。

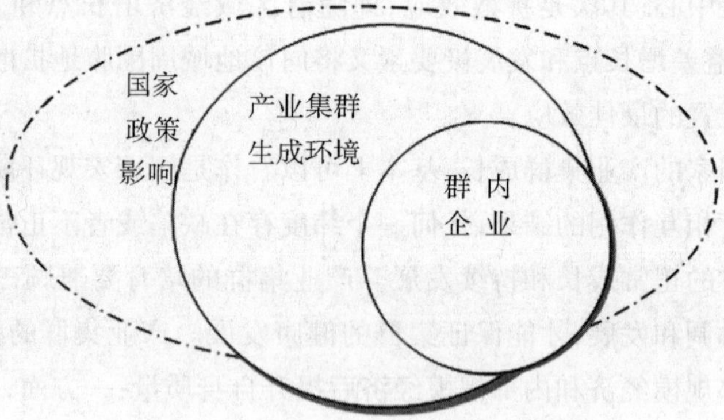

图2-5 产业集群生成的影响因素

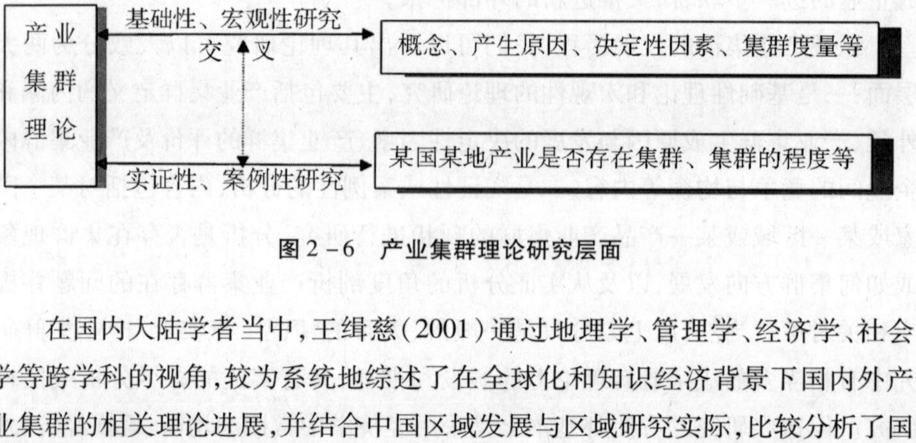

图2-6 产业集群理论研究层面

在国内大陆学者当中,王缉慈(2001)通过地理学、管理学、经济学、社会学等跨学科的视角,较为系统地综述了在全球化和知识经济背景下国内外产业集群的相关理论进展,并结合中国区域发展与区域研究实际,比较分析了国内外高技术和传统产业集群,提出了以营造区域创新环境为核心的产业集群战略思想。

冯之浚(1999)认为,区域创新系统是指由某一地区内的企业、大学和科研机构、中介服务机构和地方政府构成的创新系统。

胡志坚、苏靖(1999)认为,区域创新系统是由区域内参加新技术发展和扩散的企业、大学和研究机构以及政府组成的，为创造、储备和转让知识、技能和新产品的相互作用的网络系统。

潘德均(2001)认为，区域创新系统是指地方内有关部门和机构相互作用而形成的推动创新的网络。

周亚庆、张方华(2001)认为，区域创新系统是区域范围内科技体系、教育体系、资金体系、文化、政府和企业等为科学技术而努力的因素相互作用的系统。

黄鲁成(1999)认为，区域创新系统是指在特定的经济区域内，各种与创新相联系的主体要素(创新的机构与组织)、非主体因素(创新所需要的物质条件)以及协调各要素之间关系的制度和政策网络。

对于区域创新系统的机构模式，张敦富(2000)认为，区域创新系统应包括创新结构、创新资源、中介服务系统、管理系统四个相互关联、相互协调的主要组成部分。

罗利元等(1999)指出创新网络的特征是开放的、动态的、平等互惠的、交流上是多渠道的、多层次的结构，而非固定的、不可变的、等级的协议。

谭清美(2002)则指出区域创新系统空间网络结构的非层次性和统一性，认为区域性网络对于传递可编码的规范化信息和不可编码的隐含信息在实现创新过程中的重要作用。

周亚庆、张方华(2001)认为应该包括教育子系统、科技子系统、资金体系、政府子系统和文化子系统。

潘德均(2001)认为主要包括知识创新系统、技术创新系统、创新技术扩散系统三个主体系统和创新人才培育系统、政策与管理系统、社会支撑服务系统三个支撑系统。

黄鲁成(1999)则认为应由创新主体子系统、创新基础子系统、创新资源子系统和创新环境子系统构成。

杨小凯和黄有光(1991,1993)等利用超边际分析方法来分析分工作为一个角点均衡的产生和演进过程，并系统建立了依托于专业化分工基础之上的新兴古典经济学分析框架。其模型研究结论为:1. 如果交易效率和收益递增程度都非常低,经济的动态均衡是自给自足;如果交易效率和收益递增程度都非常大,经济的动态均衡是完全专业化分工;中间情形下,即当交易效率和收益递增程度既不是非常大或非常小,劳动分工将逐渐演进。2. 劳动分工的演进导致人均实际收入的增长,当分工演进到一定水平时,收入增长率将上升;当分工的潜力耗尽时,收入增长率就下降。3. 伴随分工的演进,市场容量、贸易依存度都将上升。杨小凯利用分工与专业化理论解释了产业集聚和经济发展过程,他们认为,产业空间集聚能够实现企业报酬递增而不是收益递增。实际上,企业集聚必然导致产业内部的分工与专业化生产,专业化分工则要求交易频率的增加。在市场竞争中进行的产品交易,交易频率的增加会增加交易成本和机会成本。但在一些竞争力强的新产业区内,由于地理上接近的专业化企业之间形成了长期合作的关系,使信任基础得以建立,导致监督成本和机会成本降低,同行业企业之间的协作竞争能力增强。

中国台湾地区学者陈慧娟、关秉思(2000)运用社会关系网络理论来解释台湾地区产业集群的形成与发展。他们认为,中小企业之间紧密的产业网络关系是台湾地区经济蓬勃发展的基础,而网络成员之间彼此的承诺与信任则维系整个中小企业的协作网络。

中科院地理所庞效民 1995 年在 IGU 工业空间组织委员会学术年会上,以中国乡村工业区为例探讨了中国新产业区问题。

河南大学李小建(1997)针对新产业区概念的国际争论,提出以形成时间、规模、部门结构、联系程度和根植性五大因素作为研究产业区的定性或定量指标。

刘有金、黄鲁成(2001)认为产业集群中的产业概念不是指广义上的产业,而是指狭义上的产业,如个人计算机产业、大型计算机产业、传真机产业和医疗器械产业等。

徐康宁(2001)认为产业集群是指相同的产业高度集中于某个特定地区的一种产业成长现象。

有学者认为企业网络在本质上类似产业集群。如慕继丰、冯宗宪、李国平(2001)指出企业网络是指一批具有相互联系的企业和机构在某些地理区域的集中,是许多相互关联的公司或企业及各类机构为解决共同问题,通过一段时间的持续互动而形成的发展共同体。企业网络包括三类相互联系、持续互动的组织:某类相似或相关的企业;政府有关部门和机构及其他中介机构;高水平研究机构和大学。

林金忠(2001)认为,聚集经济本质上是空间意义上的外部规模经济。他把规模经济分为如下两类:单个企业的内部规模经济;众多企业在局部空间上的集中而产生的聚集经济。同时他还提出了3种聚集经济的类型:多层次聚集(企业之间横向联系而形成的聚集);企业纵向关联而形成的聚集(工业综合体和产业链);区位优势指向而形成的同一产业或不同产业的众多中小企业的聚集。对于产业集群,本研究比较认同波特的观点。事实上,产业集群通常是基于企业在技术、产品和营销方面的协作和竞争而存在的。①②③

2.3.5 国内对欠发达地区产业集群的一些研究

林海平(2007)认为内蒙古的产业集群已经有了初步的发展,但还存在着:产业链条短,关联度低;产业集中度低;规模经济效益不高;科技投入不足,产品创新不强;缺少知名品牌和产品形象;工业开发区的集聚效应相对较低;缺少现代物流业和专业市场的支撑等诸多不足。未来的发展关键在于确定战略的发展方向,突出传统产业、资源优势产业、工业园区、龙头企业;同时做好规划引导,制定政策措施,加强环境建设,建设融资体制,做好配套物流业发展等等。

施一军,朱小理(2006)认为,培育产业集群是提高区域经济竞争力的有效途径,江西作为欠发达地区,要加快区域经济增长,实现中部崛起的目标,必

① 郑亚莉.簇群经济研究综述[J].当代财经,2004,(1).
② 刘曙光等.区域创新系统研究的国内进展综述[J].经济师,2005,(1).
③ 黄曼慧等.产业集聚理论研究述评[J].汕头大学学报,2003,(2).

须实行产业集群发展战略。江西产业集群发展，要选择重点，量力而行，目前可重点打造汽车、特色冶金和金属制品、医药、高新技术、食品加工等产业集群。为此，要充分发挥政府的推动和引导作用，加快工业园区产业集群的培育，大力培育核心企业，重视中小企业集群培养，加快区域品牌建设。中部地区的发展必须确立适合自己特点的经济发展模式，走具有中国特色的跨越式发展道路，加速中部地区高新区与产业集群崛起的互动创新发展战略、城市带动战略、科技联动战略、城市重点布局战略、互动集成战略、模式选择战略。

郑林(2005)从分析欠发达地区的经济社会特征入手，基于区位、成本、政府作用、外部辐射及制度文化因素等多个角度，把促进欠发达地区工业园区的发展动力概括为先天条件的原动力、地方政府的主导驱动力、发达地区的辐射作用力、制度与文化作用力、学习与创新作用力及园区的自增长力 6 个方面；提出培育产业集群，促进园区内企业与当地的经济文化交流，是加强外来企业的根植性，使外来企业真正实现本地化的根本手段。

夏兰(2007)分析了江西省产业集群品牌存在的问题，探讨了创建产业集群品牌战略的对策、建议。认为构建产业集群品牌时，应由龙头企业创品牌，培育集群区位品牌文化，加强区域政府的指导与扶持，充分发挥行业协会的作用，集群企业技术升级，最终大大提升区域产业竞争优势。

陈方亮，施一军，李云奇等(2006)鉴于产业集聚与产业竞争力、城镇化具有较强的关联性，提出构建和培育江西产业集群应提高产业竞争力与城镇化水平。针对江西省产业竞争力和城镇化的现状，认为应逐渐实现产业集聚从要素供给支持向市场化推进的转变，因地制宜，构建具有特色的新产业群。同时，对现有产业聚集区加强创新能力的培育，注意打破条块分割，营造有利于产业集聚的市场环境。产业集群对于城市竞争力的提升有着重要的作用和影响，有利于城市综合经济实力的增强，有利于城市产业竞争力的提高，有利于城市创新体系的形成和发展。一些城市竞争的优势和弱势并存，需要通过以下一些措施来加快发展产业集群：一是加强现有产业间的内部联系，不断扩大产业内专业化分工；二是发展相关支持性产业，实现生产、经营和创新相配套；

三是选择符合实际的产业集群发展路径,尽快促进新余产业集群的形成和发展。

任登峰(2006),王成勇(2007)基于对产业集群和工业园区内涵的分析,探讨了工业园区与产业集群的关联机理,并较为全面地概括了工业园区与产业集群对于欠发达地区走新型化工业道路、实现区域经济振兴的重要意义。在此基础上,从分析欠发达地区的经济社会特征入手,基于区位、成本、政府作用、外部辐射及制度文化因素等多个角度,把促进欠发达地区工业园区的发展动力概括为先天条件的原动力、地方政府的主导驱动力、企业与企业家的直接作用力、发达地区的辐射作用力、制度与文化作用力、学习与创新作用力及园区的自增长力 7 个方面。明确指出产业集群是欠发达地区加速工业化进程的重要途径,工业园区是欠发达地区实现产业集群的有效载体、加快工业化进程的理想模式;全面详尽地分析了欠发达地区产业集群和工业园区的主要特征和演进的一般规律,阐明了遵循这一规律欠发达地区地方政府在推进产业集群和工业园区建设中的地位、作用及职能的变化。

2.4 国内外理论界对产业集群的分类

产业集群经过几百年的发展和升级,已经呈现五彩缤纷的个性特征,很难对它进行完全准确的分类。目前,国内外学术界所进行的分类也只是站在某一角度,从某个层面或依据其最基本的特征进行分类。

迈克尔·波特将产业集群简单的分为两类:外向型产业集群和内向型产业集群。

1998 年,联合国贸发组织秘书处(UNCTAD)将产业集群分为五类:非正式的合作网络;有组织的合作;创新型集群;科技园区;出口加工区。

马库森(Markusen)主要从经济活动空间组织的角度将产业集群分为意大利式等四种类型。

表 2-2　马库森的产业集群分类

类　型	企业特征	企业间相互联系	就业状况
意大利式产业集群	中小型地方企业	密切的公司间贸易、合作;强大的制度	依赖于集群所提供的协作和经济状况
卫星平台式产业集群	中型和大型分厂	公司间贸易最小化;网络化	依赖于增加和保持分厂的能力
轮轴式产业集群	一个或若干个大企业,许多小型供应商、服务性企业	大企业和小型供应商之间的合作;取决于大企业(轮轴企业)	取决于大企业的成长状况
政府导向型集群	由大型的公共或非盈利实体和相关的供应商、服务企业组成	公共实体和供应商之间严格的购销关系	取决于区域扩大对公共设施的政治支持的能力

资料来源:David L. Barkley&Mark S. Henry. Advantages and Disadvantages of Targeting Industry Clusters. REDRL Research Report,2001-9-10.

Lynn Mytella&Fulvia Farinelli(2000)根据集群内企业技术的总体水平、集群变化的广泛性以及集群内企业间相互协作与网络化程度等三个标准,将集群分为非正式集群(关键参与者参与度低,企业规模小,几乎没有创新和信任联系)、有组织集群(关键参与者参与度较高,以中小企业为主,有创新,信任联系强)、创新集群(关键参与者参与度高,由大企业和中小企业组成,创新能力强,信任度高,联系广泛)、科技园区和孵化器以及出口加工区等五个类型。①

近30年来,中国产业集群发展很快,出现新老并存的局面。随着中国产业集群的蓬勃发展,其特征也同样呈现万紫千红的个性。因此,对中国的产业集群分类也难以做到"一刀切",也只能从特定的层面、角度或依据其某些特征来划分。以下几种观点是中国产业集群有关研究中有代表性的分类:

王缉慈(2001)将产业集群分为五类:①一些沿海外向型出口加工基地;

① Lynn Mytella & Fulvia Farinelli. Local Clusters. Innovation Systems and Sustained Competitiveness. UNU/INTECH Discussion papers,2000.

②一些智力密集地区；③一些条件比较优越的开发区；④一些乡镇企业聚集而形成的企业网络；⑤一些以国有大中型企业为核心的企业网络。2004 年，她又将以上划分作了改进：①建立在乡镇工业基础上，基于当地企业家的内力和工商业传统的特色集群，此类集群一般由中小企业组成。如浙江的专业化区、河北的清河羊绒产业集群；②在港台地区产业集群转移基础上形成的产业集群，如广东、福建的一些专业镇，它们往往又与乡镇工业、当地企业和传统工商业交织在一起；③与大型企业配套形成的产业化集群；④在民营科技企业聚集基础上形成的高科技产业集群，如北京中关村的 IT 产业集群，湖北武汉光电子产业集群，广州天河软件产业集群等①。

金培等(2003)提出产业集群分三种方法。一是按集群的产业性质来划分可分为三类：①传统产业集群；②高技术产业集群；③资本和技术结合型产业集群。二是按出产业组织结构划分可分为两类：①大中小企业共生型；②小企业群生型；三是按集群的功能划分：①传统的纯聚集型模式；②产业综合体模式；③社会网络模式。②

表 2-3 中国产业集群类型的初步划分

驱动力	内力		外力	
类型	(1)	(2)	(3)	(4)
驱动主体	农民企业家	科技实业家	外资、港台资本家	官员、国有企业
最初资金获得	区域内筹集	多方筹集	外资	银行、企业资金
技术获得	城市国有企业	科研机构	跨国公司	国有企业
类型	劳动密集型	技术密集型	劳动密集型	技术密集型
典型实例	浙江温州鞋业	北京中关村电子	浙江平湖光机电	四川绵阳电子

资料来源：王缉慈等．关于我国沿海产业集群发展的对策研究．中国经济改革研究基金会资助课题，2003. http://www. crfoundation. org

① 刘善庆等．产业集群分类综述[J]. 企业经济，2005，(5).
② 金培等．竞争力经济学[M]. 广州：中山大学出版社，2004.

周兵(2004)根据产业集群形成的原因,将产业集群分为五类:①学习型产业集群;②品牌型产业集群;③功能关联型产业集群;④植根型产业产业集群;⑤整合营销型产业集群。①

符正平(2004)提出:按产业集群在产业链中的作用,可以划分为生产基地型和流通型两大类产业集群;按产业集群的生长发育程度,可分为初级型和成熟型两大类产业集群。②

王雷(2004)将中国产业集群按地域分为三类:①以浙江为代表的原生型产业集群(或称本土民营企业集群);②以广东为代表的外向型产业集群;③以北京为代表的高新科技产业集群。③

刘斌(2004)在马库森的基础上根据产业集群的组织特征,把产业集群分类为:轴辐式产业集群、大企业集群、卫星平台式集群、企业集群、马歇尔式产业集群、企业密集区等六种类型。④

以上的划分都有其合理性,本文则在以上基础上,将产业集群划分为两大类:内源性产业集群和外源性产业集群。划分的依据是产业集群的投资主体这一根本性特征,划分的角度主要是对欠发达地区产业集群审视后,依据其动态而选择的。

2.5 产业集群与产业集中、产业集聚、产业链等概念的辨别

由上可见,尽管国内外研究成果从不同角度对集群进行了不同的定义,但对于集群的基本内涵已形成基本的共识:

1. 相同或相关产业内企业之间的高度分工与合作是集群形成的基础;

① 周兵等. 产业集群形成的理论及类型分析[J]. 生产力研究,2004,(8).
② 符正平. 中小企业集群生成的机制研究[M]. 广州:中山大学出版社,2004.
③ 王雷. 中国产业集群理论研究综述[J]. 重庆工商大学学报,2004,(2).
④ 刘斌. 产业集聚竞争优势的经济分析[M]. 北京:中国发展出版社,2004.

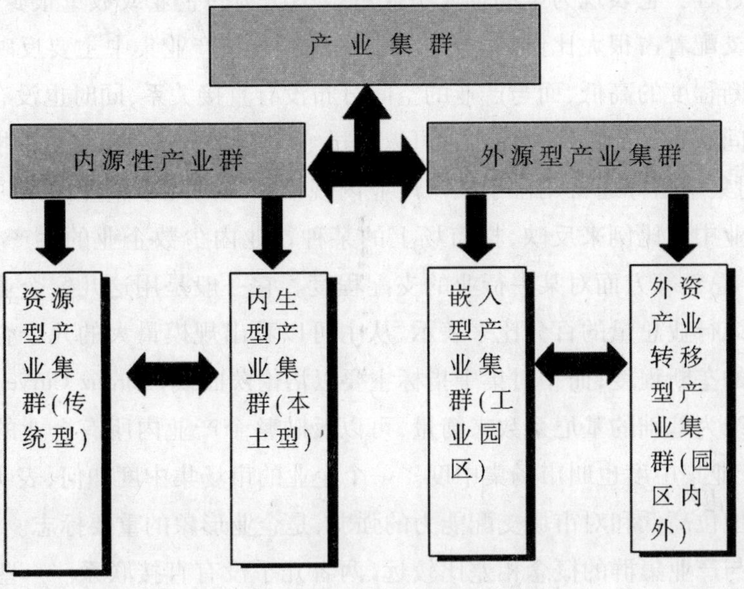

图 2-7 产业集群的类型

2. 产业高度集中于某个特定地区,是集群的空间特征;

3. 集群内的企业有着非常活跃的创新交互过程,知识转移和分享非常频繁,是一个知识产生和分享的密集区;

4. 集群通常有很强的科技基础,提倡创新和创业的文化。在产业集群中创新要素的有机融合,有利于推动企业家的成长,推动新型企业、新型技术的产生和应用,促进区域创新网络的形成和发展,由此推动产业创新,提升区域竞争力。

但是,在目前的一些产业集群理论研究中,很多论述将产业集群、产业聚集、产业集中度及企业群落(工业园、创业园、开发区)等看成同一种经济现象或同一种经济组织。事实上,尽管在实践中它们之间的关联性在增强,但从经典理论出发来分析,它们之间还是有较大区别的。

产业集中(industrial concentration)通常是指在社会生产过程中,企业规模扩大的过程。它表现为全部企业中仅占很小比例的企业或数量很少的企业，积聚或支配着占很大比例的生产要素。一般来讲，产业集中主要反映产业内企业垄断程度的高低，而与产业的空间分布没有直接关系，同时也没有对产业内企业间联系进行特别关注。它可以通过绝对集中指标和相对集中指标来反映，绝对集中指标通常用位于某一产业内规模最大的几个企业的某项指标在整个行业中的比例来反映，指市场上的某种行业内少数企业的生产量、销售量、资产总额等方面对某一行业的支配程度。它一般是用这几家企业的某一指标占该行业总量的百分比来表示，从中可以看出规模最大的几个企业对整个行业的垄断程度；而相对集中指标主要以洛伦茨曲线（Lorenz Curve）及以洛伦茨曲线为基础的基尼系数来衡量，可以反映整个产业内所有企业的集中程度，即产业集中度也叫市场集中度。一个企业的市场集中度如何，表明它在市场上的地位高低和对市场支配能力的强弱，是企业形象的重要标志。过去，产业集中与产业集群的概念相差比较远，两者几乎没有直接联系。一些垄断性行业如钢铁、能源、原材料、制造装备、交通运输、金融、铁路、电气、石油化工、汽车以及目前的电子通讯、互联网、生物技术等产业产业集中度高，而且产业内企业的空间分布、生产链的关联性没有联系，所以经典理论认为产业集中和产业集群是两个概念。但是，随着经济的发展，尤其是工业园区和高新科技产业的出现，很多集中度高的产业在生产链和空间地理上具有集聚性，如信息产业中的计算机、手机企业，家电制造业中的空调、冰箱企业，温州的打火机等。基于此，很多人把产业集中与产业集群相提并论，在研究产业集群中也研究集中度，把集中度和空间聚集度作为产业集群的不同层面或角度来研究。

产业集聚（industrial agglomeration）是指同一类型或不同类型的企业（或产业）及相关支撑机构在一定地域范围内的集中、聚合。产业集聚是生产力实现空间布局上的优化，是各种生产要素在一定地域范围的大量集聚和有效集中，是特定领域内相互联系的、在地理位置上相对集中的公司及各种机构的集合。产业集聚主要是研究产业的空间分布形态，特别注重产业从分散到集中的空间转变过程。目前，集聚度高的主体是数量众多、相互竞争、生产最终产品和服务的企业,包括上游的原材料、零部件、机器设备等专业化投入的供应商,下游的批发、零售、代理、进出口等流通企业,人才、金融等专业化服务和专用的基础设施的供应者,生产互补产品的厂家,以及提供专业化培训、教育、信息、研究、技术支持的其他支持机构。这些地区大量的中小企业彼此间发展了高效的竞争与合作关系,形成高度灵活专业化的生产协作网络,具有极强的内生发展动力。企业间不仅有物质的交流,更有信息和知识的交流,特别是隐含经验类知识的交流,使区域成为有利于学习和知识溢出的环境,依靠不竭的创新能力保持了地方产业的竞争优势。目前产业集聚最有代表性的载体是国内各类工业园区、经济开发区和高新技术产业开发区。

产业集聚与产业集群既有联系,又有区别。产业集聚是因为某产业的有关企业集聚于某地,而形成的一种聚集效应,它是产业集群的初级阶段;当这些企业之间发生某些有目的的合作时,则产生联合行动效应;当政府有意识地参与推动时,会出现制度效应。产业集聚也是地域化经济的初级阶段,属于动态的运行过程。产业集群是地域化经济的高级阶段,是地域化经济静态结果;产业集聚为产业集群提供基础,产业集群则是企业集聚的可能和理想的发展前景。产业集群是产业集聚的重要方式,是特定的产业集聚现象,特定的产业集聚是产业集群形成和发展的基础,产业集聚在某一共同空间发展,可以共享基础设施,带来规模经济受益。但并非任何产业集聚都能发展成为产业集群,虽然有的产业集聚在一起,但是相互之间没有联系,就不能形成产业集群。因此产业集聚只是产业集群形成的一个必须条件,而非全部条件。此外,集聚是同一类型或不同类型的产业(或企业)及相关支撑机构在一定地域范围内的集中、聚合,是一种基于产品链和增值链的简单劳动分工关系;集群则是指大量专业化的产业(或企业)及相关支撑机构在一定地域范围内的柔性集聚,并结成密集的合作网络,植根于当地不断创新的社会文化环境,是在集聚基础上基于信息和知识联系的“创新链”机制。就特定区域经济或产业发展来说,总是先有产业集聚后有产业集群。

产业链(industrial chain)是指某种产品从原料、加工、生产到销售等各个环节的关联,与产业链相关的还有价值链、生产链、供应链、商品链等不同概念。与产业集群相比,产业链也强调产业之间的联系,但产业链主要侧重于产业间联系,对于产业以外的机构如商会、协会、中介机构等关注较少。此外,产业链没有空间集聚的概念。产业集群的概念则要比产业链的概念丰富得多,它既包括产业间的联系,还包括产业及其他相关机构之间的联系,而且还强调空间的集聚。

产业集群通过以下数学中的关于集合的表述,很容易对以上概念进行区别。

如把一些能够确定的对象看成一个整体,这个整体是由这些对象的全体构成的集合,构成集合的每一个对象都叫做集合的元素。

$$A = (X|P)$$

式中 A:产业集群,即 X 的集合

X:产业集群集合 A 中的企业,X 是一个向量,$X = (X_1, X_2, X_3, X_4, \cdots X_n)$;Xi($i = 1, 2, 3, 4, 5, \cdots n$)代表企业集群中第 i 个企业;P:产业集群 A 中的 Xi($i = 1, 2, 3, 4, 5, \cdots n$)产业集群条件的本质属性,即是能满足产业集群的约束:一是生产链上的关联性;二是基础设施的共享型;三是地理上的集中性。

同理,产业集聚、产业集中度、产业链或工业园区内的企业都可以看成一个集合,但这些集合不一定就是产业集群。只有满足以上产业集群的三个约束条件,才能成为产业集群。同样用集合来表述就是:

两个集合 A 和 B 的交集是含有所有既属于 A 又属于 B 的元素,没有其他元素的集合。A 和 B 的交集写作“A∩B”。形式上:X 属于 A∩B 当且仅当 X 属于 A 且 X 属于 B。即 A 集合为产业关联性,B 集合为产业聚集或产业链或产业集中或工业园区,两个集合 AB 中的重叠部分 C 满足产业集群的三个约束,即为产业集群。也就是说产业集群必定是产业集聚,而产业集聚不一定是产业集群。

以上内容对相关概念进行了界定,目的在于在学术上准确地理解其内涵。但是,在目前欠发达地区产业集群的研究和实践中,还很难把产业集聚与产业

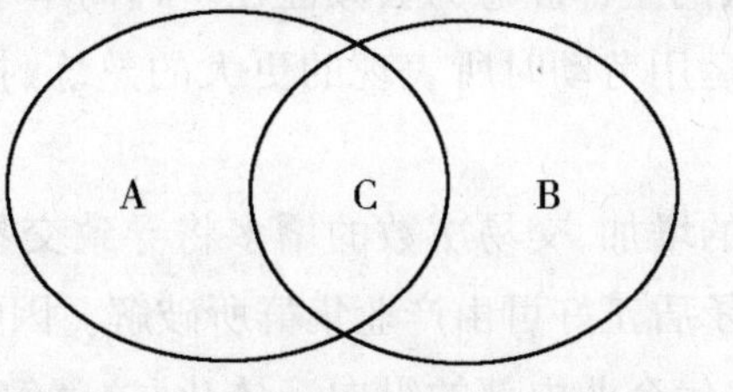

图 2－8　产业集群与产业聚集等的关系

集群严格地区分开来，在研究中还是把工业园区（经济开发区）与产业集群等同起来研究，原因在于虽然欠发达地区的工业园区不一定是产业集群，但多半包含着产业集群；二是用动态的眼光来看工业园区，可以看出很多工业园区正朝产业集群的方向发展；三是政府部门也正尽力为园区内企业集群化构架有利的环境，把产业集群作为发展目标；四是把工业园区去掉，那么欠发达地区的产业集群就无法进行研究。也正是这些原因，本研究也把工业园区作为产业集群的基础来研究，在后面产业集聚度的研究中也是这样来看待的。

2.6　产业集群的经济学分析

2.6.1　从企业间专业化分工来看

如前所述，以斯密为代表的古典经济学高度评价了专业化和分工的核心作用，分工演进始终是经济增长的一条主线，生产率的提升使人们可以选择较高的专业化水平，而较高的专业化水平反过来加速了经验积累和技能的改进，促使生产率进一步提高和分工演进加速进行。分工也会使劳动者的技能、技巧因专业而进步，这正是熟能生巧带来的结果。一般的企业劳动者，由一种工作转到另一种工作，通常会因重新转换思维损失不少时间，有了分工就可以免除这种损失。许多简化劳动和缩减劳动力的机械发明，更能使一个人能做许多工作，简化劳动和节省劳动的那些机械的发明，看来也是起因于分工，从而

"分工的结果、各个人的全部注意力会倾注在一种简单事物上。""劳动生产力上最大的增进,以及运用劳动时所表现的更大的熟练、技巧和判断力,似乎都是分工的结果。"

但是,随着分工的增加,交易次数的增多将导致交易费用会上升,以致交易效率下降,而这一矛盾正好可由产业集群所破解。因为如果交易效率提高,企业之间的分工将取代企业内部的纵向一体化,这就解决由于空间扩大而产生的分工经济增多和交易费用上升的两难冲突。因此,促进分工的演进,将带来更大的分工网络正效应和递增的聚集效益,吸引越来越多的企业到该区域集聚,从而促进产业集群的形成和发展。

产业集群内部分工的发展是以极强的网络特征出现的。由于分工网络深深嵌入于产业集群,产业集群整体的发展会带动分工网络的变化,网络的强度会增强,规模不断扩大,并与交易网络和社会网络逐步互动,寻找到最好的结合方式。

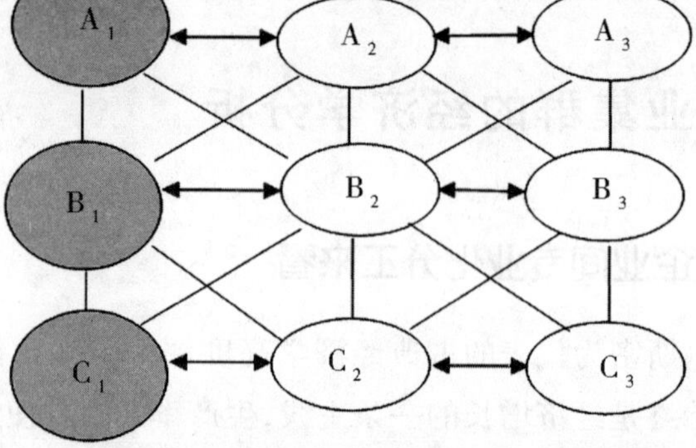

图2-9 企业内分工与企业间分工

如图2-9,在某一地域有企业A_1、B_1、C_1,假如他们的生产过程分别要经过1-2-3道程序,那么这种分工只是企业内的分工;如果其某道工序有多个企业能完成,那么至少有一个企业能提供物美价廉配套服务。配套工序越多,就会有很多节点,就有连接各节点的连线,这些节点和连线就构成了分工网络。网络是由网络的节点和节点之间的连线构成的，节点和连线是网络的两个构成要素，分工网络的节点是各生产商，而连线则是原材料到产品完工这一过程中的物流。这些连线越短，说明企业在空间上越集中，产业集聚度越高，节点和连线达到了一定的程度，产业集群也就形成了。分工带来了效率的提高，也就构成了产业集群的核心价值。

2.6.2 从交易费用的角度来看

在市场经济中，交易费用的多少直接关系到企业的成本和收益，关系到企业的竞争力。从生产方面来看，交易费用等于提高了企业产品的要素投入，增大了产品的边际产量成本。由于企业产品市场大多具有完全竞争市场特性，所以企业只能是产品市场价格的接受者，其面对的市场需求曲线是一条水平线，即图2－10中的DD线。

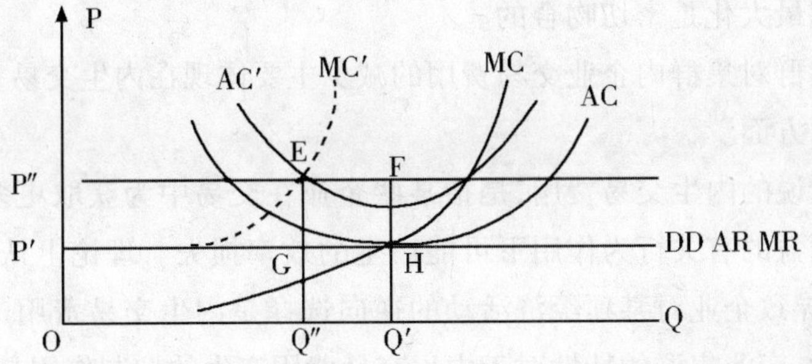

图2－10 产业集群内企业成本——收益图

DD线也代表企业的平均收益（AR）线和边际收益（MR）线。这是假定企业是理性的，即能较好地计算自己的成本和收益。在没有交易费用的情况下，企业的边际成本（MC）和平均成本（AC）线如图所示，其均衡价格为P′。如果考虑交易费用增加，其结果是：在短期内企业的MC线将上移变为MC′，平均成本AC线将上移到AC′。这时均衡价格应当是P″，均衡数量应为Q″，但在短期内企业无法调整产量和生产规模，并且又只能是市场价格的接受者，所以这时企业要承担一定量的亏损，其大小如图中 S□P′HFP″的面积。在长期内企业将调整产量和生产规模使 Q′变为 Q″，这时如果市场价格 P′不变，则企业的亏损额将减少为 S□P″P′GE，S□P″P′GE 小于 S□P′HFP″，但这并没有解决企业的生产亏损问题。这时企业有三种选择：一种选择是寄希望于产品市场价格的波动，即只有当 P′上涨到 P″时，亏损额才消失，这时，交易费用的多少直接结果关联着企业市场风险的大小；另一选择是设法降低生产成本，使 AC′下移和 MC′下移，这时交易费用所起的作用是促进企业提高产品产出率和劳动生产率；还有一种选择是转移，即企业将资金、人力等转移到其他产业中去，这时，交易费用对企业生产的影响是降低了产品的生产量，削弱了产业的发展后劲，但对其他产业的发展有刺激作用。当然，企业的选择有可能也是上述三种情况的某种组合。所以，单纯从生产方面来看，交易费用的作用是多重的。而产业集群的最大优势之一就是能减少企业的交易费用，这与企业的本质即追求企业利润最大化是密切吻合的。

产业集群对集群内企业交易费用的减少主要体现在内生交易费用和外生交易费用两方面。

这里所说的内生交易费用，是指某些企业在交易中为获取更多的利益而牺牲别人利益的有关行为作用下可能产生的效率损失。理论上认为，由于信息不对称，导致企业对某项经济活动的逆向选择是内生交易费用产生的主要原因。显然，产业集群的特性对于内生交易费用产生的抑制作用是有效的。

1. 产业集群发展中的信任机制降低企业内生交易费用。在产业集群内，每个企业都是专业化生产的，它们在保持密切的产业联系的同时，还存在频繁的市场交换行为，这些行为不是个人的“一次性”信任博弈，而是社会性的“多次性”信任博弈。在不断的博弈中，一种信任传播和信任利己行为的约束和惩罚机制会逐渐形成，并推动产业集群内的企业间自行建立起稳固的信任约束机制进行自律，而这种自律行为有助于降低企业间的交易费用，尤其是降低内生交易费用。其原因在于：一是有利于企业降低非生产性成本。产业集群内的企业联系密切，在交往合作多且稳定的情况下，一般都能建立起一种相互信任的合作机制，并在这种机制作用下，形成大家都认可的正式或非正式的行为规范。在信任和行为规范中，许多谈判环节随之减少，企业间谈判效率得以提高，进一步协作关系得到强化，价值取向得到认同，合同执行和生产交往效率得到提高；二是有利于降低企业间生产要素的交易成本。在产业集群内，企业之间同在某一区域，企业之间合作过程中的配套机会的寻求、产品质量的监控、产品的运输及信息交换成本等都比集群外的企业合作成本低，时效性强，这些特性的作用有利于企业提高竞争优势。随着企业交易成本的降低的比较优势的凸显，又能进一步推动产业集群内的企业不断地适应新的生产环境，调整企业管理模式。集中企业生产要素资源专攻生产价值链中的优势环节，不断提高专业化生产水平，不断改善产品质量和服务，不断促进产品不断创新。企业间的分工、整合和优化，又将进一步推进集群网络化结构合作下的网络管理模式的创新。

2. 为产业集群服务的专业化劳动力市场的信息获取与交换机制，有利于企业降低内生交易费用。产业集群内的劳动力市场特点具有自身的明显特征。首先，由于产业集群内企业的专业和能力要求比较明晰，因而其劳动力需求反映比较快捷和充分，这也就使产业集群内的劳动力市场逐渐演变为信息流动和传播速度较快的市场，这种市场特征同样有利于企业降低选人和用工成本；其次，由于产业集群内的劳动力市场是一个比较专业化的市场，企业的地域性等特征使劳动者在集群内的流动更便捷、频繁，但又相对于别的劳动力市场稳定，这一特征增强了产业集群内劳动力市场的竞争优势；第三，产业集群内的劳动力市场便于企业用工比较，在流动中稳定下来的员工，相对容易认同企业的价值取向和企业愿景，形成有特色的企业文化精神。基于产业集群内劳动力市场特有机制的作用，群内企业劳动力的边际成本曲线将大大下降，企业直接降低了生产成本而获得了更多收益。此外，产业集群内特定的企业文化、制度文化的建设也有利于企业内生交易费用的降低。

所谓的企业外生交易费用，一般指在企业的产品流通或交易过程中产生的相关耗费，如产品在运输储藏流通过程中的损失，还有用于储藏、运输、通讯以及交易过程中的各种设施的购建投入等也属于外生交易费用的范畴。

1. 产业集群的形成就意味着企业在同一地域集聚和空间交往距离的减少。企业空间的靠近有利于降低企业间因空间距离而产生的外生交易费用，特别在那些产成品占原材料的比重较低的产业，如能源、冶金、建材、陶瓷、农产品加工等产业，还有IT和通讯产业、现代制造业等，空间距离的长短对交易费用的影响特别明显。

2. 产业集群的形成还意味着企业能共享基础设施，这也有利于企业外生交易费用的降低。网络式的企业在某一区域聚集，电力、交通、燃气等基础设施均可共用，减少了企业一些不必要的支出；产业集群的发展也能使原来基础设施使用效率较低的某些区域大大提高了基础设施等公共产品的使用效率。基础设施的完善能推动产业集群的发展，产业集群的发展又必将推动基础设施向更高层次的完善，这不仅有利于促进区域内企业整体效率提高，又节约了企业的外生交易费用，形成了有益的良性循环。

3. 产业集群机制的形成也意味着企业间本身就已经建立起了密切的合作或供求关系。群内企业间的交易虽频繁，但由于地域的邻近，企业间生产信息交流和人际间交流方便快捷，自然带来了信息成本降低的好处并有利于建立起长效的信息互通机制；另一方面，由于企业间邻近，空间距离短，各类信息的获取和传播方便，也有利于信息共享，还为专门提供市场信息的中介机构的产生提供了可能。企业间的市场信息互通和共享机制，带来了集群内企业外生交易费用降低的一种机会。

4. 产业集群的外部规模经济效应。突出表现在由于产业集群内企业的专业化的分工协作，单个企业只是承担生产中的某一部分或产业链中的某一环节，这必然会导致生产率的提高。在核心企业外的企业通过参与这些生产的部分或环节，使那些原来无法获得内部规模经济的单个中小企业通过外部合作获得规模经济。产业集群内的企业通过纵向联系，与上下游配套企业和客户保持密切联系；通过横向联系，发挥分包商最佳的生产能力，尽可能地控制他们的产品质量。由此可见，产业集群内企业可以在更专业的空间范围内、更多的选择中实现生产资源的更优配置。

5. 产业集群内的不同企业可以依据自身最佳的生产优势和不同的专业特长,做自己最有竞争力的产品。随着产业集群的形成,群内企业一般都会连成一个既密切联系又彼此独立、既分工又协作的生产链,在这个生产链中,既有主导产业又有从属产业,都在做自己最好的产品。在产品的生产竞争力达到一定的程度,专业化市场也就形成了。产品在专业化市场的不断流通,市场必然会形成正反馈机制,对产品的质量和产品的创新提出更多、更新的要求。这些生产信息又转化为一种动力,促进群内企业更注重创新和协作,同时又形成更高的产业劳动生产率。

6. 产业集群内也存在竞争,但竞争并不排斥合作。集群内企业在技术创新过程中,很多时候要与其他企业合作攻关,共同解决技术难题,互相促进,共同发展。企业要应对朝夕瞬变的市场环境,也必须与供应商、客户,甚至竞争者一起,联合排除影响发展的障碍。企业合作的过程,也就是共同分享本行业的知识与信息,共享技能、资源,共担成本和减少交易费用的过程。

吴德进(2005)通过数学模型解释了交易费用与专业化分工的关系。其论文假定1:企业内和企业间专业化分工收益相同,专业化成本各不相同,而且收益大于成本(这样保证了专业化分工是可能的),即 B[,f] = B[,m],且 B[,f] > C[,f],B[,m] > C[,m]。这里,B[,f]表示企业内专业化分工收益,C[,f]表示企业内专业化分工成本,B[,m]表示企业间专业化分工收益,C[,m]表示企业间专业化分工成本。如果分工在企业内进行,则企业的总成本(C[,f])就是企业内部化价格(用 IC 表示)与企业组织管理费用(用 IZ 表示)之和,即 C[,f] = IC + IZ;如果分工在企业间进行,则企业的总成本(C[,m])就是企业的外部化价格(我们用 OP 表示)与企业间市场交易费用(用 TC 表示)之和,即 C[,m] = OP + TC。这里的内部化成本,是指企业将所有加工工序和交换环节全部在企业内进行所需的总成本;企业外部化价格,是指企业“外包”价格。假定2:企业内和企业间分工效率相同,即企业内部化价格和企业外部化价格相同,也即 IC = OP。

在以上两个假定下,由于B[,f] = B[,m],IC = OP,所以,人们劳动的专业化分工是在企业内还是在企业间进行,取决于企业间交易费用和企业内组织管理费用的比较,即TC与IZ的大小对比。当TC > IZ时,人们劳动的专业化分工在企业内进行;反之,当TC < IZ时,则在企业间进行。①

本研究在此进行以下扩展:事实上,假定这些企业在聚集的地域内,如果TC < IZ成立,那么这些企业的产品必定会进行外包,这说明专业分工推动了产业集群的形成;假定企业在集群内,那么TC < IZ的结论一般都成立。

总之,集群内企业可以在大大降低交易费用的同时获得规模经济和范围经济,比单个企业有更高的经济效率。

2.6.3 从知识外溢效应的角度来看

创新、学习、知识外溢,都是企业发展离不开的成长环境。但是,从空间地理方面看,创新技术在空间的传播一般遵循距离衰减原理。距离越远,创新技术接受率越低。这一原理可以用距离衰减函数表示:②

$$P(r) = ae^{-br}$$

式中,r 为距离,$P(r)$ 为 r 距离地区的接受率,a 为常数,b 为距离衰减系数。通过这个函数,可以看出,产业集群内部企业之间由于在地理位置上是集聚状态,创新技术的传播和接受程度会很大。随着 r 的增大,e^{-br} 的绝对值变小,在 a 为常数的情况下,$P(r)$ 也就在递减。

在产业集群内,由于知识的外溢效应,群内企业会随着时间推移产生和积累大量的知识,有利于企业通过学习,提高企业的知识水平和创新能力;也能促进企业职工通过学习,提高素质和操作水平。此外,产业集群中企业之间相互学习的一种重要途径就是相互模仿,产业集群的地理集中为企业之间的技术模仿和管理模仿提供了便利的条件。按照相关理论对其可分为理性模仿和

① 吴德进. 企业间专业化分工与产业集群组织发展[J]. 经济学家,2005,(6).

② 陈秀山等. 区域经济理论[M]. 商务印书馆,2004.

非理性模仿:理性模仿指的是在理性经济之间的自利价值取向驱动下,进行理性博弈的行为,是一种优化选择的均衡结果;非理性的模仿一般称为“羊群效应”,就是看到大量的人都从事一种行为,其他人都一哄而上,比较盲目地跟从,但其中也不乏领头的比较理性的模仿者。

在产业集群内,尽管企业之间协作关系十分密切,但同样存在激烈的竞争。因为即使是一种产品,同样有可能是多家企业在生产,多家企业能为它提供配套服务;也有可能因企业重组、体制变化,在核心企业周围出现新的配套企业或新的核心企业,因此竞争的出现是必然的。因地域性特征,群内企业联系密切的作用,某个企业的技术创新更易为其他企业学习、吸收或模仿,企业新产品等成果的扩散更快,这极有利于产业集群整体素质的提高。产品创新涉及许多环节,创新组织复杂,前期费用高,投资风险大,单个企业往往难以承受。在产业集群内,相关企业的设备、人才、技术、资金各有优势,又有合作的基础,因此只要创新的要求得以认同,那么集群内企业的创新能很快地进行。产业集群所具备的这种能分散创新风险、减少创新困难、加快创新速度,以及增强学习的动力、环境的支持和组织等方面的优势,使得产业集群往往成为技术创新的主体、产品革新的先锋和推进产业进步的力量。

在产业集群内,企业间学习和模仿的结果,一般都能降低企业总产量的平均成本,提高产品的竞争力。这一过程可以用图2-11的学习曲线来表示。所以,企业在同一地区的集聚,彼此的地理毗邻和分工协作,增加了创新技术在企业之间的传播几率,推动着产业集群整体素质的提高。

2.6.4 从外部经济效应的角度来看

产业集群内的企业不仅在空间集聚、邻近,而且按市场和集群要求进行分工,实现了同一部门或相同专业的企业数量的增加,并导致了区域内企业整体规模的增大。使得原来无法获取规模经济的单个企业在分工协作的基础上,实现了内部规模经济;在专业化分工和在生产交易过程中的合作中,实现了外部范围经济和合外部规模经济。在一般情况下,集群内企业对外部规模经济

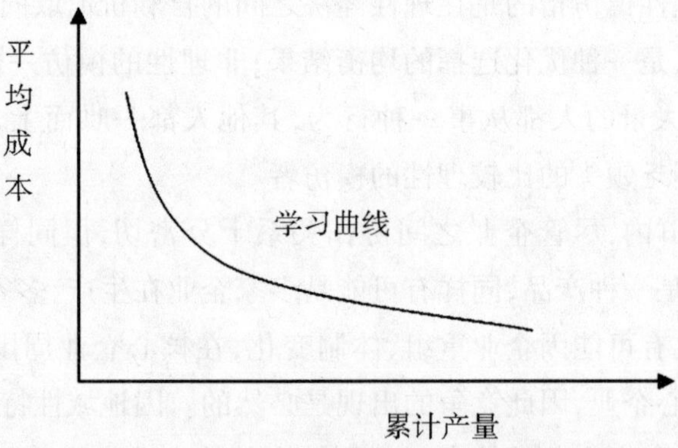

图 2－11　产业群的知识外溢

还是外部范围经济的获取，都与集群内企业数量的增长正相关，企业数量增长越多，这些企业获得的外部规模经济和外部范围经济越大，反之亦然。在外部经济效应影响下，群内单个企业产品价格有所降低的同时，群内企业产品均衡价格也会下降，这带来了单个企业利润的增加，这也许是产业集群给内部单个企业带来规模效应的好处之一。如图 2－12 所示：内部平均成本由 C_1 降低到 C_1' 时，产业集聚体企业的长期平均本成由 C 降低到 C′。产业集聚降低了总成本中内部成本部分，即 C_1。在产业集群内的的企业之间专业相同，联系密切，在生产交易过程中一般不需要谈判，也基本上不存在外购等交易行为，他们之间的竞争也主要体现在内部生产产品的成本竞争上。

因此，在产品生产成本为企业总成本的主要部分时，集群内企业内部生产成本的减少必然会直接导致企业产品单位成本的降低。因此，由于产业集群特有功能的作用，带来群内企业产品的均衡价格下降的同时均衡产量却上升，这必然带来整个行业生产效率的提高，最终使得整个产业的竞争力得到增强。显而易见，产业集群内的企业无论在产品成本、价格、产量等方面，都突现出较集群外企业更具明显的比较优势，这也许是产业集群的魅力所在。

产业集群有利于减少交易费用的功能作用，能激发相关企业集聚和向集

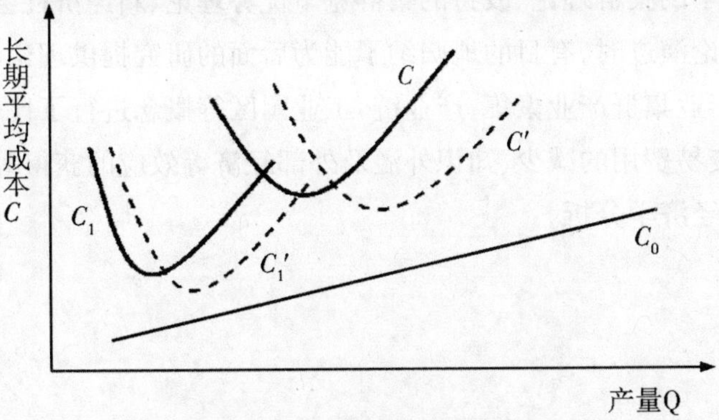

图2-12 产业集群对产品成本的影响

群迈进的积极性。在有关条件具备时,企业逐利的本质必然会推动企业向能节省内部成本,实现规模经济的集聚或集群方向靠近;企业通过集聚并发生分工和协作的经济联系,达到了降低企业交易成本和生产成本的目的,进而使得整体企业生产总成本降低,产业集群也就在无形中形成。从另一个角度来看,产业集群内的企业基本上都是业务上立体交叉的集聚体,企业间不仅存在纵向的上下游经济活动,还存在着横向的平行竞争格局。正是由于这种复杂有序的网络关联,使得企业能得到节约生产成本和体现竞争力的好处;也正由于这一好处,企业才有积极性去形成和参与集群,以享受单个企业无法实现的集聚成本优势。

本章小结

本章首先对产业集群的基本概念、国内外对产业集群的本质和定义进行了概述,同时对产业集群理论历史演进进行了阶段性的总结。在综述古典经济学理论、马歇尔的"产业区"理论、克鲁格曼的新经济地理学理论、基于交易费用的集群理论、社会经济网络理论、韦伯的工业区位论、佩鲁的增长极理论、新竞争经济学的集群理论、波特的集群竞争优势理论、新经济社会学与社会网络理论等理论演进时，有目的地归纳了能为后面的研究提供理论借鉴的观点。同时，还对产业集群产业聚集、产业链、工业园区等概念进行了比较和界定，从专业分工、交易费用的减少、知识外溢及外部经济等效应的获得等角度对产业集群进行了经济学分析。

第3章 发达与欠发达地区产业集群比较研究

3.1 国外有关区域的产业集群

产业集群是一种新的产业组织形式,是一种全球化现象,同样是一种历史现象,因为这一组织形式在18世纪后的英、美等国产业革命时期就已出现,如谢菲尔德利器制造,白金汉郡的椅子制造,斯塔福德郡的陶器生产等。19世纪初期,美国的制造业主要集中在东北部和中西部的少数地区,如马萨诸塞州的鞋类生产,俄亥俄州阿克伦城的橡胶生产,佐治亚州道尔顿的地毯业,罗德岛州普罗维登斯的珠宝业。同样,在亚洲、拉美和非洲也存在大量类似的产业集聚,如在几百年前的中国景德镇陶瓷业中也有类似的情况。

产业集群作为一种全球化现象,不仅普遍地存在于发达国家或地区,也存在于发展中国家或欠发达地区;既存在于高新技术产业,又存在于传统产业。目前,产业集群之所以为世人所瞩目,是因为世界上的财富大都是在这些色彩斑斓、块状明显的区域内创造。也正如此,人们对这一具有鲜明经济特色的区域、现象称之为"经济马赛克"。目前,除传统的资源型产业集群外,最引人瞩目的是20世纪70年代以来逐渐形成的现代产业集群。

在美国,传统产业集群加利福尼亚葡萄酒业群、马萨诸塞的制鞋业群、西密歇根的办公家具业群仍在发展,但对美国经济起到决定的支撑作用的还是生物技术、128公路的微电子业群,纽约金融、广告、出版、多媒体产业群,加利福尼亚的影视娱乐业群,波士顿互惠资金、软件与网络等产业集群。产业高度集聚的加利福尼亚州2005年经济总量达1.62万亿美元,居世界各国第8位。

尤其是硅谷微电子产业群在世界上最为著名,这里汇聚了上万家高科技企业,其中4000多家是电子工业企业,全世界前100家最大的电子和软件公司中,有20%的总部设在这里,其产品销售每年超过4000亿多美元,占全美销售的40%。如果把硅谷视为一个独立的经济体,它就是世界上的12个经济实体。其人均GDP高达10多万美元,为世界之最。

图3-1 美国硅谷鸟瞰图

资料来源:李怡. 中国信息产业集群研究[D]. 北京:复旦大学,2006.

世界最著名的、欧洲最大的生物产业集群是英国剑桥生物产业集群,它的发展与剑桥大学所提供的强大的创新平台作用是分不开的。该产业集群从20世纪80年代萌芽,在90年代中后期得到飞速发展。目前有160多家知名的生物技术企业在此集聚,从事新药发明、重组化学、生物遴选、检测技术、医疗诊断、生物信息学食品、食品安全等研究。在法国,有巴黎森迪尔区的网络业群、雷勒河谷的香水玻璃瓶业群、欧耶纳斯克模具群。而最著名的莫过于被称为法国"硅谷"的索菲亚科技园,这里有来自60多个国家的1300多家高新科技企业和30000多名科技人员,他们为法国贡献的税收总额超过30多亿美元。该科技园发端于20世纪60年代,它的发展与美国硅谷、英国剑桥生物产

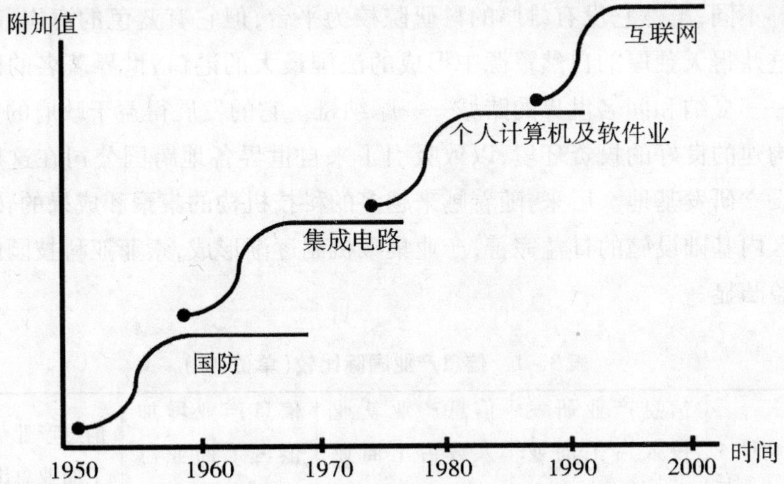

图 3－2　美国硅谷发展历程

资料来源:李怡．中国信息产业集群研究[D]．北京:复旦大学,2006.

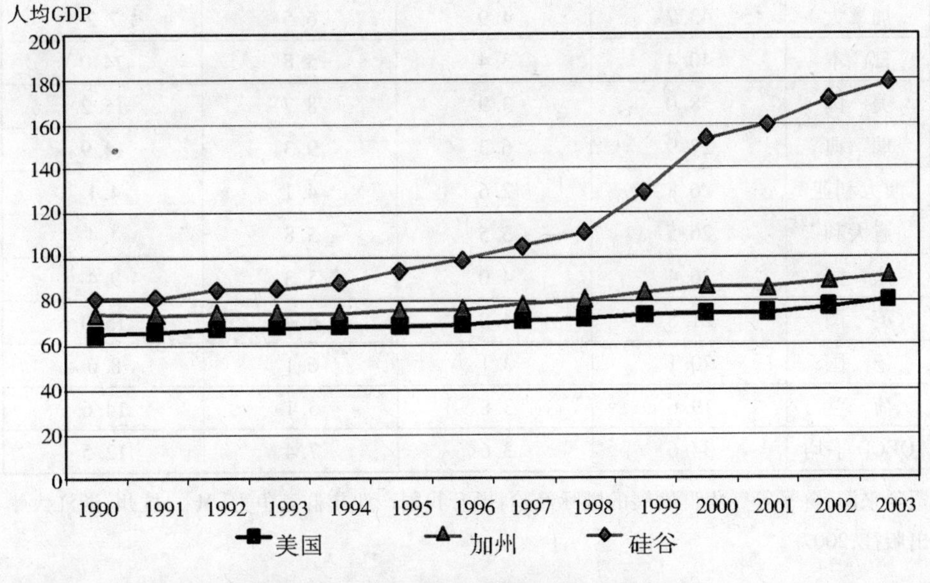

图 3－3　硅谷、加州、美国平均劳动生产率

资料来源:李怡．中国信息产业集群研究[D]．北京:复旦大学,2006.

业集群不同,虽然它没有雄厚的科研院校为平台,但它有蓝色的海岸、新鲜的空气这些得天独厚的自然资源中形成的法国最大的港口、世界著名的国家电影城——戛纳和闻名世界的赌城——摩纳哥。它的发展得益于政府的产业政策和构建的良好的投资环境,以致吸引了来自世界各地跨国公司在这风景名胜地设立研发基地。后来,随着越来越多的科技机构的集聚和成果的转化,同时园区内基础设施的日益完善,产业集聚机制逐渐形成,索菲亚科技园的地位也日益凸显。

表3-1　信息产业国际比较(单位:%)

国别	信息产业研发投入占工商业研发总投入	信息产业就业人数占工商业就业总人数	信息产业增加值占工商业总增加值	信息产业出口占工商业总出口额
以色列	86.1	6.1	13.3	20.1
芬　兰	51.0	5.6	8.3	19.6
加拿大	43.7	4.9	6.5	7.2
日　本	40.4	3.4	5.8	24.0
美　国	38.0	3.9	8.7	15.2
瑞　典	27.9	6.3	9.3	14.9
澳大利亚	26.8	2.6	4.1	4.1
意大利	26.5	3.5	5.8	4.4
法　国	26.4	4.0	5.3	9.4
英　国	21.8	4.8	8.4	15.0
德　国	20.1	3.1	6.1	8.6
荷　兰	19.6	3.8	5.1	14.6
OECD平均	34.6	3.6	7.4	12.5

资料来源:陈平等.集群发展的国际经验:提升我国产业集群竞争力[M].杭州:浙江大学出版社,2007.

有"中东硅谷"之称的是以色列的特拉维夫、海法、耶路撒冷、比尔谢巴走廊、和西加利利等6000平方公里上的信息产业群。20世纪90年代以来,这些地带以软件、通讯硬件为主导产品的企业有3000家左右,在数量上仅次于美国;在美国纳斯达克上市的公司数量仅次于美国和加拿大;在伦敦AIM上市的公司仅次于英国。2000年以色列信息从业人员数量达148000人,出口额占全国的1/3,对GDP的贡献率达36%。

在20世纪80年代前澳大利亚没有任何具有一定规模的出口企业,30年后的今天,澳大利亚的酿酒业、旅游业、煤炭业、钢铁业、可再生能源、信息产业及教育服务业等产业集群在国际上都有很强的市场竞争力,其产业集群的发展与澳大利亚政府产业政策的促进有很大的关系。在1994年麦肯锡公司提交了《领导地方,竞争全球》的咨询报告后,澳大利亚政府采纳了报告中提出的将产业集群作为澳大利亚的支柱产业来支持的对策建议,并通过政策引导、资金扶持、区域整体营销、组建管理服务结构等措施来促进产业集群的形成和发展。

日本产业集群的发展路径和澳大利亚有异曲同工之处。1983年日本颁布了《科技城法》,目的在于促进高新技术的产业集聚;1988年颁布了《特定事业集中法》,旨在调整和优化区域产业结构,引导科技、信息、设计等有助于产业集群发展的核心部门在一定区域集中,并开始鼓励企业自主创新和推动高新技术产业的集中;1998年日本颁布了《创新促进法》,并将《科技城法》和《头脑布局法》两法合一,将两法中所指地区进行归并为"高技术集中和利用计划"的指定区域,给新创立的企业提供公共研究机构、办公场所,同时还制定相应的制度与流程等,期望能为涌现出更多的新企业做好基础工作。这一时期日本开始注重基础研究,强化官产学联系,促进高新技术集中和孵化。从2001年开始,日本根据《科学技术基本法》制定的第二期科学技术基本计划开始实施,将重点放在科学技术体制的转变上。其中最重要的措施之一是把国家创新体系的建设落实在区域层面,在全国遴选18个知识产业集群进行重点培育,制定知识资产和技术转移管理制度,并将大学作为技术创新的核心来建设。这一计划的实施强化了日本官产学更紧密的结合,加快了区域集中里的企业新技术培育和技术转移的速度,推进了新技术和新企业的孵化,将科学技术计划与增加区域活力和增强企业竞争力有机结合起来,促进了日本产业集群的发展和产业竞争力的提升。2002 年日本又颁布了《知识集群创新事业》,在推进官产学联系的基础上,加快科技体系的创新。①

表 3-2　日本按行业分布的集群内企业平均规模

集群所属行业	食品加工	纺织	服装	木制品与家具	陶土、石材等	机械制造	其他	总体平均
平均每家企业就业人数	15.37	6.30	23.97	8.07	7.36	15.52	10.59	10.32

资料来源:符正平等. 中小企业集群生成机制研究[M]. 广州中山大学出版社,2004.

印度是发展中国家,其产业集群的发展对于欠发达区域更具有现实借鉴意义。印度的杜瓦尔旁遮普邦的金属加工业群、巴塔拉的机床制造业群、苏拉特的钻石加工业群,特别是小城镇卜尼巴德,纺织集群生产的毯子占印度全国产量的 75%,鲁第海那的纺织集群生产了全国 80% 的毛织服装,而最值得研究的还是其班加罗尔的信息产业集群。班加罗尔是印度南部看卡纳塔克邦的首府,1947 年以来,印度科学院、印度太空研究组织、印度国家航天实验室、印度国家软件科技中心、印度天体物理研究院、印度区域遥感服务中心等一大批科研机构及 7 所大学在此安家,为成为印度的"硅谷"构建了宽阔的科研支持平台。20 世纪 80 年代初的印度软件业还是一片空白,从 1984 年起,印度政府采取各种措施大量发展信息产业。1991 年印度发起了"软件技术园计划",在班加罗尔建立了第一个国家级软件科技园。到 1997 年印度移民在此创办的信息产业公司已达 774 家,2001 年发展到 812 家,主要是从事电路设计、通信软件、系统软件、应用软件,综合服务等业务;其他高科技企业达到 4000 多家,其中含外资企业 1000 多家,约 250 家国外公司在此开展业务。2000 年,印度软件业实现产值 57 亿美元,其中出口 40 亿美元到世界 97 个国家,而这些产值中有 1/2 是班加罗尔生产的;2003 年,印度软件业出口首次突破 100

① 邢华等. 日本区域集群规划对我国构建国家创新体系的启示[J]. 亚太经济,2006,(7).

亿美元,达125亿美元,其中1/3是班加罗尔贡献的。2005年班加罗尔出口增长32%~35%,大大超过29%的目标。目前,全世界大约有75家资质最高的五等级别软件研发企业,其中45个在印度,而这其中又有35个在班加罗尔,班加罗尔由此成为全球第五大产业集群和世界十大"硅谷"之一。

表3-3 德国的传统产业集群

行业	分布地区
钢铁	多特蒙德、埃森、杜塞尔多夫
工具制造	勒姆什特
钢笔制造、铅笔	纽伦堡
珠宝	普福斯罕
餐具	索林根
锁用具	菲尔贝特
陶瓷业	德累斯顿

资料来源:郑海涛等. 走向高端:广东产业集群升级研究[M]. 北京:经济科学出版社,2006.

在意大利,有威尼托产业、诺瓦拉金属阀门、磁带贝尔加莫家具业等集群,70%以上的制造业、30%以上的就业、40%以上的出口量都是在位于意大利中东部和东北部的"第三意大利"专业化产业区域内实现的。意大利北部的皮尔蒙特、伦巴底和威尼托三个地区是意大利产业集群最为发达、最为集中的地区,意大利也因此被称为"中小企业的王国"。其中威尼托地区布伦塔河岸的制鞋业有着悠久的历史,1268年建立了制鞋业协会,1898年设立了第一个机械制鞋厂,1923年建立了第一个制鞋业学校。布伦塔河的制鞋业目前有生产企业444家,雇佣人员8000人,如果加上相关产业,则有866个企业,雇佣人员达14000人。皮鞋产业在布伦塔地区具有重要地位,制鞋企业占该地区企业总数的63%,员工占雇佣总人数的42%。目前,布伦塔河地区的皮鞋年产量为2000万双,其中87%出口,年销售收入16亿美元。

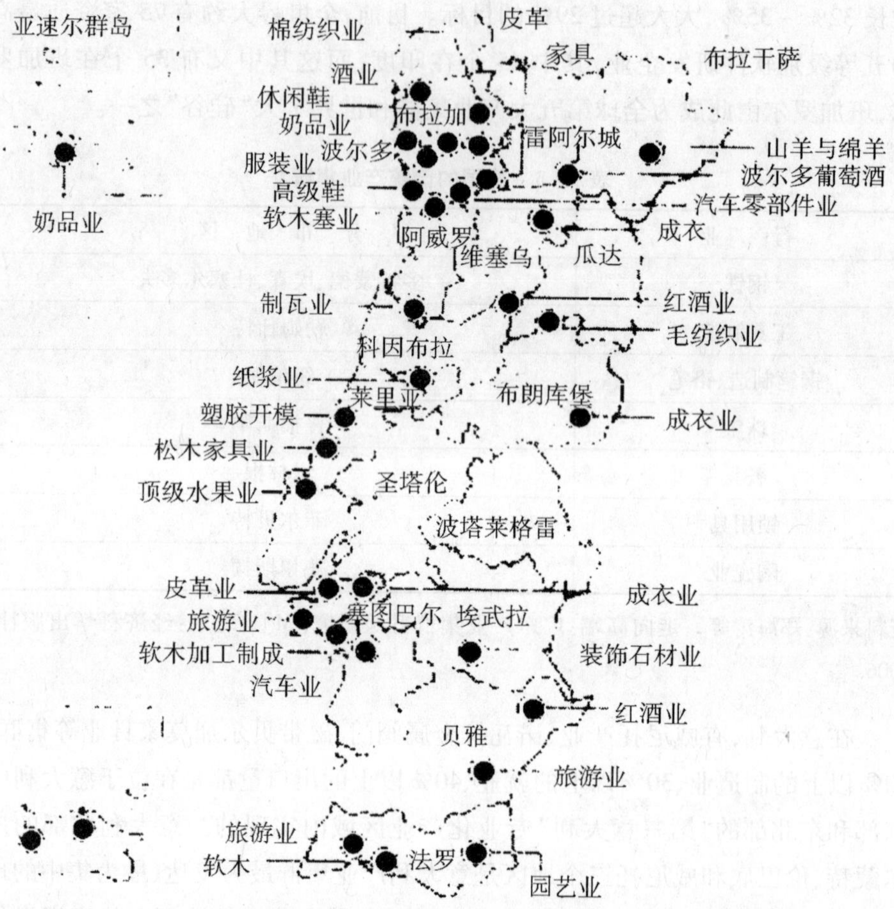

图3－4　葡萄牙传统产业集群

资料来源：Monitor Company，Cambridge，Massachusetts. 转引自：迈克尔·波特．竞争论．中信出版社，2003.

• 阿勒索	Arezzo
• 华拉	Biella
• 波隆那	Bologna
• 布雷沙	Brescia
• 布里安查地区	BRIANZA area
• 卡皮	Carpi
• 卡拉拉	Carrara
• 加斯德高佛瑞多	Castel Goffredo
• 摩德拿	Modena
• 蒙特贝庐纳	Montebellun
• 巴拿	Parma
• 帕辰察	Piacenza
• 伯拉多	Prato
• 萨梭罗	Sassuolo
• 杜林	Turin
• 瓦伦查坡	Valenza Po

图 3－5　意大利产业集群

资料来源：迈克尔 · 波特．国家竞争优势．华夏出版社，2002.

此外,德国慕尼黑汽车、法兰克福化工业、图特林根的外科器械业群、普福尔茨海姆的珠宝业群、斯图加特的机床业群、韦热拉的光学仪器业群;中国台湾新竹半导体硬件;韩国大邱的纺织业集群;巴基斯坦的锡亚尔科特体育用品和手术器材业、古杰拉特的电扇业集群等;墨西哥哈利斯科州的瓜达拉哈拉制鞋业集群及拉丁美洲、非洲等的产业集群,在国际上都有一定的地位和特色。

3.2 国内沿海发达地区的产业集群

改革开放以来,产业集群已成为中国区域经济发展的亮丽风景线。2007年8月26日,中国社会科学院工业经济研究所公布的《中国百佳产业集群》中包括:温州鹿城区皮鞋产业集群、打火机产业集群;义乌小商品产业集群;北京海淀区中国IT产业集群;上海宝山区中国钢铁产业集群、浦东新区中国金融产业集群;江西景德镇市中国瓷器产业集群;江苏南通市中国家纺产业集群等。被公布的100个产业集群中,沿海地区浙江、广东、江苏、福建、山东五省占了85个。其中,浙江36个、广东21个、江苏17个、福建和山东分别为6个和5个。除浦东新区外,其余产业集群均为制造业。

回顾中国产业集群的发展历程,可以发现具有现代意义的产业集群目前主要集中在东部沿海地区,其中以浙江省和广东省最为集中,而广东珠江三角地域又是当今中国规模最大的产业聚集区域之一。这些地域内的集群企业覆盖了机械、印刷、五金、灯饰、电子、信息、纺织、家电、建材、电声、服装、物流、工艺美术、种植、果蔬深加工、养殖、花卉、茶叶、家具、精细化工、旅游、摩托车、陶瓷、石材、食品、饲料、玩具、鞋业、音像制品、针织服装等30多个产业、产品类别。在珠三角的404个建制镇中,已明显形成产业集群(专业镇经济)的约占1/4;佛山、中山、东莞等地2/3以上的建制镇已形成产业集群(专业镇经济)。

广东省电子信息产业和电气机械制造业在全省地位突出,如分布在珠江东岸的信息产业集群(主要集中在深圳、广州等地的几十个乡镇,产业规模在3000亿元以上),珠江西岸的电器机械产业集群(集中在珠海、中山等市的十几个乡镇,产业规模约1300亿元)具有举足轻重的地位。此外,广东省的传统工业在上百个专业镇中得到了振兴,如云浮云城(石材)、盐步(内衣)、东莞虎门(服装生产和贸易)、大朗(服装)、南海西樵(纺织印染)、佛山石湾(陶瓷)、南海南庄(陶瓷)、中山沙溪(休闲装)、石湾环城(童装)、张槎(针织)、云浮罗定(针织)等。在顺德伦教、龙江、乐从等几个镇又集中了具有强竞争力的家具业集群。目前,珠三角地区吸引的外国直接投资占全国26%,而电子电气机械产业产值、机电产品出口、信息产业产值都在全国占用重要份额,都得益于这些行业产业集群的异军突起,尤其是与电子信息产业、电器机械制造业和传统劳动密集型产业等配套企业的数量扩充的贡献。①

2004年,广东全省1117个镇及街道办事处(目前全省建制镇1188个,街道办事处415个,调查面为59.7%)的经济规模为8315.9亿元(占全省GDP 51.8%,按快报数计算,下同),工业总产值13872亿元(占全省42%),外贸出口457.9亿美元(占全省23.9%),这大体上反映出镇级经济在广东的地位。其中具有产业集群(专业镇经济)特征(特色产业产值1亿元以上)的镇326个,特色产业524个,合计地区生产总值5000多亿元,约占全省1/5;出口280亿美元,占全省14%。其中,产业集群(专业镇经济)特征明显(产业集聚10亿元以上)的约95个。经济规模超过100亿元的镇已有20多个,最高的达463.5亿元工业产值;超200亿元的镇也超过10个。这些专业镇,特别是经济规模超百亿的镇对区域经济的支撑作用,不仅表现在经济规模在当地举足轻重,还突出表现在市场占有率和区域品牌的创建上。在市场占有率上,花都狮岭的皮具生产量占全国1/3,销售到全国20多个省、市、自治区,占领了中西亚和欧洲绝大部分中低档皮具市场;增城新塘的牛仔服装占领全国60%的市场份额,每年超过两亿件销往全国各地;南海大沥的铝型材产量占全国35%,占全省50%;罗定附城的充电器产量占世界30%以上的产量;中山古镇

① 路平."簇群"(专业镇)经济的蓬勃发展加快了广东的经济发展和现代化、城市化的进程."产业集群与中国区域创新发展"研讨会会议资料汇编[R].中国软科学研究会,2002.

民用灯具的国内市场占有率在60%以上等等。①

表3-4　2000~2006年广东省专业镇地区分布表(单位:个)

序号	地区	2000年	2001年	2002年	2003年	2004年	2005年	2006年	合计
1	广州	1							1
2	珠海				1				1
3	汕头	1		2	3	5	6	5	22
4	韶关				1		3		4
5	河源					2	1		3
6	梅州			2	1	1	5	2	11
7	惠州			1			2		3
8	汕尾		1	1			1		3
9	东莞	1	3	2	1		2		9
10	中山	2	2	2	2		2		10
11	江门		1	5	3	1	4		14
12	佛山	2	6	7		6	5	4	30
13	阳江				2			2	4
14	湛江			1		5	3		9
15	茂名				2	3	3	3	11
16	肇庆		1		1	2	4	2	10
17	清远						4		4
18	潮州			4	2	1	2	3	12
19	揭阳			1		3	3	2	9
20	云浮			1	2	3	6	3	15
	合计	7	14	29	21	32	56	26	185

资料来源:http://www.zhyz.gov

① 路平. 广东专业镇经济发展的新趋势和新特点[EB/OL]. http://www.zhyz.gov.cn

表3－5　广东省部分产业集群区域与特色产品

地域	主要产业集群			
中山	小榄镇五金	古镇灯饰	大涌镇红木家具	沙溪镇休闲服装
东莞	清溪镇计算机	厚街镇家具	大朗针织服装	虎门镇服装
揭阳	锡场食品	棉湖电缆	东山不锈钢	仙桥鞋业
佛山	张槎镇针织	石湾镇陶瓷	禅城金属制品	官窑玩具
江门	高新区电子信息	蓬江摩托	水口水暖	沙坪鞋业
顺德	伦教镇木工机械	陈村镇花卉	乐从镇家具	顺德牛仔服装
湛江	罗州电器	塘尾羽绒	博铺鞋业	
深圳	电子资讯类高科技企业	黄金珠宝	钟表	服装
珠海	软件	游艇		
潮州	庵埠镇食品加工	枫溪区陶瓷	黄冈水族机电	彩塘镇不锈钢
汕尾	海丰可塘镇珠宝首饰加工	公平服装		
梅州	丰顺汤坑镇电声设备	宁新纺织	高陂陶瓷	新圩工艺
云浮	云城区河口街石材	新兴不锈钢	附城电子	新兴凉果
广州	汽车其配套零部件	软件	石化	电子信息
惠州	IT数码产业集群	惠东鞋业	大亚湾石化	高新区家电

主要资料来源：广东省科技厅．广东省专业镇技术创新，2001．本文根据有关资料有所修改。

在珠三角地区100公里的范围内，90%以上计算机零部件、80%以上的手机部件、100%的彩电部件都可以采购得到。通常以“大而全”“小而全”的方式存在于一个企业内部的生产环节，在这里大量地分布在不同企业之间，每个企业只做一个部件，甚至一个部件的某个环节。那些技术含量较高、零部件较多、价值较大的产品如彩电、复印机等，不是一个主机厂，而是几个厂在同一区域；为其配套的零部件供应商也不是一家，而是若干家。在高度专业化分工基础上形成的企业间配套体系，是这些产业集群区重要的经济优势。

浙江省已有86个特色园区和46个工业园区,形成了永康五金、海宁皮革服、乐清电器、绍兴轻纺、义乌小商品等闻名中外的产业集群。许多厂家一间房就是一个车间,只做产品的一道工序或一个配件,而与其聚集在一起的是成百上千的这样的"车间""工厂",共同生产出占据全国乃至全世界大部分市场的服装、领带、打火机、纽扣、皮鞋、低压电器。也就是这样毫不起眼的像"马赛克"一样分布的小企业,形成了竞争力突出的"块状经济"。在88个县市区中,有85个形成了"块状经济",其中53个区块的产品国内市场占有率达到30%以上。绍兴柯桥为中心的方圆8公里区域内有2万多台无梭织机集聚,以致小小柯桥竟生产出了全国20%的化纤织物;嘉善的木业生产则以县城魏塘镇为中心,集聚了300多家胶合板企业,以350万立方米的年生产能力,占领了国内胶合板市场的1/3;而越剧的故乡嵊州,年产领带2.5亿条,以占据全国领带市场80%的份额称雄于全球领带产业……据浙江省有关部门统计,目前全省已有500多个产业集群区,全省28个特色优势制造业中,销售收入占全国同行业比重超过20%的行业有4个,超过10%的达13个。如浙江阳光集团是浙东北上虞市一家以生产照明灯具为主业的上市公司,这家当地的龙头企业不仅自身在发展壮大,同时还"孵化"出一个声势庞大的照明产业群落,从事灯管、灯具生产的企业有30多家,其中年产值过亿元的就有6家。

据国家统计局2001年的有关统计,全国532种主要工业产品最终产品的产量,浙江有336种进入前10名;56种特色产品产量占全国第一;109种居全国第二;154种居第三位。① 此外,浙江省已经在95个国家和地区创办了800多个境外投资项目,遍及贸易、机械、电子、服装等10多个行业,总投资超过4亿美元。浙江4000多家民营企业获得自营进出口权,近万家个私企业从事出口商品加工,产品销往世界五大洲的150个国家和地区。② 又据浙江省经贸委调查:2003年,全省工业总产值(或销售收入)在10亿元以上的制造业产业

① 浙江省委政策研究室课题组. 提高浙江区域块状经济竞争力研究. 2001,另鲍洪俊. 浙江工业核心竞争力显著增强[N]. 人民日报,2001-11-27.

② 何玲玲等. 跨国时代,浙江民营企业发展进入新阶段[EB/OL]. http://www.drcnet.com.cn

集群有149个;工业总产值(或销售收入)合计1万亿元约占全省总量的52%。其中,50亿元以上的有35个,100亿元以上的有26个,200亿元以上的有6个,依次是:温州鞋革368亿元,温州服装352亿元,绍兴(县)印染323亿元,绍兴(县)织造272亿元,乐清电器274亿元,萧山化纤218亿元。年产值10亿到50亿的民营企业群落有118个,年产值50亿~100亿的民营企业群落有26个,年产值100亿以上的民营企业群落有3个,其中53个区块产值占国内市场占有率30%以上,很多都是浙江省乃至全国的专业生产加工出口基地。例如,占世界总产量70%以上的防风打火机集中于温州的鹿城区和瓯海区,海宁的许村、许巷的装饰布占全国市场份额的35%以上,永康的衡器产量占全国的2/3。①②

进入20世纪90年代后,江苏省一些地区开始集中办产业,一批产业集群已初见端倪。如吴江依托经济开发区,以IT品牌为龙头,形成了配套合作的企业群,目前有生产企业近200家,销售收入300多亿元。宜兴环保产业有企业近千家,销售收入超过50亿元,产品占国内市场15%以上份额,其中水处理设备占30%以上。扬中低压电器产业板块有生产企业500多家,销售收入近50亿元,是国内同行业首家通过国家评审验收的电力电器企业基地。地处苏北的邳州板材加工产业板块已成为全国"四大板材加工基地之一",现有各类板材加工企业2850家,年加工各类板材300万立方米,约占全国总量的1/5,销售收入超过60亿元。目前,江苏沿长江地域已基本形成了四大产业集群:

1. 汽车及零部件产业集群。形成了以整车制造为龙头,以发动机、机械传动件和汽车电子设备制造为重点的产业链。长安福特年产16万辆轿车和35万台发动机项目正在南京江宁开发区加紧建设,仪征汽车产业园已经建成,轿车和中型客车已形成规模生产。

---

① 魏雅婧. 浙江"块状经济"浅析[J]. 福建地理,2006,(6).

② 郑恒等. 浙江产业集群空间发展与城市化的互动分析[J]. 财经论丛,2007,(11).

表3－6　浙江省各地市专业化产业区的部门结构及典型专业化产业区

地区		产业部门	典型专业化产业区
浙东北环杭州湾	杭州	大型机械及成套设备、电子通讯、家用电器、医药等	杭州旅游汽配城；萧山衙前化纤业；新塘羽绒业；南阳制伞业
	宁波	服装、机械、石化	鄞县服装产业、蔺草加工、横街水表及配件、姜山燃气灶具、咸祥金融箱柜；余姚模具城、玩具城、塑料城、汽车配件、水暖设备、电动工具
	绍兴	纺织、印染、机械、医药、化工（如纺织印染助剂）、化纤等	绍兴县中国轻纺城；诸暨市衬衫、五金、袜业；嵊州领带城；新昌轴承、胶丸业；上虞劳保用品、伞件业；越城区家具业
	嘉兴	纺织、皮革、机械仪表等	海宁皮革、经编；平湖服装、箱包；秀洲区丝织品；海盐紧固件、玩具；桐乡羊毛衫业
	湖州	纺织（丝绸、毛纺、印染）、服装（童装）、建材等	织里童装业；城区纺织业；南浔建材业；安吉竹制品加工、菱湖种养殖业
	舟山	水产品加工、海洋药物、机械等	舟山水产品中心批发市场；水产品精深加工、海洋药物、船舶修造、机械制造、电器电子、玩具等，还形成了螺杆、微电机、小五金和水产品加工
东南沿海	温州	机械、塑料、包装印刷、仪表仪器、日用电子等	平阳县萧江镇"中国塑编城"；苍南标牌制作；瑞安市塘下镇汽摩配；乐清市柳市镇低压电器城、虹桥电子元件、芙蓉钻头、磐石服装
	台州	汽摩配件、工艺制品、鞋业、塑料制品等	椒江兆桥塑料制品、临海屈家村彩灯业、三门高枧铆钉

续表

<table>
<tr><th colspan="2">地 区</th><th>产 业 部 门</th><th>典型专业化产业区</th></tr>
<tr><td rowspan="3">浙中及西南内陆</td><td>金华</td><td>机械、五金工具、农产品加工、纺织、服装等</td><td>市区量具、东阳市磁性材料、西服；义乌市服装、针织、饰品、袜业等八大行业、义乌中国小商品城；浦江针织服装产业；永康中国五金城</td></tr>
<tr><td>衢州</td><td>化肥、建材（水泥）、机械电气（矿山设备、变压器）等</td><td>吴村镇羽毛球生产；常山狮子口乡轴承加工；衢县上方、常山辉埠石灰钙加工；龙游梧村、庙下竹制品加工；龙游湖地圩村扑克纸加工、江山清湖弹簧加工；峡口铸造业；开化张湾木制品加工</td></tr>
<tr><td>丽水</td><td>木材加工、工艺制品、农产品加工等</td><td>龙泉太阳伞业；青田鞋革业；云和县木制玩具业等</td></tr>
</table>

资料来源：朱华晟．浙江产业群发展机理研究[D]．北京：北京大学，2002.

2. 船舶制造产业集群。南通 30 万吨级油轮、泰州 10 万吨级的散装和集装箱货船、南京的汽车滚装船组成了沿江壮观的造船产业大军，近年每年完成钢质船舶近 200 万综合吨，约占全国总产量的 1/5。

3. 新材料产业集群。依托沿江的石油化工、精细化工企业，重点发展了市场容量大、技术含量高、附加价值高的新材料产业，并通过进一步延伸产业链形成以新材料为主体的产业集群。“扬子－巴斯夫”一体化工程 170 万吨石化产品建设项目、东方化工己内酰胺扩建工程、联成增塑剂、大金氟化工等一批重大项目已建成投产。

4. 电子信息产业集群。以芯片设计制造和新型显示器为重点，延伸发展配套产品，形成差别化的产业集群。特别是南京、镇江、常州等一批 500～1000 万片 LCD 规模化项目已顺利竣工投产。

南京经济技术开发区 2006 年实现工业产值 1554 亿元，而且 80% 都来自同一产业。占据龙头产业地位的是平板显示产业，目前，该产业总投资超过 25 亿美元。拥有夏普、乐金飞利浦、新华海等产业链关联企业 60 多家，模组尺寸从最小的 1.8 英寸到最大的 65 英寸，广泛应用于商务通、笔记本电脑、显示器、电视机、精密仪器、手机等领域。从2003年5月开始量产至今,第一家落户开发区的平板显示器生产企业——乐金飞利浦已经过4次增资,在南京的总投资达到9.05亿美元,年销售额已超过40亿美元。全球每10台液晶显示器中,就有一台模组是乐金飞利浦生产的。如今,在产业链前端,华日、新华日公司是国内从基板做起的屈指可数的厂家之一;产业链中游,乐金飞利浦的平板显示模组占据全球11%的市场;产业链下游,拥有夏普、LG新港、LG等离子、新华海、熊猫电子、宏图三胞等液晶终端产品企业。而LG显示技术研究院、夏普海外视听研究中心等研发机构的引进与建立,则极大提升了产业发展的核心竞争力。①

苏州工业园区是中国和新加坡政府的合作项目,也是全国吸引国外投资、发展外向型经济搞得最好的一个经济技术开发区。区内累计批准设立外商投资项目764个,世界500强有81家企业在苏州地区建立了100多家分厂,产品与管理基本上与国际接轨,也吸引了大批国外的研发机构入驻。苏州工业园区建设8年来,经济总量始终保持年均50%的增幅,其产值占全市工业产值的60%,已成为苏州标志性形象工程。

上海市漕河泾开发区为比较典型的基于知识共享的产业集群,它是在1984年经上海市政府批准的漕河泾微电子工业区基础上发展起来的。1988年被国务院批准为首批国家级经济技术开发区,1991年列入首批国家级高新技术产业开发区,在当时是全国唯一享受双重优惠政策的开发区,2000年又成为APEC国际科技工业园区,2001年通过ISO 9001质量管理体系认证,2002年通过ISO 14001环境管理体系认证。截至2004年底,漕河泾开发区拥有中外高科技企业800多家,经市政府认定的高新技术企业达186家,占全市高新技术企业总数的16%;已累计批准进区三资企业490家,累计总投资额33.5亿美元,其中外商投资额22.8亿美元,合同外资额12亿美元。在国家级外经贸部对国家级经济技术开发区投资环境的综合评价指数体系中,漕河

① 江苏省经贸委.四大产业集群基本形成,江苏沿江开发取得新进展[EB/OL].http://www.jsetc.gov.cn

泾开发区名列第四名。①

表3-7 福建省十大产业集群

产业集群	地域	主要特点
石材产业集群	南安	国内最大的石材加工贸易、原材料集散、物流贸易中心，聚集有上千家石材加工企业
石雕产业集群	惠安	国内规模最大、技术最先进、品种最齐全、加工能力最强的石工艺品生产出口基地，全县拥有石雕石材企业1185家
木雕产业集群	莆田	形成雕刻、编织等8大工艺门类。工艺精品走俏欧美、东南亚及港台等30多个国家和地区
水暖产业集群	南安	国内唯一集科研开发、产品展示、仓储物流为一体的规模最大、档次最高的水暖阀门专业市场，有生产企业450多家
鞋业产业集群	晋江	国内最大的旅游运动鞋生产基地和世界运动鞋的重要生产基地。有鞋成品企业2300多家，鞋业配套企业1000多家
服装产业集群	石狮	国内纺织服装产业的集散地和发源地，目前石狮拥有纺织服装企业近1万家，年产值达500亿元
陶瓷产业集群	晋江	有建筑陶瓷生产企业500多家，年产建筑陶瓷6亿平方米，外墙砖产量占全国总产量的65%，琉璃瓦垄断了全国市场
竹木产业集群	闽西北	有竹木制品品种360多种，已经形成商品材培育、制浆造纸、人造板、森林旅游等八大系列开发的新格局
汽车产业集群	福州 厦门	以“东南汽车”为主体的汽车工业已初步形成比较完整的产业链；以“金龙客车”为主体的厦门汽车及零部件产业集群
电子产业集群	福厦沿海	被列入首批九个国家电子信息产业基地之一，拥有戴尔等一大批国内知名企业，显示器、电脑等产品产量位居国内前列

资料来源：黄庭满．海峡西岸崛起十大特色产业集群[EB/OL]. http://www.zjjmw.gov.cn，本文有所修改。

目前漕河泾开发区规划面积约5.984平方公里，园区内不仅有众多的高

① 李怡．中国信息产业集群研究[D]．北京：复旦大学，2006.

新技术企业,形成微电子、光电子、计算机机器软件和新材料等四大产业集群,建成了研究开发、网络运行、金融数据、技术创新四大中心,正在建设"双优园区""数字园区""国际园区"等三大园区,而且拥有数量可观的研发中心,还在产品研发者、生产者、需求者以及中间组织之间,形成了信息的反馈和共享、技术的互补和创新的相互推动机制,使产业集群发展走向了一个良性循环。十多年来,漕河泾开发区经济增长迅猛,综合经济指标位于全国开发区前列。以销售收入为例,1988 年漕河泾开发区总销售收入仅为 18 亿元,1993 年增至 68 亿元,1998 年增至 126 亿元,2003 年增至 390 亿元,2004 年 628.9 亿元,较 2003 年又增长 61%;出口产品总额 1988 年仅为 2164 万美元,1993 年为 5896 万美元,2003 年达到 24.3 亿美元,2004 年达到 55.3 亿美元,较 2003 年又增长 128%,高于上海经济发展平均水平。

天津滨海新区通过引进大项目形成了若干产业集群。2005 年天津滨海新区生产总值达到 1500 亿元,其中,工业增加值达到 1040 亿元,高新技术产业产值比重达到 42%。电子信息、石油和海洋化工、汽车及装备制造、石油钢管和优质钢材、生物技术和现代医药、新型能源和新型材料等优势产业发展迅速,航空、石油和海洋化工、电子信息、汽车及装备制造等产业链已初步形成。"空中客车"A320 天津总装线项目分为总装厂房、喷漆厂房、动力站、飞机库、总装设施、室外设施、基础设施 7 个子项和 19 个单体建设及构筑物。"空中客车"的落户和扩张,带动形成了天津航天城,已有 11 家以上的航空制造企业落户天津空港物流加工区,还有 30 多个航空产业项目正在洽谈中,其中 10 个为空客配套项目。此外,航空产业涉及空气动力学、材料学、航空电子学以及化工、电子、冶金等多个学科和工业领域。随着空客 A320 总装线项目的顺利进展,还将吸引更多的飞机研发、零部件制造、销售和服务企业聚集,同时推动区域内通信、金属制造等相关产业发展,以空客为产业核心的产业集群的形成速度并将加快。

1992 年 6 月,摩托罗拉(中国)电子有限公司在天津开发区破土动工,成为该区第一家手机制造生产企业。随后,韩国三星、日本三洋等知名手机生产厂商纷纷在天津开发区投入巨资，建设手机制造生产基地，为电子信息产业的发展打下坚实的基础。2006 年全年，天津开发区手机产量突破 1 亿部，占全国手机总产量的 25%，占世界手机总产量的 10%。摩托罗拉、三星、三洋等知名企业的进驻形成了强大的产业聚集效应，吸引了海内外 200 多家手机配套厂商落户天津，配套产品达 400 多个。形成了以三星、松下、罗姆为代表的片式阻容元件生产基地，以飞思卡尔、中芯国际为代表的集成电路生产基地，以力神、蓝天三洋为代表的绿色能源生产基地，以西迪斯、通用为代表的器件生产基地，以亚光耐普罗为代表的注塑生产基地。电子产业成为天津开发区的支柱产业之一。此外，天津开发区雄厚的产业优势、完善的手机产业链条还催生了天津国际手机展览业，并且其规模和影响力逐年增加，以手机为核心的产业集群已经形成。

2001 ~ 2002 年，天津开发区建立了一汽丰田公司。经过五六年的发展，汇集了围绕丰田汽车为核心的大批配套企业的汽车产业集群。天津开发区汽车用品产业链条汇聚了中外上百家企业，其产业链的集聚效应迅速彰显。在天津开发区注册的 100 多家汽车零部件企业中，一级配套厂商达到 50% 以上，高端产品附加值配套项目达到 1/3，并形成从业规模 5 万人的汽车产业群落。据天津开发区统计数据显示，2007 年 1 ~ 4 月，以汽车制造为主的机械业已完成产值 280 亿元，同比增长 25%，占天津开发区总产值的 27%，汽车产业已成为滨海新区经济的中流砥柱。与此同时，天津开发区汽车产业公共配套的趋势日益显现。除日本丰田汽车零部件企业继续增加外，韩国锦湖轮胎新工厂开业，平和、万都等零部件企业大幅增资，德国大陆集团进入天津开发区汽车行业。这些投资项目同时为多家汽车整车厂商配套，增强了天津开发区汽车产业的抗风险能力。目前，天津开发区已构筑了完备的汽车产业链，拥有一汽丰田、清源电动车、星马汽车 3 个整车厂和来自 13 个国家和地区的 210 多家生产和服务配套企业。

2003 年，以美国陶氏化学公司和中国石油化工总公司合资的天津大乙烯项目为契机，天津政府提出大力发展海洋经济，尽快启动大炼油、大乙烯项目，将滨海新区建成国内最大的海洋化工、石油化工基地的战略决策。2005 年,投资天津临港工业区的天津 LG 渤海化学有限公司动工。目前,总投资约 780 亿元的三大石化项目——大沽化工项目、中石油项目、蓝星化工基地也已全部开始建设,进入地基处理阶段。随着这些大化工项目在临港工业区的相继签约、建设,化工产业的上下游产业链正逐渐形成,临港工业区的化工集群效应愈发明显。根据现有规划,预计 2011 年天津临港工业区将形成集石油化工、海洋化工及其下游衍生品的材料化工、精细化工共同联合形成的化工产业集群。①

3.3 国内欠发达地区的产业集群

黑龙江省正着力实施以哈尔滨为中心,以齐齐哈尔、大庆为两翼,以大中型区域中心城市和资源型城市为重要支撑的六大产业群和六大产业基地发展战略:发展装备制造业产业群,建设现代化装备制造基地;发展石化工业产业群,建设国家一流的石化工业基地;发展能源工业产业群,建设东北地区能源基地;发展绿色、特色食品工业产业群,建设全国重要的食品工业基地;发展医药工业产业群,建设中国"北药"生产基地;发展森林工业产业群,建设我国重要的森林工业基地。2005 年,黑龙江省工业企业总产值 4714. 91 亿元,其中,六大产业集群实现工业总产 4456. 89 亿元,占黑龙江省全部工业总产值的 94. 5% ,对黑龙江省工业经济的发展起到了强有力的支撑作用。②

安徽省马鞍山市当涂县东部的博望镇,是工业主导型乡镇,被誉为"中国刃具第一镇""中国剪折机床第一镇"。目前全镇有企业 400 多家,其中营业收入超 500 万元的规模以上企业 48 家,有产业工人 1. 5 万人,推销员 1. 3 万人。2004 年,全镇实现工业产值 20. 1 亿元,企业营业收入 19 亿元,利税 2. 32

---

① 韩蕙等. 天津滨海新区大项目带动产业集群发展[N]. 中国高新技术产业导报,2007 - 12 - 10.

② 张晓琦. 黑龙江省发展产业集群的金融支持[J]. 哈尔滨:经济研究导刊,2007,(3).

亿元,固定资产 5.26 亿元,出口创汇 300 万美元。随着产业和产品结构的不断调整和优化,已初步形成刃模具生产、剪折机床制造和工程机械配件加工为支柱,冶金、建材、纺织等门类较多的工业板块经济。先后获得“国家级星火技术密集区”“全国乡镇企业东西合作示范区”等称号。

安徽省无为县高沟镇,是全国四大电缆产业基地之一,成为闻名遐迩的“电缆之乡”。在方圆十几平方公里的高沟工业园区竟然聚集着近 300 家电缆企业,从业人员 1.1 万人,形成了电线电缆系列、电加热系列、机电系列等支柱产业,品种达 1000 多个。2005 年,全镇年销售收入亿元以上的企业 6 家,5000 万元以上的有 12 家,500 万元以上的有 31 家,有 27 家企业通过质量体系认证;5 家企业被省科技厅批准为省级高新技术企业,11 家企业获得省级民营科技企业称号。①

黄山市徽州区的产业集群。城东工业园企业主要产品有环氧树脂、油墨、偏苯三酸酐和汽车摩托车配件、仪器仪表及钢构件,其中精细化工产业在全市占有重要地位。以恒远、锦峰、恒泰为代表的环氧树脂生产企业,年产固体环氧树脂占全国总产量的 1/3 以上,占全国环氧树脂总产量的 1/3、固体环氧树脂总产量的 79%,垄断了国内固体环氧树脂市场,业内称之为“黄山模式”,黄山市已成为国内最大的环氧树脂生产基地。由于产业聚集,黄山环氧树脂的反应时间不断的被缩短,由最初的 25 小时缩短到后来的 18 小时,目前只需要 11 小时,并可望在短期内进一步减少到 8 小时,节约了大量的煤耗与电耗,同时提高了设备的周转率,形成了明显的低成本优势。黄山环氧树脂企业的地域集中产生了良好的聚集效应,交易费用大大降低。据测算其他地方建一家环氧树脂生产厂要投入资本 40 万元的话,那么在黄山市只要投入 10 万元就可以使企业投入正常运行。

据安徽省经委提供的数据显示,截至 2006 年底,安徽共有产业集群 140 个,其中超过 10 亿元的集群有 23 个;集群中的企业共有 1.9 万个,其中规模

① 郭静. 安徽博望、高沟两地产业集群实证分析[J]. 北方经济,2007,(1).

以上的企业1712个,超亿元的有142个;产业集群年营业收入达1348.48亿元,集群平均年销售收入9亿元。而同期安徽全省规模以上工业企业实现工业增加值1762.7亿元,其中马钢、铜陵有色、海螺集团、安徽电力超300亿元,铜陵有色电解铜产量在全国同行业排名第一,海螺水泥产量已连续13年居全国水泥行业第一位。并形成了以奇瑞、江淮汽车为代表的汽车产业,以马钢、铜陵有色为代表的冶金产业,以海螺集团、巢湖水泥为代表的建材产业,以及以海尔合肥基地、美的芜湖基地为代表的家电产业等产业集群。以汽车产业为例,2000年以后,安徽汽车工业异军突起,生产能力在5年内增加了45万辆。在这种快速发展过程中,除了主要的汽车厂家不断壮大之外,安庆、蚌埠、芜湖、黄山、宁国、涡阳等地的几十家企业同时收益,安徽省的汽车零部件产业在5年间也增长了3倍。由此可见,产业集群的实力作用十分显著。

河南省产业集群的规模虽然偏小,但其发展势头强劲,对地方经济增长的带动作用非常明显。目前,河南省年工业总产值1亿元以上的工业产业集群近400个,涉及全省1399个乡(镇、街道)的6909个村(居)委会,共有企业单位13万个,实现工业总产值4500多亿,吸纳从业人员300多万人,上缴税金250多亿,产品出口130多亿,产业集群已成"燎原之势"。河南工业产业集群单位数虽然只占全部工业的18%,但工业总产值占37%,从业人数占35%,上缴税金占42%,产品出口额占37%,在河南经济特别是工业经济中占有重要地位。河南工业产业集群中,规模以下工业企业及个体单位数占全部集群内单位数的93.5%。目前,河南省已形成了漯河源汇区、临颍、郾城、郑州市区、巩义、新密、荥阳、郑州上街、中牟、洛阳吉利区、许昌等产业密集带;涌现出长垣、偃师、长葛、虞城等各具特色的发展产业集群典型县市,形成了一种全新的县域经济发展新模式。截至2004年底,河南省共有年产值1亿元以上的制造业集群143个,实现国内生产总值2749.4亿元,占全省GDP的31.2%,直接吸纳250.6万人就业,出口创汇12亿美元。其中年产值超百亿元的有8

个,安阳钢铁产业集群以213亿元的年产值高居首位。①

湖北省产业集群的分布看,主要表现为单一型和相关型产业聚集。目前已基本形成了四大产业集群:一是光电子产业群。主要集中在东湖高新技术开发区,以长飞、峰火等企业为龙头,形成了上下游产业链及其配套产业;二是汽车产业群。以整车制造为龙头,以发动机、零部件为重点,以东汽集团十堰、襄樊、武汉三大基地为中心,形成了从十堰至武汉沿线汽车工业密集带;三是冶金产业群。形成了以武钢和新冶钢为龙头企业的武汉至黄石走廊。四是纺织产业群。形成了以长江为主线,以武汉、荆州、襄樊、黄石为中心的分布格局。

从整体看,重庆市先后建立了30个特色工业园区。从布局上看,都市经济发达圈、渝西经济走廊和三峡库区各分布10个园区,形成的主导产业共涉及十余类领域。从地域上看,都市发达经济圈内园区主导产业主要集中在汽车、摩托车及其零配件制造、电子信息、新材料开发与生产等;渝西经济走廊园区主导产业除汽车、摩托车及其零配件外,还有食品、纺织服装和装备制造等;三峡库区园区主导产业主要集中在建材、食品、化工、装备制造、新材料开发与生产、环保等产业。目前园区已经入驻了各具特色互补性较强的企业,从成长周期看,处于创业期的企业占38.6%,成长期的企业占36.3%,成熟期的企业占23.7%;从规模上看,大型企业占5.0%,中小企业占95.0%;从来源来看,本地企业占82.0%,外地企业占14.2%,外资企业占3.8%;从生产类型看,零部件生产型企业占33.8%,中间产品生产型企业占13.7%,加工组装型占13.1%,最终产品生产型企业占39.4%。与此同时,各类型企业之间的合作方式呈多元化发展,其中,“资源共享”的合作方式最多,占73.3%;其次是“产业合作”和“信息交流”,各占63.3%;采用“人才科技合作”的占40%;“成果推广”和“资金合作”各占20%;“产权交易”合作占10%。30个园区中,已建立了产业链发展模式的有13个,共形成产业链近30条。已形成的产业链中,

① 刘荣利.河南省产业集群亟须突破的若干困境[J].洛阳工业高等专科学校学报,2006,(10).

平均每条产业链上附带的企业约为15户,平均每条链上的链接点为2个,企业数多于链接点数。

从核心产业来看,重庆经济拉动力最强的三大支柱产业是化工、冶金和汽车、摩托车。2001年重庆市生产规模最大的前30种高新技术产品中,属于汽车产业的有8种,产值占这30种产品总产值的64%,在所有行业中最多,比例也最大。高新技术产品销售收入超亿元企业排名前5位,全是汽车、摩托车生产企业。重庆汽车工业中,汽车整车生产企业17家,合资企业113家。以上汽车、摩托车行业统计数据没有包括民间小型的配件生产厂,如果将这些小厂加上,实际生产厂家远远不止这些数字。仅巴山的白鹤村、华岩镇的西山村、大渡口双山镇等几乎全村家家户户都是生产配件的小厂,仅这3个地方生产汽车摩托车配件的小厂就约有300家,再加上江北、九宫庙二郎一带,估计这种配件小厂在300~500家之间,整个行业实际从业人员应该在17万人左右。如果算上维修行业人员,估计整个行业实际从业人员应该接近20万人,大大超过化工和冶金行业。重庆在汽车、摩托车行业具有发展产业集群的良好基础,并已出现了产业集群的发展模式。①

截至2005年,四川省有各类产业集群40余个,其中共有企业3236户,平均每个产业集群拥有124.5户企业;集群总就业人数39.5万人;集群销售总收入达到671.4亿元,实现利润54.9亿元,分别为全省规模以上企业销售收入和利润总额的11.2%和16.8%。德阳重大技术装备产业集群,是中国重要的重大技术装备制造业基地,以东方电气集团所属东方电机厂、东方汽轮机厂和中国二重集团为龙头的“三大厂”,带动了300多家配套企业快速发展,是中国重大技术装备制造业集中度最高的区域;绵阳数字家电产业集群,以四川长虹、九洲等企业为龙头,以绵阳高新技术开发区为载体,正在积极建设国家重要的数字家电产业基地。成都软件产业集群,形成以成都高新区为主要聚集区,以软件外包、集成电路设计、信息安全、数字娱乐、行业应用软件和嵌入

① 吴玉英等. 特色工业园区产业集群发展崭露头角[EB/OL]. http://www.cqtj.gov.cn

式软件等六大领域软件为重点，产值规模超过 200 亿元的新兴软件产业基地。成都集成电路产业集群，形成了一个由 IC 设计、晶圆制造、封装测试及配套项目组成的完整的集成电路产业链，我国集成电路第三极已初具雏形。成都家具产业集群，家具制造及相关配套企业已经达到 2000 余家，从业人员近 40 万人，产值超过 100 亿元，成为全国家具五大产业基地、四大流通基地之一，全国最大的板式家具生产基地，家具生产量居全国前三位，被誉为“中国西部家具之都”。成都生物医药产业集群，已经获批成为国家重要的生物医药产业基地。成都鞋业产业集群，突出女鞋特色，享有“中国女鞋之都”的美誉。夹江陶瓷产业集群，聚集陶瓷企业近 100 家，生产能力达 5 亿平方米，占全省的 80%，占全国的 12.5%，产值规模超过 60 亿元，享有“中国西部瓷都”的美名。此外，广汉钻机、遂宁肉食品、沿成南高速公路纺织服装产业带、泸州白酒、攀枝花钒钛产业等产业集群都在快速发展，这些产业集群日渐成为支撑区域经济发展的重要力量。①

云南花卉产业集群主要集中在我国青藏高原东南缘至南亚次大陆与东南亚交汇处，这里生态环境复杂，十分适应花卉产业的发展，而且植物品种繁多，有 10 多万余种高等植物，占全国总数的 60% 以上。其中花卉资源约有 2500 种，并以杜鹃花、山茶花、报春花、龙胆花、木兰花、百合花、兰花、绿绒蒿八大名花著称于世，丰富而独特的野生花卉资源吸引着全世界的关注。由于有极高的园艺观赏价值和培育名优花卉新品种的优越条件，云南素有“植物王国”和“世界花园”之美称。

20 世纪 80 年代末 90 年代初，呈贡县斗南农民自发种植花卉，经过 3～4 年的迅速发展形成了一定规模和影响，这是云南省花卉产业的雏形，也是产业集群的起始阶段。但这一期间几乎全是农民的自发种植，且集中在呈贡县，种植规模小、产品档次不高，但市场需求增长较快，花卉的销售方面呈现价高旺销的特点，种植花卉的比较效益优势非常明显。20 多年来，云南省花卉产业

① 宋伍生. 在四川省产业集群发展研讨会上的讲话[EB/OL]. http://www.sc.gov.cn

获得了长足的进步，据云南花卉产业联合会的信息：至2003年末，全省花卉木种植面积突破15.9万亩，约生产鲜切花30亿枝，连续10年保持全国第一，总产值达42.1亿元。昆明、西双版纳、丽江等地分别建成了温带、热带和冷凉球根花卉三大主产区，主要培育郁金香、康乃馨、勿忘我、百合、满天星、玫瑰、月季、非洲菊、万年草、蝴蝶兰等观赏类花卉，花卉产业年均增长速度为35%左右。云南省花卉企业达到350家，花农约15000户，专业营销公司300多家，相继组建了云南云花联合运销有限公司、昆明国际花卉交易中心，实行海关、植检、商检、运输、银行、工商等相关机构集中服务的"绿色通道"，构建了先进的花卉交易方式和花卉运输服务体系，基本上解决了长期困扰云南花卉产业的运、销瓶颈问题，为推动整个花卉产业的发展奠定了良好的基础。涌现出一批专业化、规模化程度较高的龙头企业，并呈继续增长的趋势；从企业的分工来看，有以英茂公司、农科院花卉中心为龙头的种苗、种球的生产企业，以通海种子公司、江川英茂为龙头的切花生产企业，以庆成公司为龙头的热带兰花生产企业，以格林温室、电子工业研究所为龙头的大棚生产企业。企业间的生产分工日趋专业化，花卉生产的科技水平和技术含量日益提高。目前云南花卉主要的流通方式有两种：一是中间贸易商从斗南批发市场组货，发往消费地自己的代销点、当地的批发市场或零售商；二是企业直接把产品发给自己固定的客户。云南鲜切花交易主要集中在昆明地区，全省总产量的80%是在呈贡斗南批发市场进行的，该市场占地面积73亩，建有10000m^2的交易大厅，现已有327户进场登记注册的客商，其中66家贸易批发商长期驻场。平均日交易200~300万枝，日均参与交易的人数4000人；高峰期日交易量可达350~400万枝，交易人数6000人以上，国内市场占有率稳步提高，鲜切花在国内市场的占有率达50%，全省花卉总产量的80%销往全国70多个大中城市。与此同时，出口花卉从无到有成长迅速，在中国向国际市场出口的鲜切花中，45%来自云南，共20余个品种，出口到日本、韩国、新加坡、加拿大等国。而出口的种苗以康乃馨、非洲菊等观赏植物为主，大部分销往日本、西班牙、法国、意大利等国，并开始规模化进入东南亚市场，出口创汇在3000万美元左右。[①②]

陕西的关中高新区和“一线两带”建设。陕西是国家航空、航天、兵器、机械、电子、仪器仪表、农业等方面的重要科研生产基地，先后成功研制了我国第一枚“长二捆”运载火箭发动机、第一根彩色显像管、第一块集成电路、第一架民用客机、第一台433万伏超高压空气断路器、第一个在世界上采用小麦和长穗偃麦草远缘杂交染色体工程培育成“小偃6号”小麦新品种。特别是在电子信息、生物工程、空间技术、光机电一体化、新材料和高效节能等高新技术领域的优势尤为明显。中国为国外发射的47颗卫星中，有41颗卫星所用的火箭发动机由该省生产，陕西被称为中国的“航空动力之乡”。截至目前，进关中高新区企业有3000多家，其中高新技术企业680家，“三资”企业356家，技工贸总收入超过千万元的企业148家，超亿元的企业45家，超10亿元的企业3家。已初步建成和在建的西安交通大学科技产业园、西北工业大学科技园、西安电子科技大学科技产业园、大学生物工程园、西北农林科技大学农业科技园、西安软件园、西安医药工业园、高新技术产品湖口工业园等43个科技园区和基地，形成了陕西省高新技术产业的骨干力量。现在全国有数十家投资公司、证券公司、咨询公司云集西安，关中开发带信息网络系统，中国西部技术产权交易网络系统已经建成。[③]

陕西户县的纸箱产业集群。户县位于西安市偏西方向约30公里。据统计，该县纸箱企业共有260家，虽然地跨两个乡镇，但地缘接壤，其中渭丰乡有纸箱制造企业216家，大王镇有50家，其中渭丰乡定舟村最密集。户县纸箱产业的形成，与80年代后半期户县本地的苹果产业的兴旺有直接的关系。这一产业集群横跨两个乡镇，拥有纸箱制造、生产和提供各种原材料、辅助材料、配套部件及服务的企业，纸箱生产在当地形成了企业之间的分工和协作。围绕纸箱主业，这些企业展开了分工与协作。一类企业负责纸箱制造所需原材

① 徐承红. 产业集群与西部区域经济竞争力研究[M]. 成都:西南财经大学出版社,2006.
② 赵梦. 发展中的云南花卉产业(一)[J]. 农村实用工程技术(温室园艺),2004,(7).
③ 孙海鹰. 实施三大科技行动加快陕西高新技术产业发展[J]. 中国科技产业,2001,(6).

料及上游产品的供应;一类企业属于相关配套企业和辅助材料供应商;还有一类企业属于支持性产业及相关服务产业。在上述企业支持配合下,一个颇具规模的产业集群雏形出现了。这两个乡镇生产的纸箱除主要满足陕北地区的苹果基地外,还远销新疆、甘肃、青海、宁夏、山东、广东、内蒙古等地。目前,户县年产纸箱约 2 亿个,每年的销售额约在 3 亿元左右。户县年产纸箱约 2 亿多个,每年的销售额约在 3 亿元左右。每个纸箱的价格为 1 元多,户县新做一个纸箱的价格接近于浙江一个废纸箱的回收价格。目前在国内同行中,尚未发现可与其竞争的产业集群。

西安汽车产业集群初步形成。西安高新区内现有汽车行业生产、服务类企业 36 家,其中包括汽车零部件加工、总成制造、整车装配制造以及汽车后期服务等方面。投资的企业包括世界 500 强企业德国博世公司、全球著名的卡车部件生产商美国伊顿公司、全球著名的汽车安全气囊设备生产商 ARC 公司以及法士特、比亚迪、欧舒特等一批国内外著名企业。富勒变速器、碳罐控制阀、油泵及其支架,占国内市场 80% 以上的份额;欧舒特在西安高新区的新项目完成后,可形成年产客车底盘 3000 辆,客车整车 500 辆,车架纵梁 4 万根的生产能力,产值达 10 亿多元,研究开发、生产及检测技术水平达到国内先进水平;西安科研力量雄厚,在零部件新产品的研制开发方面具有优势,西安高新区机械制造加工能力强,这些都为汽车产业及其零部件生产奠定了基础。①

经过近 50 年的发展,宁夏已建立起了煤炭、电力、冶金、石化、机电、建材、医药、轻纺等门类比较齐全的工业体系。近几年,围绕能源、化工、新材料、农产品加工、机械装备业等传统优势产业形成了一些具有一定规模的产业集群,比较有影响的有:依托宁夏宁东煤田建立的能源、化工及相关产业集群;依托银川、石嘴山、吴忠三个中心城市,以稀有金属、有色轻金属、碳基材料等新优材料为重点形成的产业集群。核心企业是宁夏东方有色金属集团,它是国内最大的钽铌铍生产企业和研究单位,世界钽业三强之一,主要生产钽粉、钽丝、

---

① 陕西软科学成果库.http://www.ssim.gov.cn

钽板、带材和制品、钽铌电容器等30多个系列产品，已成为国防、核能、宇航、电子、冶金和化工等高新技术领域极为重要的新材料供应基地，在国内同行业间处于绝对领先水平；宁夏原镁冶炼行业现有12家生产企业，大部分产能都在10000吨以上，是国内第二大镁产品生产省区。电解铝是宁夏铝行业的主导产品，其核心企业是青铜峡铝业集团公司，该公司拥有目前国内乃至世界系列产量最大、技术最先进的电解铝生产线，电解铝年产能已达到43万吨、碳素制品年产能达到26万吨，位居全国单体电解铝生产企业首位。灵武、同心羊绒产业集群：20世纪90年代初期，宁夏的羊绒产业开始起步，本世纪初叶开始迅猛发展，且势头强劲，平均以每年40%以上的高速增长着，逐渐成为宁夏最具发展潜力的特色优势产业之一，成为全国乃至国际重要的羊绒原绒、无毛绒供应基地和初加工基地，在全球同行业中占有四个第一：原绒收购队伍规模第一，遍布全国11个省区及周边7个国家的原绒产区；原绒收购量第一，占全球原绒产量的40%，处于对羊绒资源的垄断地位；分梳绒产量第一，占全球产量的56%。目前，全区共有羊绒加工企业100多户，其中规模以上25户，每年收购原绒6000多吨，占世界羊绒产量的40%左右，中国羊绒产量的60%左右。2006年，羊绒企业完成工业总产值52亿元，销售收入48.2亿元，增加值16亿元，生产无毛绒4000多吨，绒条250吨，羊绒纱275吨，羊绒衫138万件；出口创汇1.55亿美元，占全区总额的20%以上，成为全区第一大出口商品。此外，宁夏石嘴山河滨工业园区的氯碱化工、吴忠地区的清真食品、银川德胜工业园区的生物制药、中卫地区的枸杞及其深加工、固原地区的马铃薯淀粉等产业也正在形成产业集群的雏形。①

3.4　发达地区与欠发达地区产业集群发展特征分析

研究发达地区与欠发达地区产业集群的特征，可以比较出它们之间的一

① 宁夏经贸委．宁夏产业集群发展概况[EB/OL]. http://www.nxetc.gov.cn

些较为明显的特征，但不能绝对化。因为就发达地区来看，不同省份的产业集群发展的特征就有很多不同之处。如广东、福建、江苏、天津等共同的特征多一些，而浙江的特征要特别些。但欠发达地区产业集群的特征相同点又要多些。从总体来看，发达地区与欠发达地区产业集群的发展特征有以下相同点：

①产业集群起步阶段的集群类型较一致，多为劳动密集型产业，如制造业、加工业，而且欠发达地区的很多集群产业就是从发达地区直接转移过来的；

②产业集群的形成方式基本相同，都是先在一定的地域产业集中后，产业的关联度逐渐提高；

③产业集群的构成基本相同，基本上是以中小企业为主体，网状式集群居多。高新企业也有轴轮式集群，即众多相关中小企业围绕一个特大型成品商形成的产业集群；

④产业集群的企业性质较一致，即股份制企业、外资企业、民营企业是主体，国有企业较少；

⑤产业集群的产品特征基本相同，基本上都是市场竞争性的产品，垄断性产品的行业不多见；

⑥产业集群的创新动力、升级冲动、市场占领份额等欲望基本一致，基本上都会要求政府予以更多的政策支持；

此外，产业集群在区域经济中的地位、政府重视程度、对环境基础设施的要求、对新技术的渴望的程度等也是基本一致的。

表3－8　发达地区与欠发达地区产业集群发展特征比较

特　征	发达地区	欠发达地区
发展方式	市场主导	政府推动
发展动力	内驱动力	外驱动力
驱动主体	本土企业家、科技人员	外资、国企、港澳台资本
主要类型	技术密集型、资金密集型	劳动密集型、技术密集型

续表

特 征	发达地区	欠发达地区
产业关联度	高	一般
集群根植性	中	中
集中度	高	一般
形成方式	自下往上	自上往下
信息化程度	不均衡	一般
产业特色	明显	一般
分工水平	高	一般
创新水平	不均衡	一般
企业管理水平	不均衡	不均衡
支持体系	较健全	一般
企业文化水平	高	不均衡

但是,欠发达地区与发达地区的不同特征要比相同点多且更明显。①起步时间不同。发达地区产业集群基本上是在 20 世纪 80 年代初起步的,而欠发达地区基本上是 20 世纪 90 年代起步;

②产业集群形成的经济基础不同。发达地区有较好的工业基础、人才优势,交通便利,欠发达地区农业比重大,工业不发达,财力弱,缺人才;

③产业集群形成的周边环境不一样。发达地区周边基本是大城市或离国外发达区域距离相对近,而欠发达地区周边基本上是同类区域,接受发达国家或地区的经济辐射条件差;

④产业集群形成的社会背景不一样。发达地区商业文化底蕴足,欠发达地区重农思维稳固;

⑤产业集群的政策效应不一样。同样的政策在计划经济向市场经济转轨的初期和后期的边际效应不同,递减的程度也不同;

⑥产业集聚的特征不同。发达地区以"板块经济"居多,而欠发达地区以

“工业园区”为多;

⑦产业集群的原始驱动力不同。发达地区多是市场力量,而欠发达地区多为政府力量,即招商引资等政府行为的推动;

⑧产业集群的规模不一样。发达地区很多产品的国际市场份额举足轻重,而欠发达地区的产业集群少有这样的企业;

⑨产业集群的发展程度不一样。发达地区的产业集群处在升级调整阶段,而欠发达地区还处在起步、聚集阶段;

此外,发达地区与欠发达地区的产业集群的创新能力、企业素质、企业裂变能力、企业的向心力等都有所不同。

3.5 发达地区与欠发达地区产业集群发展模式比较分析

由于地理环境、社会文化、经济发展水平和政府支持力度不同,国内外产业集群的发展模式也有所不同。即使是发达地区,产业集群的发展模式也各有特色。所以,目前对产业集群发展模式的研究也是多种多样。从不同的角度分析,产业集群的类型、发展模式的定义就不一样。

从产业聚集到产业集群的形成过程来看,目前国内产业集群的主要模式有:

1. 政策拉动+地理环境优势模式。广东、福建、京津沪等区域的加工业、制造业、信息产业、高新技术产业等产业集群的发展,先期充分利用毗邻大城市、发达区域的环境优势,借助国家优先发展、鼓励发展的政策动力和优惠政策,承接国外产业转移,推进产业聚集;后期适时制定产业政策,对各产业,特别是支柱产业和聚集力强的核心产业实施了强有力的政策支持,利用企业聚集效应,形成产业集群。

2. 企业+企业自主联动模式。浙江的产业集群是这一模式的典型。浙江的产业集群很多在人们不经意间“莫名其妙”地发展起来了,多是在市场经济法则的驱动下，快速发展起来的，政府的作用更多的在于规范、引导和保护。

3. 人文优势+地理环境诱导模式。江苏的产业集群是这一模式的典型。产业集群的发展除了受到政府政策、产业结构、技术特征、企业联盟等影响外，还受到经济环境、竞争规则、文化背景、资源禀赋、人才等多因素的影响。苏南地区紧靠上海，上海的金融、科技、人才的优势，苏南都能利用上，在上海国企改革过程中，苏南主动承接了一些产业转移，为20世纪90年代外资企业的进入奠定了产业聚集的基础。

4. 政府行为+生产要素优势驱动模式。欠发达地区产业集群基本上是以此模式进行发展的，其最基本的手段是“招商引资”，最根本的载体是各种园区，诱导的要素是廉价的土地资源和劳动力资源。这种模式一般采取“政府引导，企业运作，产业协调、环境配套”的方针，着力搭建产业技术创新平台、信息服务和知识服务体系、生态建设和环境保护科技示范服务体系建设，建设区域内工业园区（高新区、科技园区、产业聚集区等）来培养产业集群。

以上几种模式是粗线条的划分，在某种意义上可以看成是主流模式，但不能绝对化。事实上，任何区域基本上都可能存在这几种模式。也正是考虑到以上缘故，如前所述，本研究从动力机制的角度将产业集群的发展模式分为两种类型：市场机制推动型和政府行为主导型。前者更多的存在于发达地区，后者多见于欠发达地区。

发达地区具有丰富的政策资源优势。在政策上属于“梯度发展战略”中优先发展区域，不仅在政策上优先得到支持，而且在当时计划经济体制下，政策的效应十分明显，边际效应递减速度慢，作用力大；这些地区积累增多的同时，正逢计划经济向市场经济体制转轨，市场经济效率优先等法则又给予注入了前所未有的动力。这些政策环境优势形成的过程和大开放战略的实施是同步的，有利的政策环境为外资的进入创造了无可比拟的资源优势。

在地理位置方面，交通方便，空港、海港、高速公路等基本设施建设是国家投资建设或鼓励外商投资的重点，加上距离大型城市、海外发达国家或地区的运输路程相对短，为这些区域工业化进程铺设了平坦大道。

在人文环境、社会环境方面，这些区域是科技文化、金融和商业中心，工业基础好，工业发展需要的第三产业发展速度快，中介服务机构成长迅速，政府服务水平相对高，各类企业所需的高素质人才聚集快。

以上因素与其他要素结合在一起，构筑成了发达地区的独有的资源优势。而这些优势又是市场机制发挥作用的基础。所以，在有利的环境中，在市场机制的推动下，产业集群的形成有无形的力量在推动，即市场的力量。政府的作用更多的在于规范市场秩序和服务市场主体。

市场机制推动型产业集群的形成过程有以下主要特征：

1. 选择进入门槛低的产业。这些企业的起步阶段基本上是以家族小作坊为核心的中小型企业，由于缺乏足够的投入和技术，只能选择进入投资不多、生产技术设备要求不高的简单劳动密集型产业，如金属制品、小型印刷、弱电电器、小家电、纺织、鞋类、制衣、陶瓷、玩具和家具等。这些中小企业具有对市场需要反应快、产品生产转型快、生产周期短、多为现金交易等特点。到发展到一定时期后，一些企业转为家族式企业或股份制企业，产品也由原来的小型、低级、粗糙向专业、高档、精深转换，科技含量、产业素质、企业制度也有明显的变化。

2. 模仿跟进产业升级快。因这些中小型企业的最终产品一般属于简单加工或装配型产品，或者从原材料到产品之间基本上就不需要经过复杂的生产环节，如纺织、服装、制鞋、打火机、小型印刷和小五金等产业，这些企业产品的生产水平要求很低，单个企业的生产规模也很大。当最先进入市场的一些企业生产的产品被市场看好后，该家族的亲戚朋友、街坊邻居等也就会通过模仿性地学习生产技术和经营经验、进入这类产业。同时，一些企业也采取外包的办法把一些生产环节转给其他企业，这样企业内的分工也就转变为企业间的分工，企业的关联度开始增强，产业聚集开始向集群方向转变。

3. 集聚扩张能力强。在某一地方随着一些产品的规模和品种到达一定量后，市场交易规模的也就会不断扩大，这些产业吸取各类资源和获取市场信息的能力也就变得越来越强，外地的或本土的一些企业也会将一部分资源投入到这里进行投资设厂,为已形成的主导产业生产配套的产品或提供相关的服务。某类产品的资源聚集效应和产业扩张或核心产业的集聚和辐射功能的发挥,“滚雪球”似的产业集聚,最终演变成产业集群。如浙江的小商品市场、弱电产业、广东中山小榄镇五金古镇灯饰、大涌镇红木家具、沙溪镇休闲服装、佛山张槎镇针织禅城金属制品都吸引了大量的外部资源和外来企业加盟,从而促进了专业化市场规模的扩展和产业集群的形成。

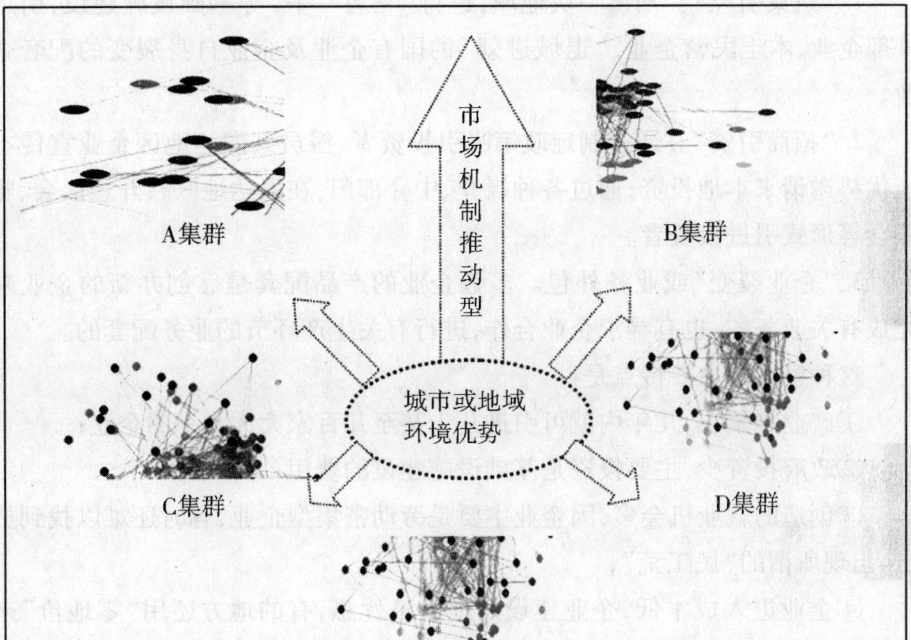

图 3-6 发达地区产业集群模式

4. 产业集群内的中小企业由于地域依附性和专业化分工与协作程度高,与一般游离的企业相比具有独特的信用优势。因为声誉对集群中企业的生存与发展很重要,企业间的相互联系,比如承包、转包、产品的质量、交货时间、资金结算等本身就是建立在信任的基础上,一旦某企业信用缺失,很快就会在集群内传开。维持声誉的重要性,使集群内的中小企业不会轻易“妄动”,使企业逃避债务的可能性减少。而且,集群内的中小企业往往离不开集群这个产业环境和赖以生存的社会网络,企业的"根植性"强,迁移的机会成本高,从另一方面也减少了企业的机会主义倾向,增大了企业的守信度,这是我们在重构基于产业集群区域融资网络时所必须利用的因素。

欠发达地区的产业集群的形成模式比较简单、直观,主要是政府行为主导下的园区模式。形成步骤为:

1."筑巢引凤"。划出一块地域,进行"三通一平"等基础设施建设,引进外部企业、本土民营企业、"退城进郊"的国有企业及企业自身裂变的配套企业。

2."招商引资"。通过制定政策吸引投资者、派员到发达地区企业宣传本土优势邀请来本地投资;通过各种媒介、中介部门,在发达地区召开恳谈会、座谈会等形式引进投资者。

3."企业裂变"或业务外包。多数企业的产品配套是靠创办新的企业来完成有关业务的,也有寻求企业合作,进行有关生产环节的业务配套的。

这种模式的主要特点是:

①产业集聚快,几年内就可引进几十甚至几百家大大小小的企业;

②政府投资少,主要投资是基础设施建设的费用;

③创造的就业机会多,因企业主要是劳动密集型企业,有时还难以找到员工,出现所谓的"民工荒";

④企业进入成本低,企业建设用地价格优惠,有的地方还用"零地价"来吸引外资前来投资,劳动力成本低,水电价格、原材料等也相对低;

⑤政府支持力度大,企业家受到尊重,政府"安商""扶商"措施有力,企业发展的政策环境优。

但是,从产业集群的角度来看,这一模式还是产业集群的形成阶段,园区企业关联度低,有的可能成为集群,有的不可能。园区总体能否提高集群度,还要看企业的发展和政府产业政策的引导。

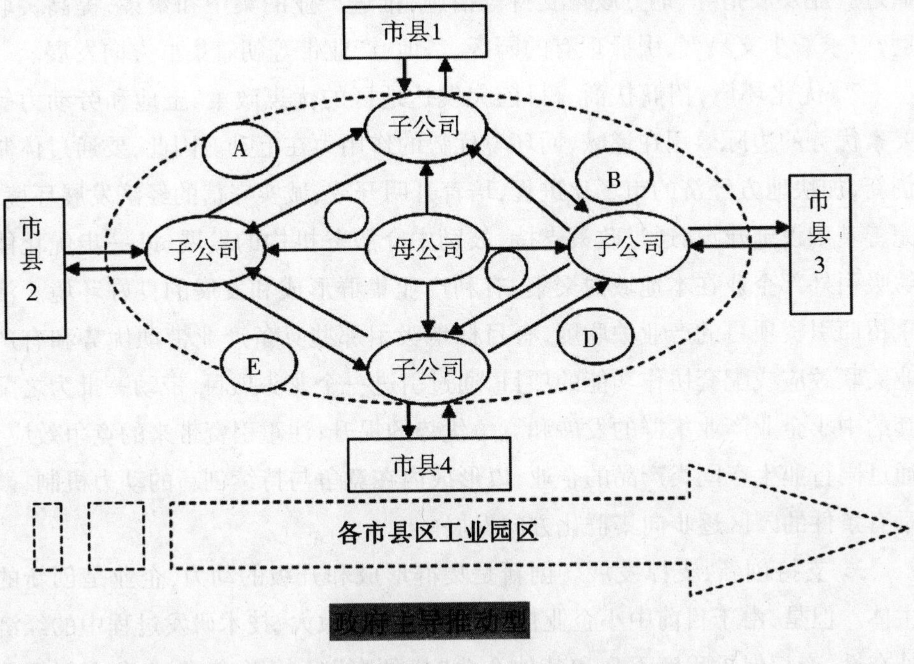

图3－7　欠发达地区产业集群模式

3.6　经验借鉴与启示

如果说发达地区产业集群的萌芽是在人们不经意间发展起来的话，那么目前欠发达地区产业集群的发展背景则完全不同，有很多国内外发达地区产业集群发展的经验值得学习和借鉴。

1. 制定规划，科学布局。产业集群是一种有着特有功能的组织形式，尤其在欠发达地区工业化和工业园区发展迅猛的新情况下，对产业集群进行前瞻性的设计和规划是十分必要的。特别是对于工业园区企业，推进产业聚集向产业集群方向发展，具有重要的现实意义。产业集群发展规划，除应体现国家和本地的产业政策外，还要突出和发挥当地特色或优势，有所为有所不为；

通过产业发展指导、地方政策支持等措施，推进产业的集中和聚集，提高关联度，以求减少交易费，引导现有的园区、基地、产业带等朝着集群方向发展。

2. 优化环境，招商扶商。目前欠发达地区的优惠政策、土地和劳动力等要素优势的边际效用在递减，而环境优势的作用力在上升。因此，要通过体制创新，加快地方经济的市场化进程，培育开明开放、诚实守信的经济发展环境；完善基础设施建设，通过政策支持，鼓励中介服务机构的发展，进一步优化能够吸引外部企业在本地域内聚集、有利产业集群形成和发展的良好环境。注重招商引资项目的产业关联度，有目标地吸引那些具备产业带动优势和有产业关联效应或配套协作功能的项目，通过引进一个龙头项目，带动一批为之配套的中小企业产业集群的发展和竞争优势的提升；注重引资带来的竞争效应，通过同行业生产同类产品的企业，以形成内在竞争与持续创新的动力机制，鼓励有条件的园区逐步向集群化方向发展。

3. 支持创新，支撑发展。创新是集群形成和升级的动力，企业是创新的主体。但是，由于目前中小企业自主创新的风险太大、技术研发过程中的经济外在性、产权保护程度不高和其他企业“搭便车”等的影响，企业自主创新欲望不强，尤其是对一些具有公共物品属性的基础性技术的开发。对此，政府可通过设立课题面向社会招标的办法来解决研发问题，以降低企业研发负担。在产业聚集到一定时候，政府有必要将有关政策由原来的向区域倾斜转为向技术倾斜和产业倾斜，吸引那些具备产业带动优势明显、产业关联度高或配套协作能力强、技术溢出效应大的项目进入集群，提升产业集群的技术创新能力。有关部门要经常了解企业创新中的难题，帮助协调解决。为提高产业集群的创新动力，政府可以设立专项基金，引导和激励企业与企业、企业与科研院所等部门的合作，联合攻关，提高集群创新能力。此外，政府要加快信息咨询服务建设，建立产业集群区多层次的公共信息平台，构建创业服务中心等支持系统，为产业集群的形成提供孵化器功能。

4. 改善体制，推进集聚。这里的体制改善至少包含以下五个层面的内容：一是政府管理层面，涉及政府的管制与政府的服务；二是产业和企业的结构层面,主要体现在产业发展和产业竞争中所有制的制度差异;三是区域结构层面,从开放贸易到开放投资;四是市场和产业的结构层面;五是科技创新体系和产业的结构层面。完善体制的目的除解决现有体制与经济发展、产业集群不适应的矛盾外,还要起到减少集群内企业交易费用的作用。交易费用的减少不仅是有利于产业集群形成的重要因素,且对整个区域经济发展都有着决定性作用。

5. 转变职能,规范管理。政府最重要的作用不在于"制造"产业集群,而是要通过各种政策措施,促进产业集中,培育潜在的产业集群向产业集群方向转化。要从理顺行政体制、健全制度、改善基础设施入手,依靠政策扶持,大力做好服务工作,构建有利于产业聚集和产业集群发展的良好氛围,排除任何不利于产业集群竞争力和区域创新力提升的因素。目前尤其要减少行政层层审批,减少各类收费标准,以达到降低产业交易费用的目的。在降低交易费用方面,建立和完善产业集群集服务体系是很有效的一种手段。

6. 培育机制,带动升级。欠发达地区的工业园区的企业实现了地理集聚,园区"外部经济性",如知识的溢出效应、共用各种基础设施、劳动力和中间投入的专业化等优势逐渐显现,竞争、信任、合作、信息共享等机制作用力不断增强。突出的问题是多数园区未形成企业专业分工和合作,而且,集聚的"不经济性"也在日益显现:地价劳动力等生产成本的上升限制了企业规模的再扩大和企业裂变;集群内固有的发展模式可能使企业陷入"锁定"状态;在生产设备投资较高、生产技术难度较大、对知识产权保护较严密的行业中,企业知识就难以传播形成集群。园区"不经济性"等因素在抵消园区优势的同时,也在制约产业集聚向产业集群的发展。对此,应发挥政府这只"无形的手"的调控作用。通过理念的创新与知识的扩散,营造产业集群的形成氛围;通过对产业发展的公共产品性需求的满足,进行投入等集群引导机制的培育,引导苗头性集群发展潜力的产业向集群方向靠拢;对于已经形成集聚雏形的产业,帮助其参与企业分工的素质;对于市场前景看好的核心企业,政府在招商引资过程中有目的地选商,为核心企业上下游生产环节配套,集中政策支持和资源要素集聚，确立产业发展核心区地位，进而带动其他区域的发展，逐渐形成“核心区 + 外围区”组织有序、合作紧密的集群布局结构。

7. 引导分工，鼓励合作。专业化分工是产业集群形成的重要力量。在市场经济条件下，企业内部的分工容易形成，而企业间的分工与政府引导和环境支持有很大的关系。政府可以通过指出潜在的企业利益与企业专业化分工好处等理念的引导，促使有关企业自行追求更佳的专业化利润路径，不断向专业化分工的方向调整企业经营思路，从而实现在产业集群内的企业专业化分工。如通过政策鼓励一些专业化的服务机构进入，发挥专业化生产、规模化采购的成本优势，促使有关企业某一生产环节外包；通过鼓励成立专门的营销公司，其在控制成本方面的优势同样将促使有关企业将销售功能从企业剥离。很多地方政府在制定产业目录、投资方向时就考虑引导企业分工，核心企业需要哪一类企业配套就重点引进哪一类企业。有的地方还把有市场前景的产品拆开，将零部件与当地企业一一对比，缺哪一部件的企业，就花大力气引进哪一类企业，缩短了产业集群的形成时间，效果十分明显。

8. 重点培育，推进集群。核心企业要带动集群实现产业升级，龙头企业是集群向高端产业提升的源动力，是吸引和凝聚价值链上下游企业的关键，而核心企业的竞争力又成为地方产业集群发展和升级的关键。在确定要培育的核心企业后，关键是在扶助企业延伸产业链条的同时，要采取有效的措施，促使企业的产业链内结构多元并具有关联性。对于核心企业集群的推动，可朝以下方向进行。一是横向推动，推动企业与产品相同或相似产品的产品或零部件企业建立战略联盟，共同研究开发新技术、新产品，既竞争又合作；二是垂直推动，即推动企业和其他能生产零部件的企业开展技术合作，把部分开发任务交给零部件企业，或者帮助零部件企业进行开发。同样，零部件企业也可以主动参与到产品开发过程中甚至进行超前开发；三是综合推动，即推进产、学、研联合开发，为企业充分利用高校和科研机构的智力资源提供相关服务。通过建立重点产业集群的技术创新基金，运用财政贴息、税收返还等政策手段，引导产业集群的核心企业逐步增加研究开发投入，加大技术改造力度，引进国际先进设备，淘汰落后设备，加强新产品研发，加快产品的升级换代。

9. 降低门槛，鼓励创业。在发达地区，很多中小民营企业由于特有的集权式治理结构和家族式管理，其竞争力甚至大于大型国有企业。因而，欠发达地区要尽全力发展民营企业，尤其在推进产业集群时，注意引导民营企业向集群内的核心企业靠拢，要用含金量高的政策去扶持民营经济的成长。目前，中小企业面临的发展困境是受过多的政策歧视和过多的政策性限制，融资困难，难以享受到与国有企业、外资企业同等的待遇。如中小民营企业的法律和竞争环境不如外资企业、国有企业；中小民营企业生产要素的市场化程度低下、社会中介服务体系欠缺等。因此，政府应大力消除各种政策与体制歧视，赋予民营经济与外资、国有经济平等的待遇，民营经济才能快速发展，成为产业集群的重要组成部分。

10. 拓宽视野，做大做强。改革开放以来，外资企业带来先进技术和管理经验，因此在很多外向型产业中产生了十分明显的知识外溢效应。发达地区的产业集群通过国际贸易分享了来自发达国家的技术溢出，充分利用了国内外的优势资源，很多企业有机会嵌入到了全球产业网络当中，并沿价值链向上下游的高附加值环节延伸扩展，形成了产业集群并适时实现了产业升级。发达地区产业集群发展的经验表明，在产业集群发展过程中，市场的力量并不能推动企业间的相互联系或作用机制的建立，因而常常需要政府通过公共管理、政策手段或提供公共产品作为价值导向，协调集群内中企业建立相互关系；同时还需要政府通过建立或引导集群企业自行建立一些行业准则，规范约束某种行为；政府需大力引导外商投资从分散投资转向组团式投资，从一般加工组装转向设立产业基地，从直接投资办厂转向更多地采用企业并购，从集中制造业领域转为关注服务业领域。通过一些间接的干预措施来减少企业聚集的交易费用、推进集聚企业的专业化分工、提升集聚企业的经济外部性、构建有利于产业集群形成的良好环境，才有可能保证产业集群具备做大做强的外部动力。当然，政府这样做的目的并不是削弱市场的力量，而是作为市场力量的补充，是为企业“唱戏搭台”的一种作为。

本章小结

本章对有一定代表性的国外发达地区产业集群与欠发达地区产业集群进行了概述，特别是对中国沿海地区产业集群与欠发达地区产业集群的发展演化特点、发展模式进行了比较分析，揭示了它们的发展背景和形成过程的异同点，在此基础上总结了发达地区产业集群发展中值得借鉴的经验和启示。

第 4 章　欠发达地区产业集群发展轨迹分析——以江西为例

4.1　江西产业集群形成、发展的区域经济环境因素

产业集群是一种特殊的组织形式,对区域经济发展能起到特殊的推动作用。因此,国内众多专家学者更专注于研究如何推进产业集群、推进产业集群升级,以实现其对区域经济增长有更高的贡献率。由于沿海地区产业集群起初是在无声无息情况下逐渐形成的,因此人们开始对产业集群的研究,更多的只是关注产业集群的地位和作用。欠发达地区情况与沿海发达地区不同,除传统的资源型产业集群外,人们是在已经知道产业集群对经济发展的重要意义后来研究欠发达地区产业集群的,因而既要思考如何进一步发挥产业集群对欠发达地区经济发展的推动作用,同时还有必要将其与发达地区产业集群进行比较。分析欠发达地区存在的各种软硬约束,借鉴发达地区的经验,研究如何为欠发达地区产业集群形成、成长提供更好的环境,如何将以 IT 产业、现代制造业、加工业为主干并处在萌芽阶段的现代产业集群做大做强。

唯物辩证法和沿海发达地区产业集群的实践揭示,社会存在决定着人们的思想意识,人们的思想意识又往往左右着该地区的经济发展思路,经济的发展思路又影响着该地区经济发展的出路,而该地区的经济发展出路又决定着产业集群的产生和升级。事实上,欠发达地区的经济发展情况也是如此,只不过是过去在遵循“因地制宜”传统决策原则之时,往往少了沿海发达地区的“无中生有”“借鸡生蛋”等的现代决策思路。在欠发达地区中,江西在地域特

征(内陆省份)、产业结构(农业占 GDP 比重高)、经济发展程度(滞后)、开放度(偏低)、工业化(不高)、经济基础设施(较差)、城市化率(较低)、经济发展内生力(很弱)、产业集群聚集水平(不强)等方面都具有代表性。因此,本研究将以江西为例,分析该区域产业集群的发展轨迹,分析其发展的软硬约束,为研究欠发达地区产业集群发展战略、发展思路奠定基础。

4.1.1 地域等基本情况

江西省,简称赣。因公元 733 年唐玄宗设江南西道而得省名,又因为江西省最大河流为赣江而得简称。古称江西省为“吴头楚尾,粤户闽庭”,乃“形胜之区”。全省共设南昌、九江、景德镇、萍乡、新余、鹰潭、赣州、宜春、上饶、吉安、抚州等 11 个设区市,99 个县(市、区)。全省土地总面积 16.69 万平方公里,占全国土地总面积的 1.74%,居华东各省市之首。根据江西统计资料披露,2007 年末江西全省为人口 4368 万人。

江西地处中国东南偏中部、长江中下游南岸,位于北纬 24°29′14″至 30°04′41″、东经 113°34′36″至 118°28′58″之间。东邻浙江、福建,南连广东,西靠湖南,北邻湖北、安徽而共接长江。江西为长江三角洲、珠江三角洲和闽南三角地区的腹地,与上海、广州、厦门、南京、武汉、长沙、合肥等各重镇、港口的直线距离,大多在六百至七百公里之内。江西版图轮廓略呈长方形,境内除北部较为平坦外,东西南部三面环绕有幕阜山脉、武夷山脉、怀玉山脉、九连山脉和九岭山脉,中部丘陵起伏,成为一个整体向鄱阳湖倾斜而往北开口的巨大盆地。江西地貌类型较为齐全,分布大致成不规则环状结构,常态地貌类型则以山地和丘陵为主,其中山地 6.02 万平方公里(包括中山和低山),占全省总面积的 36.1%;丘陵 7.03 万平方公里(包括高丘和低丘),占 42.1%;岗地 2.19 万平方公里,占 13.1%;平原和水域 1.45 万平方公里,占 8.7%;森林覆盖率 61%。至 2007 年末,江西耕地总资源为 282.7 万公顷,常用耕地面积为 214.6 万公顷,有效灌溉面积在 80% 以上,且耕地复种指数高。全境有大小河流 2400 余条,赣江、抚河、信江、修河和饶河为江西五大河流。鄱阳湖为中国最大的淡水湖,同时也是世界上最大的候鸟栖息地。江西地处北回归线附近,全省气候温暖,年均气温 16.2 ~ 19.7℃,光能资源丰富全省年均日照时数为 1473 ~ 2078 小时,雨量充沛,年均降水量 1341 ~ 1940 毫米,无霜期长,为亚热带湿润气候,十分有利于农作物生长。也正是这些地理环境和区位优势对建国后的江西形成"因地制宜"的经济发展思路,以发展农业为先导的战略抉择起到了决定性的作用。

4.1.2　近年经济发展水平与比较

"十五"计划的实施和完成,是江西经济发展史上值得大书特书的发展阶段。在以工业化为核心,以大开放为主战略的发展思路指导下,江西省出现了许许多多的经济热点、经济亮点。据统计,2005 年江西省生产总值比 2000 年翻了一番,年均增长 11.6%,为历次五年计划中增长最快;人均生产总值由 2000 年的 586 美元增加到 2005 年的 1140 美元,超过了 1000 美元的标志线;工业发展处于快速上升阶段,工业指标三年翻一番,工业增加值年均增长 17.4%,在三次产业中的比重 2005 年上升到 47.4%,工业对全省生产总值贡献率由 2000 年的 21% 提高到 45% 以上,工业利税总额对省财政收入的贡献率由 2000 年的 46.9% 增长到 60% 以上;财政指标四年翻一番,财政收入是 2000 年的 2.4 倍;江西省 5000 万元以上工业项目利用省外资金,从 2001 年的 48 亿元迅速增长到 2005 年的 472 亿元,5 年间增长 10 倍;全省实际利用外资全省连续三年列中部六省第一位,累计达 75.7 亿美元,超过此前 20 年的总和,增长速度和人均水平均居中部首位;全社会固定资产投资是 1978 ~ 2000 年投资总和的 1.93 倍,是"八五"和"九五"时期的 7.7 倍和 3.2 倍。此外还建立了成长能力和带动能力较强的六大支柱产业,产业结构也得到进一步的优化(见表 4 - 4、图 4 - 1)。在 2006 年、2007 年,江西仍然保持了较快的发展态势。有众多专家对江西出现的这些变化判断江西经济正迈入起飞阶段,有的专家对这些变化称之为"江西现象"。从以上数据和图表可以看出,江西在"十五"期间的确取得了非凡的成绩,纵向比发展的速度很快,尤其是经济增长的速度、外商投资的规模、固定投资的强度,这在过去历史上是从来没有的。但与中部地区其他省份比,在全国的范围中比,江西经济社会发展的速度不容乐观。对此,江西省委主要领导在2006年对省情的基本判断作了实事求是和切合实际的总结:五年来,江西最显著的变化是经济社会发展跃上了一个新台阶,江西崛起的态势初步显现。但并没有从根本上改变江西欠发达地区的经济地位,江西正处在崛起进程中爬坡过坎的紧要关头。

表4-1　江西主要经济指标2006年/2001年

生产总值	2.12	人均生产总值	2.04
第一产业增加值	1.55	社会消费品零售总额	1.86
第二产业增加值	2.95	城镇居民可支配收入	1.71
第三产业增加值	1.71	农民人均纯收入	1.60
全部工业增加值	2.99	全社会固定资产投资	4.06
财政收入	2.59	直接利用外资	5.2

资料来源:江西统计年鉴2002-2007。

表4-2　2000年以来江西外商直接投资情况

年份	项目数(个)	合同外资金额(万美元)	实际使用外资(万美元)
2000	272	26478	22724
2001	308	52660	39575
2002	591	153387	108725
2003	759	233094	161234
2004	964	311289	205238
2005	940	387645	242258
2006	982	403068	280657
2007	867	544615	310358

资料来源:江西统计年鉴2001-2007(2007年数据来自政府公报)。

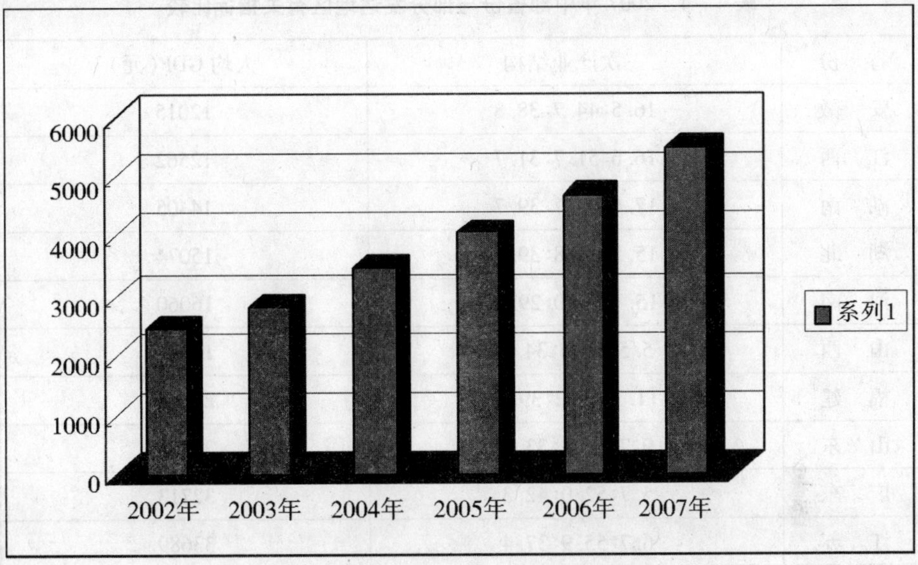

图 4－1　江西省 2002－2007 年 GDP(亿元)

资料来源：江西统计年鉴 2002－2007(2007 年数据来自政府公报)。

表 4－3　2007 年中部六省江西排前和中的主要经济指标

指　标	位　次
农民人均收入	1
高速公路	2
实际利用外资	2
普通高校在校大学生	4
城镇化率	4

资料来源：2007 江西经济发展情况分析手册。

表 4-4　2007 年中部省份与部分发达地区有关指标比较

省　份	三次产业结构	人均 GDP(元)
安　徽	16.5:44.7:38.8	12015
江　西	16.6:51.7:31.7	12562
湖　南	17.6:42.7:39.7	14405
湖　北	15.5:44.8:39.7	15074
河　南	15.7:55.0:29.3	16060
山　西	5.5:59.6:34.9	16835
福　建	11.3:49.2:39.5	25662
山　东	9.7:57.1:33.2	27723
广　东	5.7:52.0:42.3	32713
江　苏	6.7:55.9:37.4	33689
浙　江	5.5:54.1:40.4	37128
北　京	1.1:27.5:71.4	56044

资料来源:有关省份 2007 年统计公报。

“坡”表明江西经济在全国的经济地位还没有变化;“坎”意味着江西经济要位置前移,阻力重重。从表 4-4 中就可以直观地看出,以上判断是有根据的。江西从 1978 年至今,除外商投资总额的位次有明显变化、固定资产投资有变化外,其他主要经济指标基本上还在原来的位次上左右徘徊。另外,国家统计局河南调查总队以《中国统计年鉴 2006》数据为依据,研究建立了一套中部六省经济社会综合发展水平评价体系,对中部六省的经济社会发展水平进价测算评价。从评价结果和表 4-5 也可得出与以上判断一致的结论。综合评价结果显示:河南得分 84.5 分,位于第一;湖北 83.8 分,位于第二;湖南 76.8 分,位于第三;山西 70.7 分,位于第四;安徽 69.9 分,位于第五;江西 68.2 分,位于第六。在总体得分中,河南、湖北综合得分在 80 分以上,属于第一层级;湖南综合得分 76.8,位于 75~80 之间,属于第二层级;山西、安徽和

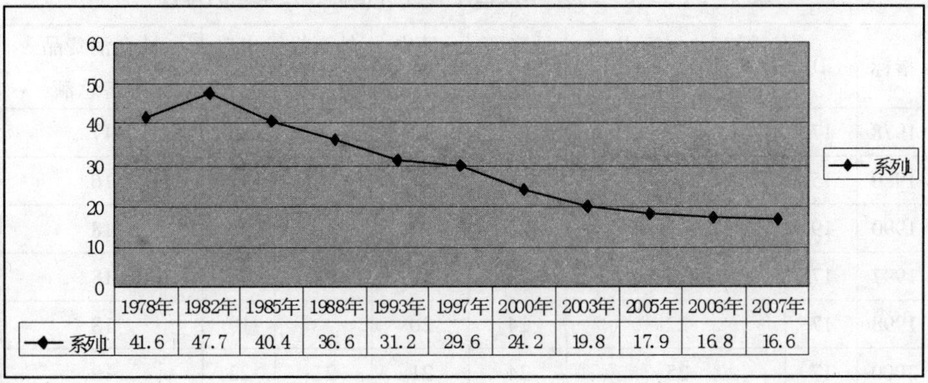

图 4－2　江西农业占 GDP 的比值

资料来源:江西统计年鉴 2007(2007 年数据来自政府公报)。

江西综合得分位于 60～71 之间,属于第三层级。河南地区生产总值、地区财政收入、全社会固定资产投资完成额、社会消费品零售额、金融机构年末贷款余额等主要经济规模指标都位于第一位,与其余五个省份相比都存在着显著的优势。如地区生产总值 10587 亿元,高出第二位湖北 62.4%,是末位江西的 2.6 倍;地区财政一般预算收入 538 亿元,高出第二位湖南 36.2%,是末位山西的 2.1 倍;全社会固定资产投资完成额 4312 亿元,高出第二位湖北 61.1%,是末位山西的 2.4 倍;社会消费品零售额 3358 亿元,高出第二位湖北 13.3%,是末位江西的 2.7 倍;金融机构年末贷款余额 7435 亿元,高出第二位湖北 31.6%,是末位江西的 2.5 倍。在对外商务中,处在第一位的是湖北省,其对外贸易进出口总额为 91 亿美元、外商投资总额达 281 亿美元;其次为安徽省、河南省、湖南省和江西省;处于末位的是山西省。末位与第一位的湖北相比,外贸进出口总额相差 39 亿美元,外商投资企业投资总额相差了 181 亿美元(仅相当于 60%)。

表 4－5　1978～2007 年江西主要经济指标在在全国的排位

指标	GDP	国有及规模以上企业工业增加值	固定资产投资	财政收入	外商投资总额	出口总额	社会消费品零售总额
1978	17	19		22		14	17
1980	15	18		21	19	17	16
1990	19	19	22	22	19	20	18
1997	17	20	23	19	22	19	18
1998	17	22	24	20		19	18
2000	17	25	24	21	21	22	19
2001	17	23	24	21	20	23	19
2002	17	24	18	21	17	24	19
2003	18	24	15	21	13	24	17
2004	17	22	16	21	13	23	17
2005	18	23	16	23	14	24	21
2006	19	22	16	23	14	19	21
2007	19	21	18	23	11	19	21

注：第 2 项指标国有及规模以上企业工业增加值 1978－1998 年为工业总产值排位。

资料来源：根据《中国统计年鉴》2001－2007、《新中国五十年的江西 1949－1999》中国统计出版社 1999 年和政府公报等整理而成。

在经济总量方面，人均地区生产总值处于第一位的是山西省（12495 元），其次分别为湖北（11431 元）、河南（11346 元）、湖南（10426 元）、江西等省（9440 元），排在最后一位的是安徽省（8675 元）；在经济效益指标中，中部六省之间存在着显著的不均衡。综合评价结果，河南、湖北、湖南具有相对优势，安徽、山西和江西相对落后。

在生活质量方面，居于首位的是山西，其次分别为湖北、湖南、江西和河南，处于末位的是安徽。相关指标排名为：城乡居民人均收入最高的是湖北，为 5556 元，其次分别是湖南（5488 元）、山西（5427 元）、江西（5161 元）、安徽

(4711 元),处于最后一位的是河南(4651 元);由于不同区域居民的饮食习惯不同,造成南方北方省份的消费结构(恩格尔系数)很大差异,其指标为山西 39.2%,河南 42.0%、湖北 44.7%、安徽 44.9%,湖南和江西都为 46.0%;住房方面数据最好的是湖北,城乡人均住房建筑面积达到 34.5 平方米,其次分别为湖南(34.4 平方米)、江西(33.3 平方米)、河南(26.6 平方米)、安徽(25.1 平方米),山西(24.5 平方米);医疗卫生条件最好的是山西,万人拥有卫生技术人员为 44 人,其次分别是湖北(38 人)、湖南(34 人)、河南(31 人)、江西(27 人),安徽(26 人);城乡居民收入差距最小的是江西,差异系数为 2.75,其次分别为湖北(2.84)、河南(3.02)、湖南(3.05)、山西(3.08),处于末位的是安徽(3.21)。基础设施和环境保护方面,总的来看,具有显著优势的是河南(84.5 分),具有一般优势的是湖北和湖南(70~80 分),处于相对靠后的是安徽、山西和江西(70 分以下)。在基础设施建设方面的综合评价结果是:河南 48.1 分、湖北 38.3 分、安徽 36.6 分、湖南 36.1 分、山西 34.7 分、江西 29.1 分;分指标看,铁路交通最发达的是河南,区域内铁路营业里程为 4099 公里,其次是山西(3154 公里),再后依次为湖南(2902 公里)、湖北(2525 公里)、江西(2424 公里),处于末位的是安徽(2353 公里);公路交通最发达的是安徽,区域内公路密度是每平方公里 56.0 公里,其次是湖北(49.0 公里),其余依次为河南(47.6 公里)、山西(44.5 公里)、湖南 41.6 公里,处于末位的是江西(37.3 公里)。通讯设施指标最高的是河南,区域内局用交换机容量达到 2266 万门,其次是安徽(1623 万门),其余依次为湖北(1606 万门)、湖南(1562 万门)、山西(1122 万门),处于末位的是江西(1096 万门)。电力设施实力最强的是河南,年发电量达到 1429 亿千瓦小时,其次是山西(1273 亿千瓦小时)、湖北(1257 亿千瓦小时)、安徽(646 亿千瓦小时)、湖南(630 亿千瓦小时),处于末位的是江西(349 亿千瓦小时)。①

① 国家统计局河南调查总队．中部六省经济社会综合发展比较研究[EB/OL].http://www.stats.gov.cn

表 4－6　2005 年中部六省的经济社会综合发展水平比较

指　标	强　势	一　般	弱　势
人口与劳动力	河南、湖北	湖南、安徽	山西、江西
经济发展	河南、湖北	湖南、安徽	江西、山西
经济规模	湖北	湖南、安徽	江西、山西
对外经济	湖北	安徽、河南、湖南、江西	山西
经济效益	山西	湖北、河南、湖南、江西	安徽
全社会劳动生产率	山西	湖北、江西、河南、湖南	安徽
工业效益	河南	湖北、湖南、安徽、山西	江西
能源产出率	江西	安徽、河南、湖南、湖北	山西
社会发展	湖北	山西、湖南	江西、河南、安徽
生活质量	山西	湖北、湖南、江西、河南	安徽
信息化水平	山西	湖北，湖南、安徽、河南	江西
每十万人拥有在校大学生	湖北	江西、山西、湖南、安徽	河南
三种专利授权量	湖北	河南、湖南、安徽、江西	山西
基础设施	河南	湖北、湖南	安徽、山西、江西

注：根据国家统计局河南调查总队《中部六省经济社会综合发展比较研究》http://www.stats.gov.cn 整理。

为什么江西近些年发展迅速、人们都感觉到江西发生了大的变化，而主要经济指标、在全国的位次却没有明显变化？这既有浅表层原因，也有深层次的因素。

经济发展有它的规律性，人们在掌握了它的规律后，有可能实现跨越式的发展，但毕竟是有限度的。可以这样说，21 世纪后江西实现了其发展的最大值，在许许多多的主客观因素制约下，要超越发展的极限是不现实的。

发展永远是相对的。在内部因素、外部条件没有发生质的变化情况下，依靠市场的力量和均等的机会，在较短的时间内某些方面获得大的发展，实现较高的增长速度、在全国的位次前移是可能实现的。但经济规模、财政收入、产业增加值、出口总额、社会消费品零售总额要每往前移一位，都存在较大的不确定性，因为各个区域都在“千方百计找出路，一心一意谋发展”。尽管排位在江西前的省份某些指标的增长速度可能要低些，但由于它的各项指标总量大，每年增量也大，累积起来各项指标的绝对值也大。由此可见，阻挡江西位次前移的“坎”很高，爬坡的“坡度”很大，即使在中部省份的排位中往前移1~2位也是难以一蹴而就。

从深层次的因素来看，主客观的约束也很明显。

由于环境和历史的原因，江西以“农业大省”自居，国家在产业布局上也把江西定位为以农业为主导的省份。从建国初至20世纪90年代的40多年里，人口占全国人口总量的3.3%的江西的投资只占全国的1.5%，人均投资量只相当于全国人均投资量的48%，是全国几个投资水平最低的省份之一。此后，国家在江西安排的投资项目也不多，以致今日江西的企业少（见表4-7），大企业极少（见表4-8），2005年能入围中国1000家大企业的只有12家，在中部地区排倒数第一；2007年能入围中国500强的只有江西铜业集团公司等7家。如此长的期间、如此低的投资量、如此少的大型企业等薄弱的工业发展基础，严重地阻滞了江西工业化进程、制约了江西产业结构调整、影响了江西经济规模的扩大和扩大再生产能力，以致江西财力长期薄弱增长缓慢、科教投入欠账太多、基础设施难以改善、经济发展内生力长期处于萌芽状态，并由此形成了区域经济“欠发达——发展慢——欠发达”的恶性循环怪圈。

表4-7　2004年全国及中部地区所有制结构对比表

地域	企业个数（万家）	国集企业形式组成的公有制企业		私营、外商及港澳台商投资企业		企业实收资本（亿元）	国有和集体资本		个人、外商及港澳台商资本	
		个数（万家）	比重（%）	个数（万家）	比重（%）		总量（亿元）	比重（%）	总量（亿元）	比重（%）
全国	325.0	65.6	20.2	259.4	79.8	18.2万	10.1万	56.0	8.1万	44.0
湖北	7.4	2.0	27.4	5.4	72.6	4795.2	2899.9	60.4	1895.3	39.6

续表

地域	企业个数（万家）	国集企业形式组成的公有制企业		私营、外商及港澳台商投资企业		企业实收资本（亿元）	国有和集体资本		个人、外商及港澳台商资本	
		个数（万家）	比重（%）	个数（万家）	比重（%）		总量（亿元）	比重（%）	总量（亿元）	比重（%）
河南	26.8	9.1	33.8	17.7	66.2	5527.0	3842.9	69.6	1684.1	30.4
湖南	7.6	1.8	23.6	5.8	76.4	3510.6	2084.3	59.4	1426.3	40.6
江西	5.7	1.6	27.8	4.1	72.2	2430.1	1555.4	64.0	874.7	36.0
安徽	8.2	2.2	26.5	6.0	73.5	3270.9	1908.9	58.4	1362.0	41.6
山西	6.6	2.1	31.8	4.5	68.2	3454.6	2481.2	71.8	973.4	28.2

资料来源：黄承喜等．湖北促进中部地区崛起问题探讨［EB/OL］. http://www.stats.gov.cn

表4－8　2005年1000大企业入围排名、主营业务收入排名和资产周转率（%）排名

名次	省（市、区）	入围企业数量	名次	入围企业主营业务收入（万元）	名次	入围企业资产周转率（%）
1	江苏省	138	1	105638622	5	128.07
2	山东省	120	2	102807700	8	117.69
3	广东省	109	3	99315167	2	156.56
4	浙江省	65	7	45708557	1	157.24
5	河北省	54	8	35625968	9	109.72
6	上海市	53	4	72552486	11	106.39
7	河南省	52	10	32194161	15	96.23
8	辽宁市	48	5	50109385	19	93.95
9	山西省	28	13	22684848	24	70.86
10	湖北省	26	11	30005803	26	64.44
11	四川省	26	15	19236719	23	76.72

续表

名次	省(市、区)	入围企业数量	名次	入围企业主营业务收入(万元)	名次	入围企业资产周转率(%)
12	北京市	25	6	49812659	6	126.68
13	黑龙江	25	9	33244542	12	99.86
14	天津市	25	12	26454849	7	126.61
15	安徽省	24	17	16334078	22	77.33
16	湖南省	23	16	16775646	17	95.93
17	陕西省	19	19	15048324	25	66.80
18	福建省	18	18	15466899	4	146.78
19	重庆市	17	22	11940384	20	90.99
20	吉林省	16	14	22635368	16	95.93
21	内蒙古	13	25	8347741	21	85.57
22	江西省	12	24	9868950	10	107.79
23	新疆	11	20	13528188	14	96.33
24	云南省	11	21	13297563	27	64.10
25	甘肃省	11	23	10144080	18	94.76
26	广西	10	26	8106755	13	98.58
27	贵州省	9	27	5776365	29	54.45
28	青海省	8	28	3257092	30	40.92
29	宁夏	3	29	1725755	28	57.49
30	海南省	1	30	700220	3	148.68
31	西藏	0	31	0	31	0.00

资料来源:赵晓等. 2005年中国1000大企业区域49分布分析[J]. 山东社会科学,2007.

经济发展战略抉择带来的重大影响。改革开放前,民生政策的核心是“吃饱穿暖”,江西有利的农业生产环境极自然地将“因地制宜”作为经济战略的决策指导原则。改革开放之初，江西经济发展战略定位为“画好山水画，写好田园诗”；1984年提出“把农业放在第一位，把地方工业建立在农业的基础上”；1990年提出“农业——工业化”，打一场农业开发总体战；1994年又提出“立足农业，主攻工业”，1995年提出未来15年要“坚持把江西经济大厦建立在现代农业基础之上”……直到2001年才改为“以工业化为核心，以大开放为主战略”。在20年发展的关键期内，尽管江西经济战略思路有发展工业的要求，但发展战略始终是以农业为核心。由于江西农业效益比较低、农产品加工工业落后、农业就业人口过高、农业的资源优势不能转变为经济优势，因此20多年来江西农业对区域经济规模的扩张、财源的扩大、积累的增长、发展动力增强的贡献甚微。

在江西工业发展与外省的差距对江西经济的影响作用刚性很强的背景下，尽管今日江西工业在加速“补课”，但在工业化浪潮汹涌、区域经济竞争如“百舸争流”的背景下，要在短短几年内实现跨越式发展并超过周边一些省份异常艰巨。

表4－9　江西三次产业就业人口比例

	第一产业	第二产业	第三产业
2000年	46.6	24.4	29.0
2001年	46.2	23.5	30.3
2002年	45.3	22.7	32.0
2003年	42.0	26.2	31.8
2004年	41.0	27.0	32.0
2005年	39.9	27.2	32.9

注：所有数据均为第一次全国经济普查调整后的数据。

民营企业发展落后，是新时期阻碍江西在中部地区崛起的决定性原因。目前，江西民营企业对江西经济的贡献率逐年提高，2007年，江西省非公有制经济实现增加值2855亿元，占全省GDP的52.2%，对GDP增长的贡献为

65.5%;上缴税金278.1亿元,占全省税金总额的近一半,增长49.9%;对江西省税金总额的增长贡献率达到65.9%,完成投资额2116亿元,占全社会投资比重64.1%;对全社会投资增长的贡献率达94%,就业人数占全社会就业总人数比重43.6%。由此可以看出,占据江西经济半壁江山的民营经济地位不是江西经济的从属、补充,而是根本性、决定性的力量,其发展的状况及在全国的比较中所处的位置如何,决定了江西经济的发展状况及位置。由表4-7可以看到,江西在"十五"期间非公有制企业的发展规模在中部地区处在最后的位置。2007年《中国统计年鉴》的有关数据也表明,江西民营经济的发展状况在全国也处在中后的位置,这与江西经济所处的地位基本一致。

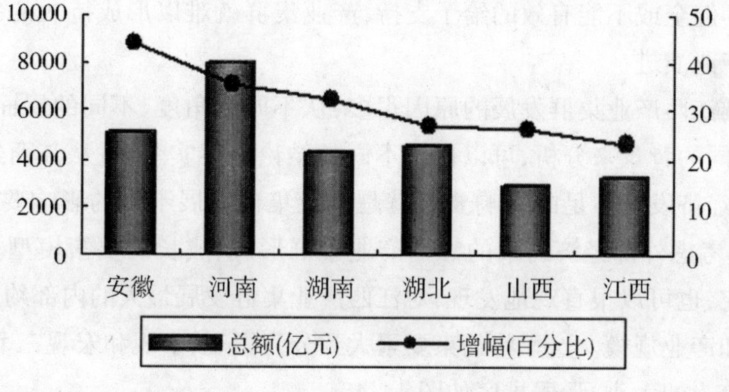

图4-3　2007年中部六省固定资产投资情况

资料来源:中部六省统计资料。

经济的发展绝非是一种单纯的经济现象,而是社会的经济、政治、文化、教育、科技及历史传统等诸多因素综合作用的结果。包括制度创新、人力资源、价值观、文化教育、创新意识、市场经济理念等在内的软实力方面的作用越来越明显。江西在软实力方面存在的缺陷也于无声处起副作用,影响江西的崛起。这方面的影响在此不再赘述。

4.1.3 江西发展不足对产业集群成长的影响

企业的存在和一定数量是产业集群产生的前提，否则产业就不可能成为"群"；产业规模是产业集群扩展或升级的基础，如果关联企业没有一定的规模，就无法进行分工，形成成本优势，提升竞争力，产业集群就难可持续发展；投资强度、基础设施、市场结构是产业集群成长的动力，是产业集群的核心系统，缺少这样的动力或动力不强，产业集群的成长必然是缓慢的；服务体系、政府支持、产业政策等是产业集群成长的辅助系统，为产业集群的形成提供政策服务、协调企业关系、促进知识与创新的扩散，是产业集群成长的支持系统，支持体系不健全或不能有效的给予支持，产业集群就难以形成持久的创新能力和实现产业演进。

影响江西产业集群发展的原因很多，从不同的角度、不同的层面、不同的区域、不同的背景来分析，可以得出不同的结论。事实上，就从江西经济的演变来看，经济发展不足的影响要素就是产业集群发展不足的影响要素。图4-4是不考虑外部经济约束的江西产业集群形成、成长的要素模型。通过以上的研究，也可以很直观地发现，对江西产业集群发展最大的内部约束在于企业数量和产业规模。这里将约束要素大致分为微观、中观和宏观三个层次，可按其约束力的大小、强弱排序如图4-4。

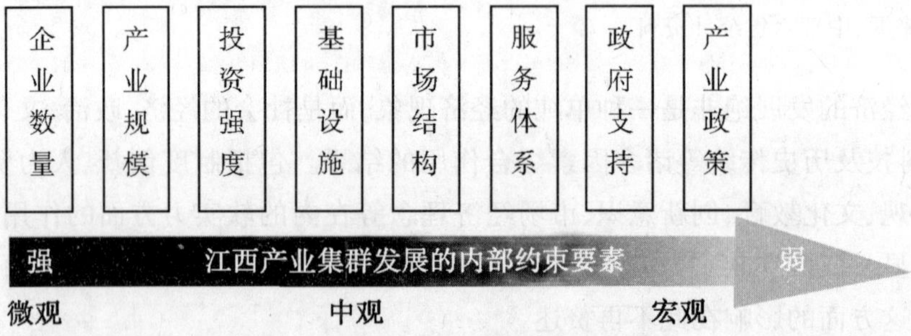

图4-4 江西产业集群发展的约束因素

近些年，无论是国家还是江西自身的产业政策对江西产业集群的支持力度是前所未有的，政府的支持措施也在不断地推出，这方面与沿海地区的差距不是很大；服务体系也在不断的健全和加强，市场结构亦在逐渐的优化和调整；基础设施的建设和投资强度也是历史上最好的时期。问题主要出在于企业数量和产业规模上。

企业数量和规模与江西经济发展的关联度高，它们之间相互依赖和相互决定，前者的增长多、扩张快，后者必然发展快；后者强，必然会进一步推动前者的扩张和增长。

经济发展不足对江西产业集群的形成、成长和升级的不利影响，主要有以下几个方面：

1. 对成长机制形成的影响。一般来说，产业集群的生命周期阶段分为诞生期、成长期和成熟期。诞生期内产业集群的主导动力是地域分工和外部规模经济；成长期内产业集群的主导动力是社会资本优势以及低等级竞争合作效率；成熟期内产业集群的主导动力是集群内部知识和技术创新的领导力量，以及高等级的合作效率。江西经济发展不足，对诞生期阶段时的产业集群获得外部规模经济的推动作用方面的影响最大，因为区域经济的发展状况影响着企业决策集团的投资信心和投资取向；对成长期阶段内的产业集群的影响主要在社会资本优势作用的发挥。江西的现代制造业、加工业处在成长期中，由于社会资本的匮乏，难以形成配套企业；对成熟期内的产业集群的影响主要在技术创新方面，没有强有力的投入，技术创新体系的建立和完善是艰难和曲折的。

2. 对培育竞争优势的影响。产业集群的竞争优势主要体现在成本优势、市场优势、创新优势、扩张优势等方面。由于产业集群的地理位置靠近，企业布局集中，集群内企业有利于形成专业高度细化、配合密切的分工协作体系，以社会分工的优势弥补企业规模不经济的缺陷，能有效地降低生产成本和交易成本。假定技术条件不变的情况下，这种成本降低主要来自集聚经济、规模经济、劳动分工、交易成本、范围经济、劳动力有效供给和企业进入与退出成本。尤其是随着产业集群发展到一定的程度,经济的集聚程度越来越高,企业等各种经济单位之间的交易越来越频繁,组织与组织之间的分工程度也大大提高,整个社会的相互之间的依赖程度也大大地增强了,这时交易的活动可能要超过生产的活动。所以,交易活动的效率就成了制约整个产业集群经济竞争力和创新能力的一个重要因素。而交易效率的决定有两个方面的因素:交易效率的硬件因素,包括自然地理条件、运输技术与运输工具、交通生活基础设施、信息化基础设施;交易效率的软件因素,包括法制环境、产权界定、信任水平、社会资本、教育和人力资本水平、政府的公共服务水平、金融制度、开放程度和贸易体制等因素。产业集群中的一些内外因素决定了不同阶段和不同水平的交易效率,如果某一个因素发展水平较低,就会形成“木桶原理”中的那个“较短的一边”制约着交易效率的提高,影响着交易效率和竞争优势的提高。

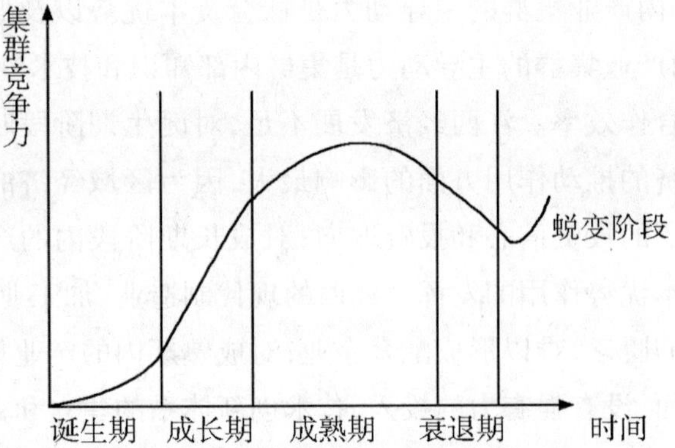

图 4-5　产业集群生命周期阶段

3. 对劳动分工的影响。江西经济发展不足对于集聚经济的形成提供配套能力弱、规模经济扩张支持力度小,劳动分工的影响最大。如果区域经济发达,必然会为外部企业进入江西提供更好的愿景和增强更多的投资信心,也有实力激发江西更多的内生性企业产生和裂变。假如有大量专业化企业集聚在一地,将促进区域内企业实现规模化生产,也会为产业集群创造一个较大的市

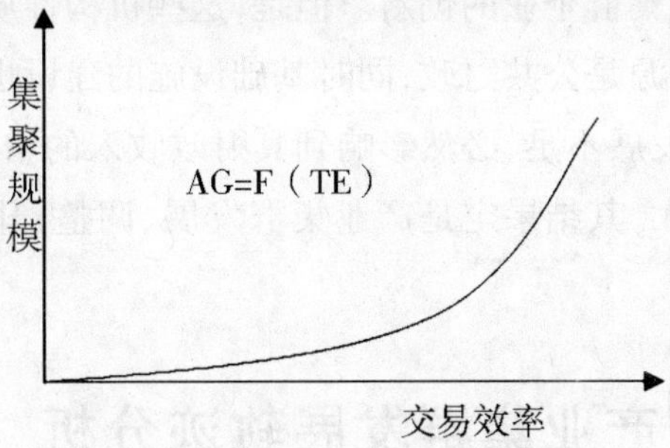

图4-6 集聚规效率的关系模与交易

场需求空间。产业集群对分工更细、专业化更强的产品和服务的潜在需求量也将会相应增加。随着技术发展和需求变化，工艺过程日益高度专业化，这不仅为专业化生产商提供了更多的发展机会，还将促使它们在更高的水平上实现规模生产，由此形成良性循环，使产业集群的总体竞争优势不断得到提高。

4. 对结构调整和升级的影响。产业集群的调整和升级很大程度上依赖

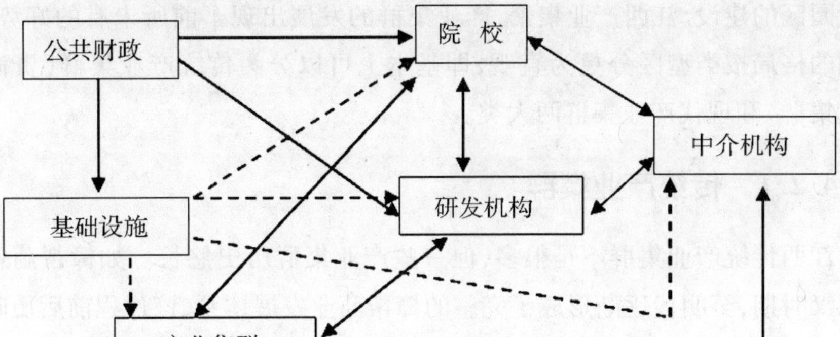

图4-7 公共财政的投入方向对产业集群的影响

于服务机构如学校、科研单位、管理咨询中介机构、培训教育组织、技术开发机构、行业协会等的支持。这些机构加强技术的研发、交流和扩散，为企业创新提供了广泛的机会，又便于企业人员的学习提高，有利于知识和信息的传播和

积累,能有力地支撑集群企业的创新。但是,这些机构性质多数属于公益类或准公益类,其经费来源是公共财政,同时基础设施的建设也需要公共财政的投入。可以想象经济发展不足,必然影响到其财政收入的增长,如果财政收入方面与发达地区差距大,其结果定是产业集群发展、调整、升级的动力必然要比发达地区要小得多。

4.2 江西产业集群发展轨迹分析

江西产业集群的发展轨迹比较清晰,按时间段来看:20 世纪 90 年代前主要是传统产业集群(资源型产业集群),这期间虽有不少的制造业、加工业,不仅没有形成产业集群,而且连最基本的产业集中都没有起步,工业布局基本上是"星罗棋布",一些大型国有企业还藏身在深山老林里。此后,在传统产业集群(资源型产业集群)发展的同时,以现代制造业为核心的产业集群、以劳动密集型为基础的加工业产业集群逐渐兴起。尤其是进入 21 世纪后,伴随着工业园区的建设,江西产业集聚、产业集群的发展出现了前所未有的好势头,发展的格局按类型区分更为直观,即基本上可以分为传统产业集群(资源型产业集群)和现代产业集群两大类。

4.2.1 传统产业集群

江西传统产业集群不是很多,但一些产业集群历史悠长。如樟帮药业始于东汉时期,至明代逐渐形成了完整的樟帮药业发展体系,该过程前后历时达 1800 多年。樟树也因此争得了"药不到樟树不齐,药不过樟树不灵"的美誉,成为海内外药界同仁认可的"中国药都"。

鹰潭眼镜制造业发迹于 200 多年前的清朝嘉靖年间,那时就有了磨制镜片、制作镜架的加工作坊,眼镜商贾手提肩挑,走南闯北,并创办了最早眼镜帮会。目前鹰潭有 6 万多人的从业队伍,数十亿元的年销售收入,产品行销中国的大江南北,远销俄罗斯、巴基斯坦、越南等世界数十个国家和地区。鹰潭余

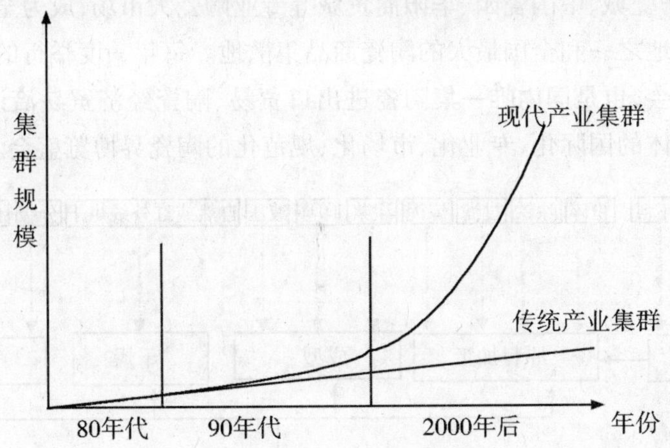

图4－8　江西产业集群发展轨迹

江县中童镇因此被称为“眼镜之乡”。

最有代表性的传统产业集群还应为景德镇的陶瓷业和萍乡、宜春的花炮制造业。景德镇之所以被称为“中国瓷都”，在于它有2000多年的制瓷业史和千年窑火不断。2007年景德镇实现陶瓷总产值42亿元，比上年增长31%；陶瓷出口完成5030万美元，比上年增长32.6%；陶瓷产业实现税收4324万元，创历史最高水平，陶瓷实现增加值占全市GDP的比重逐年提高，对景德镇市工业贡献率达到14%。目前，陶瓷生产企业分工更加明细，专业化趋势更加明显，除日用陶瓷、特种陶瓷、建筑卫生陶瓷、工艺陶瓷外，辅助企业也日益增多，出现了台达、玉源的瓷土，大方、盛昌的花纸，安达包装材料等规模化专业厂家。目前景德镇形成了三大特色陶瓷集聚区：以社区为中心的陶瓷生产集聚区域，集中在樊家井、筲箕坞、李家坳、里村、石岭、洪源、官庄、湖田、三宝篷等地；高新区中的陶瓷工业园，集聚了台湾东景、新都、常青家园、环球陶瓷、贾泊氏等20多家有实力的陶瓷企业；陶瓷科技园区主要有海畅法蓝瓷、隆祥陶瓷、东富盈实业等外来陶瓷企业。随着陶瓷产业的复兴，形成了原料、成型、花纸、颜色釉、烧炼、包装、销售等完整的产业体系和金昌利陶瓷大世界、国贸广场、中国陶瓷城、中国瓷园、华阳商贸城等专业陶瓷大市场,成为全国最大的陶瓷生产基地之一和全国最大的陶瓷商品集散地。每年一度举行的景德镇国际陶瓷博览会,也是国内唯一集陶瓷进出口贸易、陶瓷经济贸易洽谈、陶瓷文化交流为一体的国际化、专业化、市场化、规范化的陶瓷界博览盛会。

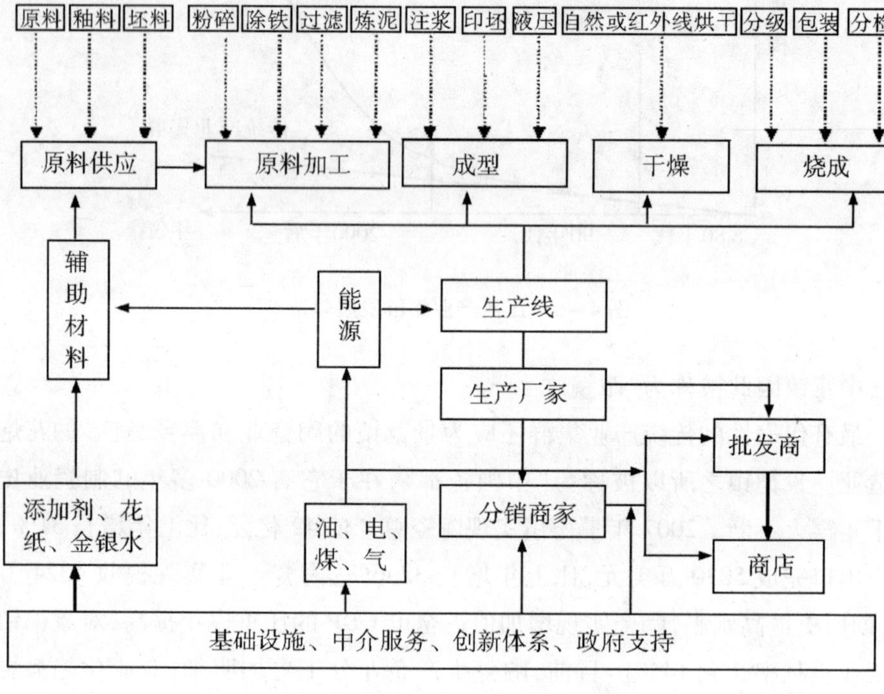

图 4-9 景德镇陶瓷业产业集群的关联企业

江西省是烟花爆竹的生产、出口大省,已有 1300 年的生产历史。素有“中国花炮之乡”之称的宜春市万载县与萍乡市上栗县,系国家发展改革委员会确定的全烟花爆竹生产主产区。就萍乡而言,目前萍乡共有烟花鞭炮企业 1100 多家,占全国烟花鞭炮企业的 20%,江西的 50%,萍乡烟花鞭炮企业 90% 以上又集中在上栗县。上栗县的烟花鞭炮产业收入占农民人均收入的 60%、全县财政收入的 60% 以上,全县 45% 的人口就业于烟花鞭炮产业,生产地域又主要集中在上栗等 7 个乡镇。这些地方几乎家家生产、户户加工，产生了黑火药、造纸、装潢印刷、纸箱包装、交通运输、机械设备、化工原料等配套企业和烟花鞭炮研究单位，形成了一块“烟花鞭炮马赛克”似的产业布局。

从一般意义上来说，资源是企业生产活动的一切输入物，它既包括企业内部的，又包括企业外部的；从狭义上来看，资源是指能够使企业形成竞争力（优势、效率、效用）的输入物，它是企业特有的、有价值的、异质性的和不可流动的物质。江西传统产业集群从一开始拥有有形的物质资源（自然资源、人力资源），逐渐拥有无形的物质资源（技术、品牌），后来这两种资源结合在一起，慢慢地衍生出产业传统、创业氛围、信任文化，最后又使所在的地理位置形成特有的区域优势。而这样的区域优势又不断地培育出新的企业家资源，促使新的地域分工和坐享外部经济带来的好处。也正是这样的动力集中，使景德镇的瓷业、樟树药业、鹰潭眼镜业、萍乡宜春的烟花鞭炮业等千百年来经久不衰。

基于以上原因，江西传统产业集群发展轨迹比较清晰，相对于“无中生有”的沿海地区产业集群容易揭示。

20 世纪 90 年代以前的江西传统产业集群的产业特征是：产品层次低、资本回收期短、投资风险相对小，资本形成为内源型，企业组织形式基本上是以国营、集体为主干的劳动力密集型产业。在这些产业集聚区域，企业间几乎没有任何的联系，每个企业从原材料到最终产品的过程中相关的加工、处理活动等都在本企业内部完成，还没有出现以产业链为核心的分工组织形式。由于体制等的原因，传统产业集群的发展十分缓慢，产品市场逐渐萎缩。进入 20 世纪 90 年代后，随着经济体制改革的深入，传统产业集群的组织形式有了明显的改变。以个体、家庭作坊为载体的微型企业蓬勃发展，按专业产品的生产分工开始出现变化，产业内产品分工、产品内的生产环节的分工已初露端倪，很多企业按产品的上游、下游的联系逐渐加强。但因传统产业集群的核心企业少和弱，缺乏内聚力，相互支持、相互依存的分工协作的产业网络和价格协调机制还没形成，产业内竞相压价的情况时有出现。

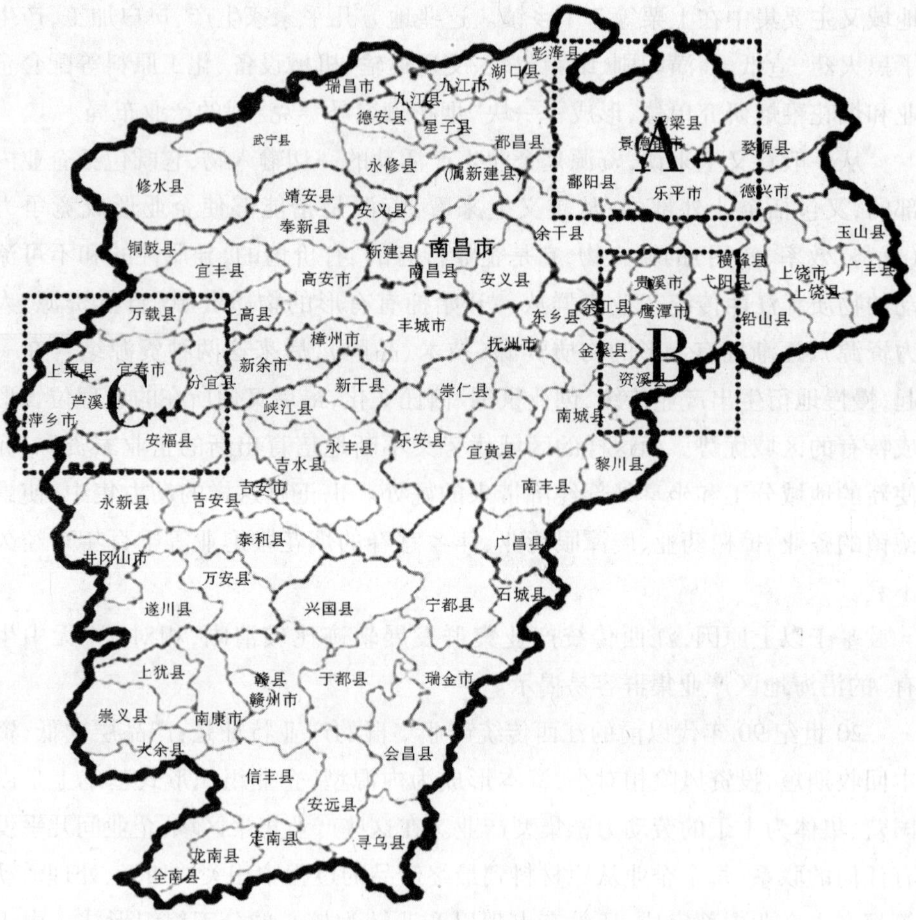

A. 景德镇陶瓷业；B. 萍乡、宜春烟花鞭炮业；C. 鹰潭眼镜业

图 4－10　江西主要传统产业集群分布

2000 年后的江西随着工业化主战略的确立，工业园区和招商引资出现了前所未有的局面，对江西传统产业集群的调整和升级注入了强大的推力。通过退城进郊和产业园区化，相当一批传统产业在空间上进行了集聚；通过技术改造，多数产业在技术上到了新的阶段；通过产学研的结合，龙头企业的技术创新能力、资源集聚力、企业衍生力得到了新的提升，集群配套体系也不断得

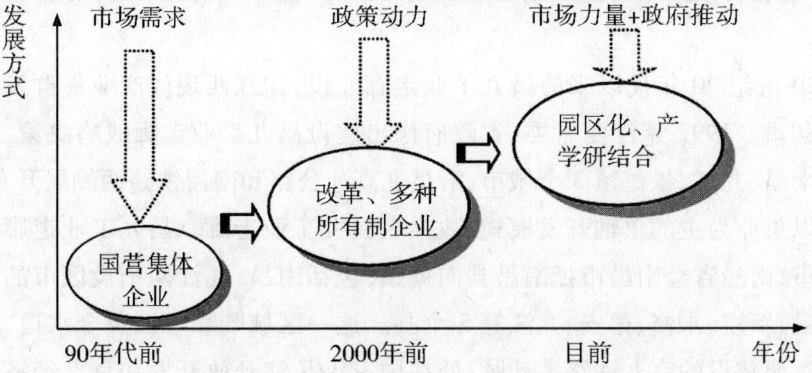

图 4－11　江西传统产业集群发展轨迹

到完善。

值得注意的是，此间作为内生性产业集群的传统产业集群与嵌入性产业集群的界限开始模糊，互为支持性产业的新产业格局时有出现。而且，江西很多现代产业集群的形成都是依托当地资源优势和传统工艺技术发展起来，包括南昌高新区的医药和光机电一体化、南昌经济开发区的汽车、小蓝工业园的医药和汽车、萍乡高新区的钢铁、德安宝塔工业园的电子元器件、樟树和宜春袁州工业园的医药、余江工业园微型组件、景德镇高新区的汽车配件、上饶工业园的光学加工，以及玉山工业园的轴承和建材产业集群等。有的产业集群通过产业链延伸、生产流程再造和体制改革等形式发展起来，如江铃集团通过收购、兼并、合资、战略联盟等方式，在南昌县小蓝工业园，组建了江铃五十铃汽车改装、VM 发动机、江铃控股等合资公司，在该园区形成 10 万辆的乘用车和 6 万台发动机生产规模。于是，小蓝工业园的汽车产业集群伴随着江铃集团的产业链的延伸和企业裂变而形成了。

4.2.2　现代产业集群

江西现代产业集群的发展轨迹更为直观。从时间来看，20 世纪 90 年代为一段，21 世纪以来为一段；从空间来看，南昌市以北的昌九工业走廊为一块,以全省行政区划为基础建立的工业园区、开发区、科技园区等各种园区为一块。

20 世纪 90 年代以来的昌九工业走廊建设,是江西现代产业集群发展轨迹的初端。1992 年江西省委、省政府作出建设昌九工业走廊战略决策,决定依托南昌、九江、景德镇 3 个城市,沿昌九高速公路和南浔铁路两侧展开布局,采取以工业为主的单轴开发模式,故命名昌九工业走廊。昌九工业走廊北起九江市,南经省会南昌市抵南昌县向塘镇,包括南昌、九江两个设区市的市区和南昌、新建、永修、德安、九江等 5 个县。这一区域既靠长江黄金水道,又沿当时正要建设的京九铁路大动脉,处在国家沿长江开放开发和京九经济带这两大战略部署区域的重要区段,是江西省境内区位条件优越、基础设施完善、产业优势明显、经济社会发展最具活力和潜力的重要区域。

建设昌九工业走廊初的几年内,江西省生产力布局开始自北向南沿京九线战略性推进,这在一定程度上改变了江西省经济整体框架主要自东向西沿浙赣线单一方向展开的状况。2000 年前的昌九工业走廊建设主要在基础建设方面有很大的进展,为 2000 年后的昌九工业地带上工业园区建设和产业集群的发展起到了先导作用。昌北机场、九江机场、京九铁路、昌九高速公路、南昌大桥、京九广光缆通信干线(江西段)等是在这一时段建成的。在产业集聚上,1992 ~ 1995 年是昌九工业走廊声势最大、成效最为明显的时期,仅 1996 年安排的重点工程就有 20 个,年度投资达 30 多亿,分别占江西省投资总量的 50% 和 60%;外商对昌九工业走廊也表现出极大的热情,至 1995 年底外商投资项目 1717 个,实际进资占了全省外商投资的大部分。昌九工业走廊建设在江西开了工业化的先河,但因其前期投入大部分是靠银行和土地置换,遇上 20 世纪 90 年代中期国家实行从紧的货币政策和受 1997 年东南亚金融危机爆发的影响,银行和外商投入资金锐减,昌九工业走廊建设步伐开始放慢和停滞。2000 年后随着江西省确立工业化和大开放主战略,江西的工业园区建设和招商引资迅速发展将江西产业集聚和产业集群推到了新的阶段。经过近 10 年来的产业集聚,目前昌九工业走廊现有工业园区 20 多家,累计开发面积

87.5 平方公里,并初步形成了以下产业集聚或产业集群:

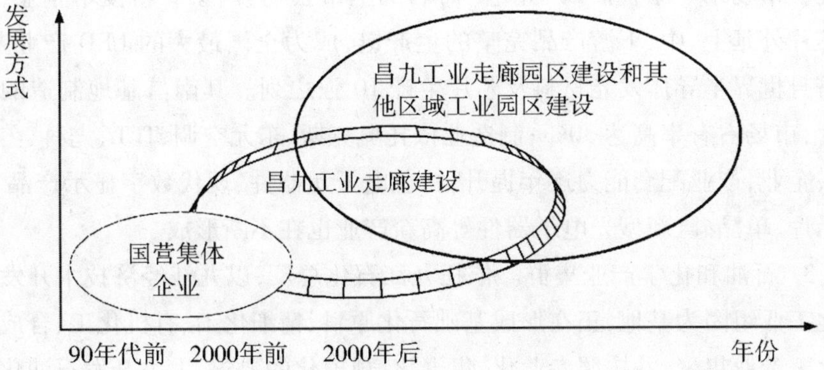

图 4-12　江西现代产业集群发展轨迹

1. 装备制造产业集群。有以汽车、航空、船舶、机械、机电成套设备等为主的机械基础件——关键零部件——先进重大技术装备的制造业产业集聚;有以南昌江铃汽车集团和九江昌河铃木公司为依托的汽车制造基地和零部件配套企业;有以洪都航空工业集团为主体的教练机、强击机、K8 出口型飞机、农林飞机、小型通用飞机以及无人驾驶飞机等重点型号产品,重点进行麦道直升机和轻型公务机等转包机型的生产和组装等产业;有以中船九江公司、九江银兴造船厂、九江东海船业公司为龙头的沿江地区的造船业及船舶设计制造配套企业;有依托清华泰豪、江联、华源机电、银河江变、东元电机等核心企业为主体建设机电设备制造基地的大型机械和整机装备企业。

2. 电子信息产业集群。昌九工业走廊的电子元器件产业优势得到明显发挥。南昌依托晶湛科技、新索丽、瑞显光电、鸿源数显、中国普天、先锋软件等核心企业,电子信息和软件产业基地初具规模,形成了软件、光电子、信息家电、集成电路、通信产品、计算机与网络六大特色产业聚集区。在集聚区内已经形成了晶圆片生产、视听产品制造、重要软件开发及国家半导体照明工程产业化四大产业基地,总资产达 100 多亿元。现在已有的 300 多家相关企业具有完整的产业链条,17 种产品销量位居全国前 10 位,有的企业成为国家级产业生产基地。如从事半导体发光材料及芯片生产的江西联创光电公司，是中国证券市场第一家直接以“光电”命名的上市公司、国家高新技术企业，形成了芯片外延上、中、下游产品完整的生产链，成为全国最大的LED产业基地，并跻身世界半导体发光材料及芯片生产10强之列。其南昌基地制造的LED芯片，市场占有率高达30%；制造业依托奥克斯、东元空调、TCL、先科、美的等龙头企业，产业配套能力逐年提升；特色电子元器件、现代数字显示产品、8寸晶元片、单晶硅、新型光电子器件等高新产业也在不断形成。

3. 石油和化学产业集群。依托九江石化总厂，以九江经济技术开发区的石化工业组团为基地，正在形成基础石化原料、精细化工、有机化工、合成材料的化工产业集聚，并按照专业化、集聚化、规模化的要求，大力开发石油化工中下游系列产品、高附加值的精细化工产品和有机硅单体及其精深加工。

4. 特色冶金产业集群。依托南昌现有的南钢、洪钢两家核心企业，正在着力吸引关联性强的企业集聚，发展特、精、优钢材产品，形成钢铁冶炼——特种钢材——金属制品的冶金产业集聚。主要产品有冷轧薄带、镀锌板、涂镀层板、螺纹钢、细径高强盘条、拉丝盘条等优特钢产品，扩大无缝管、高压锅炉管的市场优势产业链也在快速延伸。

5. 新材料产业集群。以联创光电为主体的半导体发光材料产业化基地、以江钨集团和南昌硬质合金公司为依托的钨制品材料基地、以晶安高科为依托的锆材料基地，以南昌高新区的江铜工业园为基地的高性能铜板带、电解铜箔、新型合金铜管、特种漆包线等铜精深加工产品为基地等新材料产业集聚，使南昌有望成为国内规模最大的新材料生产基地和出口基地；以国内有机硅单体生产规模最大的江西星火有机硅厂为龙头企业发展起来的星火工业园，现已有有机硅高新技术企业10余家，已开发有机硅下游产品40余种；随着星火有机硅厂的合作伙伴——世界500强企业美国卡博特公司，以及蓝星集团的入园，该园区的产业聚集效应将日益显现。

6. 建材工业产业集群。依托亚东水泥等骨干企业，正在形成沿江地区新型建材及墙体材料基地，大中型干法水泥、新型铝材和塑钢、新型涂料、轻质建

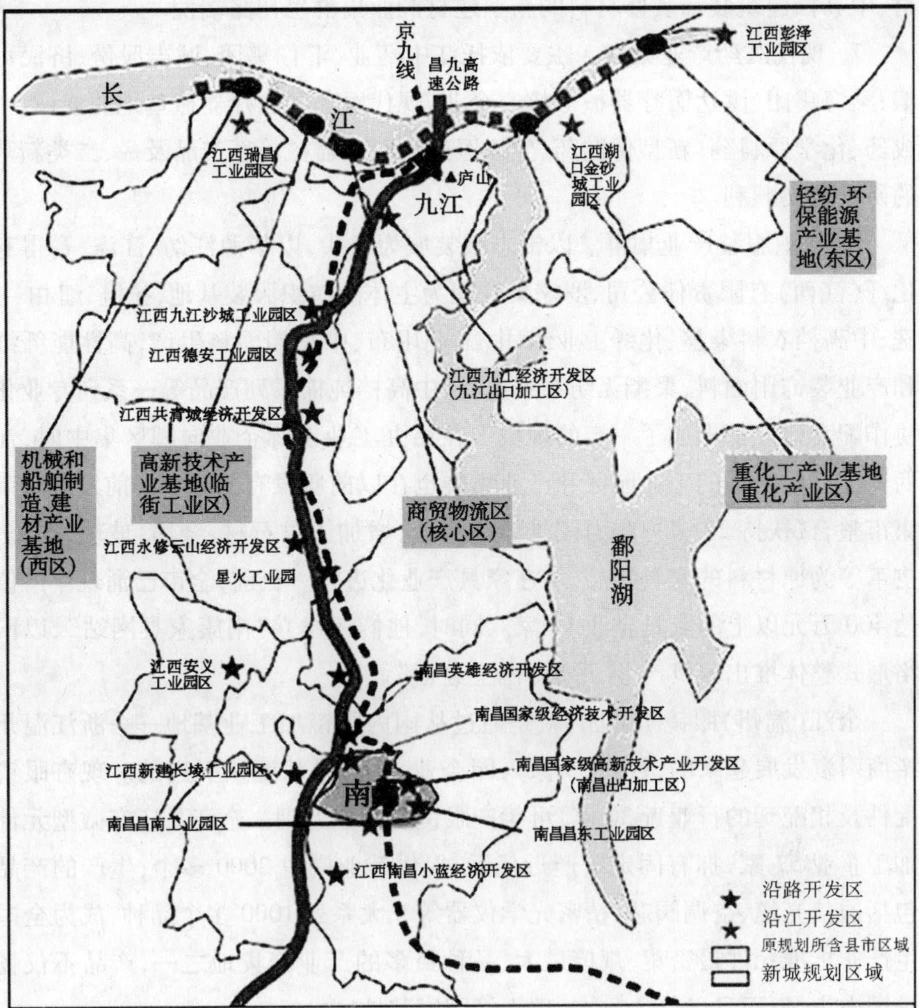

产业定位	南昌：发展现代制造业，着力建设十大产品制造基地：即汽车基地、飞机生产基地、空调生产基地、光电产品生产基地、机电设备生产基地、建材和新材料生产基地、纺织服装生产基地、食品生产基地、医药和医疗器械生产基地、造纸生产基地
	九江：以港口为依托，发挥大物流的优势，重点发展石化、建材、冶金、能源、机械制造等重化工业，加快形成以重工、化工为主的临港产业带

图 4－13　昌九工业走廊规划与产业集群

资料来源：http://www.jxnews.com.cn

材、中高档建筑装饰装修材料的新型建材产业集群也初露端倪。

7. 现代医药产业集群。主要依托江中药业、汇仁集团、诚志股份、济民可信、桑海集团、洪达医疗器械等核心企业,现代医药和医疗器械基地的建设、中成药、化学原料药、新型保健药、生物医药和医疗器械等新产品及一、二类新药的研发进展顺利。

8. 纺织服装产业集群。以银志服装城为龙头,以华源江纺、江涤、赛得利化纤(江西)有限责任公司、罗家集针织为主体的纺织服装基地,拉链、纽扣、水洗、中高档衣料染整、化纤工业组团、工业用布、中高档面料生产,高性能纤维和产业装饰用面料、聚酯无纺系列产品、中高档纯棉系列产品等一系列专业化协作配套建设都形成了一定的规模。在昌九工业走廊企业向园区集中时,江西其他行政区域的工业园区和产业集群也在以前所没有的势头向前发展。南康市整合、扶持20多户实力较雄厚的企业,增加了以石材、金属、玻璃、布艺、皮革等为原材料的家具制品,加速家具产业化进程。目前,全市已涌现年产值达400万元以上的家具企业11家。同时,他们还建立"南康家具网站",以网络形式整体推出家具产业,形成"网上经营"。

余江(温州)眼镜工业园,就是通过从国内眼镜加工业基地——浙江温州招商引资发展起来的,目前35家入园企业,全部是从温州引进的。现有眼镜配件及相配套的行业近30家,可年产眼镜400多万副。余江县还有微型元件加工企业57家,拥有固定资产近亿元,提供就业岗位2000多个;生产的产品包括通信光缆、空调阀芯、精密光学仪器等5大系列1000多个品种,成为全国生产非标准元件最密集、规模最大、品种最多的产业聚集地之一,产品不仅畅销国内市场,而且已打入日本、瑞士等国家和地区。

横峰兴安工业园的制锁企业主要是从浙江浦江县转移过来的。从2003年8月起,6家企业相继在兴安工业园安营扎寨,它们中既有生产锁胚、锁体的,也有生产成品锁的;既有生产钥匙、装配锁的,也有进行锁表面处理的。这种上下游齐备的"线型引进"突破了单个企业缺少专业化分工、协作而难以生存的"锁定效应",在园区内形成了新的相对完整的产业链和企业集群。继6

家企业之后,迄今又有 19 家浦江制锁企业已与该县签约,正着手整体移师横峰。

玉山县仅岩瑞新型建材基地集中了 5 条年产 100 万吨的新型干法生产线,全县形成了年生产 600 万吨的生产能力。玉山县目前有轴承生产企业 37 家,配套(包装、塑料桶、密封圈的)企业 11 家。轴承产量 4200 万套,产值 1.2 亿元,占江西省产量的 92.5%,占全国产量的 0.6%。芦溪电瓷企业有 42 家,年工业总产值 5 亿元以上,年创税利 1 亿元以上。集群企业所产低压电瓷系列产品约占国内电瓷市场 40% 份额,有 500KV 以下的各种高压电器瓷套、支柱、线路、电站用绝缘子计 40 多个系列 600 多外品种。产品销售网点遍布全国各省、市、区,取得自主出口权电瓷企业达 15 家,生产的部分电瓷产品"漂洋过海"销售国外,产品远销东南亚、欧美、非洲等 40 多个国家和地区,出口量占全国线路电瓷产品出口总量的 20% 以上。[①]

如图 4－14 所示,A 为南昌、B 为九江、C 为景德镇区域,主要产业集群有陶瓷产业、汽车产业;D 为上饶、鹰潭区域,主要产业集群有光学仪器、建材产业、高精铜材加工业;E 为萍乡、宜春、新余区域,主要产业集群为烟花鞭炮、工业陶瓷、钢铁产业、食品加工、新型材料产业、光伏产业;F 为吉安区域,主要有电子元器件、食品加工产业;G 为赣州区域,主要产业集群有电子、生物医药、钨业稀土、服装鞋业、食品加工产业等。这些区域的一些产业集群效应十分明显。

4.3 江西产业集群形成过程特征分析

江西仍属欠发达地区,经济发展的轨迹富有自身的特色。产业集群作为一种新的经济组织形式,其形成过程特征和发达地区产业集群形成过程特征有着共性的同时,还有一些突出的个性。

① 舒国华等. 江西省民营企业产业集群研究[EB/OL]. http://www.jxfic.gov.cn

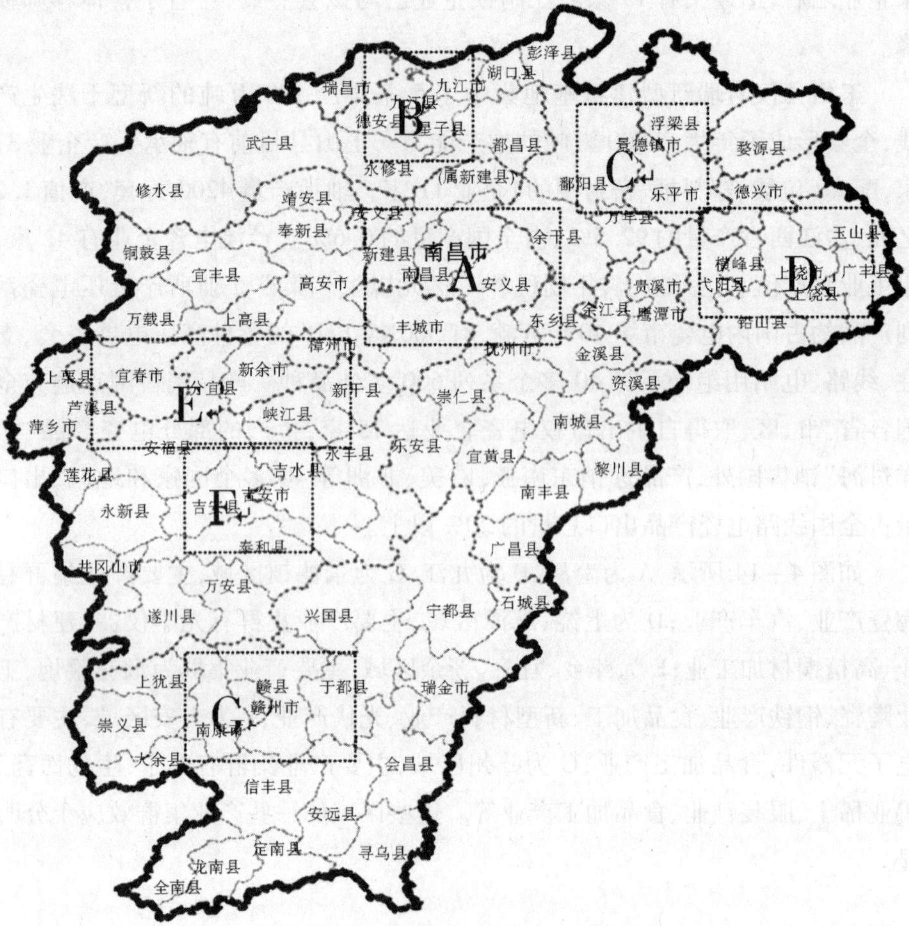

图 4-14　江西现代产业集群分布

一是政府的作用十分明显。江西和其他欠发达地区一样，经济总量小，工业是提高经济总量的根本手段。在发展经济和经济集约的双重压力下，地方政府在制度演化过程中扮演着很重要的角色，对于能对现代工业起到命脉作用的产业集聚高度重视。因而工业园区的建设从一开始就体现着强烈的政府意图，它一起步就体现了政府及相关管理部门在规划、管理、资金、政策、人员等方面的供给优势，自然这也是诱导外部企业进入的基础条件。在这样的背景下形成的产业集群，具有特定区位优势、产业关联、文化传统及资源配置市场等因素。只要发展规划正确并具有前瞻性，那么政府的强力推动必然会增加集群内企业或产业的竞争力，增加企业创新的能力，并因此导致区域内生产力的上升。此外，政府行为还有利于刺激园区内新企业的成型，进而反援创新并促进产业集群结构的优化。

二是市场驱动的作用十分明显。从总体来看，目前江西产业集群的驱动力不是资源等要素所激发的，而是外部经济力量带来的。这种外源性经济动力有助于江西经济发展速度的加快，但这只是其客观上所起到的作用，其主观意图是逐利。在沿海地区土地紧张和价格不菲的情况下，新的投资企业、被沿海地区产业升级所挤出的企业自然奔向张开双手给以政策优惠的欠发达地区。近几年来，欠发达地区土地、劳动力成本优势虽有所减小，但新的经济布局和市场竞争力日渐提高的核心企业也成为吸引外资的因素，以商招商、选商的趋势在增强。不论以哪一种形式进入江西，其动力不外乎是市场的力量。

三是低成本凝聚作用十分明显。江西产业聚集、集群的形成之初，不能和北京中关村、上海漕河泾开发区等地相比，还没有条件以创新为基础，只能依靠廉价的土地和劳动力资源来吸引资本、技术等要素不断涌入并且植根于本地。低成本的优势在一定程上弥补了交通、市场、基础设施等方面的不足。尽管目前低成本优势的作用有所减弱，但与沿海地区比，其比较优势依然突出。

4.4　江西工业园区与产业集群关联机理分析

4.4.1　江西工业园区基本情况

工业园区(Industrial Park)，日本和韩国称工业团地，香港称工业村。根据联合国环境规划署(UNEP)的定义，工业园区是在一大片土地上聚集若干工业企业的区域。从中国目前的实践来看，工业园区是指国家、省、市、县

(区)政府部门,根据经济发展的目标要求,通过行政手段划出一些区域,以吸纳不同类型的工业企业在此空间范围内进行整合,达到集聚生产要素,提高工业化的集约化程度,优化功能布局,适应市场竞争和产业升级要求的一种组织形式产业发展载体。工业园区建设的初衷是以利用外资为主,因此园区内的工业主要以区外企业为主,是典型的外力驱动型经济增长方式。与工业园功能相近但称谓不同的还有高新技术开发区、经济技术开发区、技术示范区、科学园、保税区、工业村、科学技术城等。

工业园区是一种特殊的区域环境、创新环境、市场环境,是产业集群的主要载体,其共同点主要体现在地理的集中性,两者都具有公共服务、基础设施等资源共享的特点。同产业集聚、产业集中一样,工业园区与产业集群的根本区别在于有无产业关联性。工业园区基本要求是大量企业在园区驻扎,对企业间的产业关联性没有要求;与工业园区不同,产业集群强调产业之间的紧密联系,是依靠内力发展的理论。但随着一些工业园区的结构调整和工业园区内企业的裂变与扩张,在市场和政府行为影响下,相关企业之间的联系越来越密切,有的园区最终形成了产业集群。由此可见,工业园区为产业集群形成提供了空间,能否形成产业集聚则要看企业之间的联系状况。

从历史进程来看,中国现代工业园区最早出现于"一五"时期国家在东北投资的大中型工业项目建设地域,而具有现代产业集群研究意义的则是20世纪80年代改革开放后在全国各地逐渐建成的各类工业园区、经济技术开发区。这里我们着重研究工业园区基本上是21世纪初,各地依靠政策优惠和市场推动的共同作用下,旨在集中产业和争取外源性投资而形成的工业产业聚集地。

江西真正意义上的工业项目园区化是从2001年起步的。当年江西确立了以工业化为核心,以大开放为主战略,以体制创新和科技创新为强动力,大力推进工业化、农业产业化、城市化和信息化的发展战略,提出了"三个基地一个后花园"的战略定位(即成为沿海发达地区的产业梯度转移承接基地、优质农副产品加工供应基地、劳务输出基地和旅游休闲的后花园)和"对接长珠闽、融入全球化”的战略举措。为实施以上发展战略，江西遵循布局合理、用地集约、产业集聚的原则，开始建设一批开发区和工业园区，并要求把工业园区建设成为经济发展的带动区、体制和科技创新的试验区、城市发展的新区。

表4-10　2008年江西省重点工业园区名单

南昌市（5个）	南昌高新技术产业开发区	上饶市（5个）	广丰工业园区
	南昌经济技术开发区		上饶经济开发区
	南昌小蓝经济开发区		横峰工业园区
	南昌昌东工业园区		玉山工业园区
	新建长埈工业园区		弋阳工业园区
宜春市（6个）	丰城工业园区	赣州市（6个）	赣州经济开发区
	奉新工业园区		龙南工业园区
	上高工业园区		赣县工业园区
	高安工业园区		赣州沙河工业园区
	樟树工业园区		于都工业园区
	宜春经济开发区		大余工业园区
九江市（3个）	九江经济开发区	景德镇市（2个）	乐平工业园区
	瑞昌工业园区		景德镇高新技术产业园区
	永修云山经济开发区		
新余市（1个）	新余经济开发区	吉安市（1个）	吉安高新技术产业园区
鹰潭市（2个）	贵溪工业园区	抚州市（2个）	抚州金巢经济开发区
	鹰潭工业园区		东乡经济开发区
萍乡市（1个）	萍乡经济开发区		

资料来源：江西省经济贸易委员会。

同时还出台了两个文件:《关于进一步加快工业园区建设,推进城市化进程的若干意见》(赣府发[2002]21 号)、《关于进一步加快工业园区发展,提高工业园区水平的若干意见》(赣府发[2003]18 号);还提出了"三个坚决不搞"的原则,即坚决不搞严重破坏生态环境的项目,坚决不搞严重危及职工生命安全和人民健康的项目,坚决不搞"黄、赌、毒"项目;明确了"四个必须",即园区建设征用土地必须按规定审批并办理手续、征用土地必须依照法律规定给予农民经济补偿并落实到位、城镇经营性土地使用权出让必须全部进入市场,进行规范化的招投标、园区建设资金必须按市场化动作方式筹集,兴办企业严禁搞群众性集资。

经过近 8 年的建设,工业园区已经成为江西集约用地中的经济增长极,为江西加速工业化、经济社会快速发展提供着不可替代的重要支撑;成为了江西培育产业集聚、发挥产业集群效应和规模经济效益的重要平台和江西增加就业岗位的重要载体。工业园区在加快江西工业化进程、发展开放型经济、实现江西在中部地区崛起和全面建设小康社会中发挥着重要的作用。

4.4.2 欠发达地区工业园区机理分析

工业园区与产业集群有着密切的关系,有许多相同点,但又不是相同的概念。它们之间还存在极大的差异,在江西等欠发达地区的表现特别突出。

工业园与产业集群的共同特征:地理的集中性,即许多企业在某一区域聚集;资源的共享性,即区内企业具有同样水平的用水、用电、信息、道路、中介服务、基础设施等;政策的偏好性,即区内企业都是政策支持的重点;科技创新的主体性,不管哪一类组织形式的企业,都是技术创新的主体和建设创新型国家的主力军的一部分。

如前所述,工业园区与产业集群也有明显的不同点:

从产业关联性看,产业集群内的企业往往是处于同一条产业价值链上的,具有很强的产业关联性。工业园对企业间的产业关联性没有要求,只要求大量企业能在同一区域内集中。这样的园区,尽管企业在地理位置上集中和共享公共物品,但不一定会形成产业集群和实现集群效应。产业集群的制度要求是集群内企业按照产业链的要求进行分工和合作,在相互依赖、信任的基础上形成约定俗成的非正式合作契约或行为规范进行自律,这在工业园区内不一定能达到的。从目前的实践来看,欠发达地区的多数工业园内企业按产业链分工、合作的专业化网络机制尚未形成,存在企业之间产品关联度低,企业呈孤立状,形聚而神不聚,中介服务部门不健全等缺陷,这与产业集群是有根本区别的。

表4-11　欠发达地区工业园区与产业集群的异同

相同点	不同点
都是在一定的空间范围内聚集	产业集群具有产业关联性
都是政府主导型	产业集群具有细致的分工体系
都具有规模经济效应	产业集群具有协同演化机制
都具有共享的公共服务、基础设施等资源	产业集群具有凝聚力强的企业文化
都需要科技创新体系的支持	产业集群具有极强的内生力
都会产生制度效应	产业集群内知识转移和共享频繁

从社会根植性来看,产业集群形成的要素之一是具有共同价值观和协同机制作用的企业间相互依赖、互相制约又各自独立的内在结构关系和互动关联的外在活动关系。这样的企业组织形式要比零散的单个企业的生存环境更为有利,这些在集聚中生长出的企业集群会衍生出单个企业功能叠加所没有的演化机制,且都是深深嵌入于地域环境背景中。而工业园区内的企业与当地的社会环境联系却不一定紧密,甚至大多数工业园区的企业还游离于园区的社区网络之外,企业与企业之间也没有形成一种协作与竞争交织的良性关系。因为现有的工业园区中多数企业是通过政策优势的诱导、土地和劳动力成本低等优势而入园的;还有很多企业原是本地国有企业或其他企业退城进郊入园的,这些企业在某一地域集聚不是以共同的价值观、协同机制和企业经济活动的关联机制为生长脉络,所以缺乏强烈的根植性。入园的企业之间如

关联性不强,也就难以建立健全的相互信用体系,也就不一定会向集群方向发展。此外,还有些区别在于这些园区内企业的发展不一定以合作为支撑条件,不一定需要构成配套的产业链;园区主管部门更多的重视招商引资数量、产值、利税、出口总额等数量指标,对竞争力和可持续发展等目标则更多地放任企业自身去谋求。

工业园区与产业集群之间存在不同特征,不等于他们之间就是泾渭分明。事实上,众多的产业集群就是一块块园区,众多的工业园区也包含着产业集群或产业集群的雏形。而且就产业集群和工业园区的机理联系来看,江西等欠发达地区工业园区的很多产业都存在发展成为产业集群的可能。

从企业分工的特性来看,产业关联效应必须具备一定的协同体系,它是由企业间按专业分工生产为核心,众多的经销商、生产商和供应商紧密联系的分工格局,有利于形成产业优势。目前工业园区内企业间分工协作也不明显,这与"招商"而不是"选商"的招商宗旨有关。随着工业园区的发展,"选商"正成为引资的重点,这为园区集群化奠定了好的基础。

从工业园区内的产业发展机理来看,因单个企业自身的力量应付诸多不稳定因素的冲击比集群组织内的企业困难要多,只要园区内有企业有转包、战略联盟、服务合同、销售合同等具体联系形式进行社会劳动分工与协作的意图或期望,就有可能形成企业间合作的局面;一旦企业间分工合作到一定的程度,其内在机制就能有效地降低企业之间交易成本,提高产品的质量,扩大市场需求,增强商品的竞争力,提高整体的生产效率,获得外部范围经济和通过学习提高创新能力。园区内企业分工带来企业间关联性的提高,工业园区的企业实际上就在向集群方向发展。

从工业园区的发展机理来看,产业聚集带来了专业化人才集中,园区内集群中信息传播和获得速度快,使园区内企业能更快地获得技术市场以及其他方面的信息;园区内企业间创新技术和知识的外溢,能推动有关企业模仿和创新。园区内资源共享的特征,能带来生产要素来源上的成本节约。产业集群自身的成长,也能潜移默化地支持园区内企业集群化。

从工业园区内企业地理上的聚集机理来看,工业园区单位面积上的产出远远高于非工业园区,为产生集群效应准备了条件。如园区的政策、规划和科学管理等能促进园区内的企业合作或产业配套,为密切企业各方在物质、技术联系和建立良好的信任和合作关系提供服务,形成有利于技术创新和制度创新的环境,形成有利于产业集群形成的价值观和文化理念,那么园区内企业集群的速度会明显加快。

工业园区的集聚效应、竞争效应、市场效应等是产业集群的基础,所不同的是企业合作分工的程度不同就带来了企业关联性的高低,使工业园与产业集群有大的区别。企业关联性的高低,又影响着包括技术、信息、经验等在内的知识的溢出效应和企业的外部经济性,以致园区内产业集群的发展程度有所不同。假如工业园区在升级或调整产业结构中,能通过聚集效应,引导生产体系和企业分工机制的完善,提供竞争效应,加强创新体系的建设,发挥创新机制的作用,通过市场效应,融入市场体系,达到成本节约的目标,工业园区是能够向产业集群方向发展的。

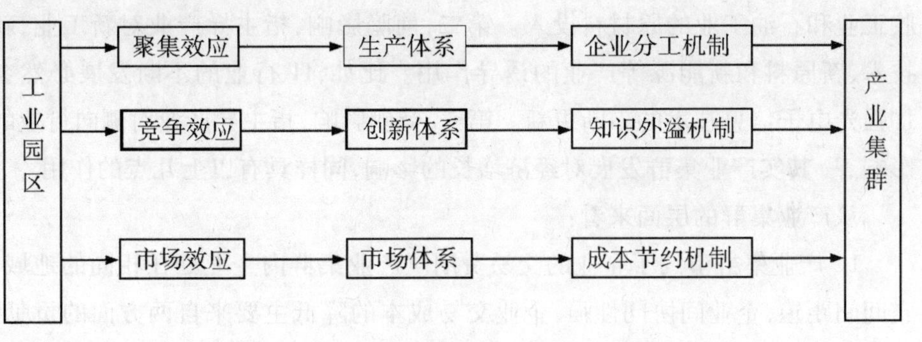

图4－15　工业园区与产业集群关联机理

从政策的支持导向来看,国家明确支持产业集群的发展。2007年国家发改委下发了《促进产业集群发展的若干意见通知》,江西不仅及时转发该文件,而且在此前后制定了一系列发展工业园区的政策文件和配套政策。各市区政府也十分重视本地工业园区的发展,在政策上扶持,为企业排忧解难;在发展方向上,也把产业集群作为工业园区进一步发展的方向来推进。因此,在多种因素的作用下,特别是政策空间的拓展,江西等欠发达地区的工业园区向产业集群转变的是有可能实现的。

4.5 江西产业集群和产业集聚的地位与作用

欠发达地区产业集群与发达地区产业集群不同之处是工业园区内产业集群的程度不同。发达地区的工业园区基本上已是产业集群,某一集群就是工业园区。因此其工业园区对经济发展的贡献,可以看成是对产业集群的贡献。而江西产业集群对江西的影响可以从两个层面来评价:一是包含产业集群的工业园区层面,二是至少实现了产业集聚的工业园区层面。

产业集群对经济社会发展的重要作用是不言而喻的。有国外经济学家把主导产业对经济增长的影响进行分析:第一,回顾影响,也即后向关联,指主导产业对向自己提供投入的部门的影响,例如,汽车工业势必要求钢铁工业、橡胶工业和石油工业的原材料投入。第二,前瞻影响,指主导产业对新工业、新技术、新原料和新能源等产业的诱导作用。比如,IT 行业的不断发展必然会加强光电子信息技术的不断更新。第三,旁侧影响,指主导产业对侧向行业的影响。[①] 其实产业集群发展对经济增长的影响,同样具有以上几点的作用。

从产业集群的层面来看:

1. 产业集群节约了企业的交易费用。产业集群内企业处在相同的地域,空间间距短,企业间协同性强,企业交易成本的降低主要来自两方面的贡献:一是谈判和合同执行成本等非物质要素的节约;二是物质要素的节约。如江西的"江铃"汽车,其价格具有竞争优势,与其零部件国产化程度高和配套产业运距短有极大的关系。

2. 产业集群的机制作用使得群内企业能通过获得外部经济效应,来提高

① 罗斯托. 经济成长阶段[M]. 北京:商务印书馆,1962.

企业的核心竞争力。外部经济效应主要指外部规模经济和外部范围经济。前者主要指企业通过分工合作这一"柔性"的企业规模扩大(不是真正意义上的企业扩大规模)实现规模经济;后者主要指可以在更大服务内调配资源。如江西景德镇陶瓷产业的生产,一些企业专门从事某一环节的生产,不仅生产质量高,而且生产率高;核心企业各环节的供应商众多,比小而全的企业效率高得多。

表4-12 产业集群的地位与作用

对企业	对产业	对个人	对区域或城市	对国家
获得专业的技能劳动力	沟通跨产业的知识和信息渠道	增加收入	形成地方劳动分工	创造更好的内生机制
获得更先进的客户(市场)	增加了产业的有效需求与供给	有更多更安全的就业岗位可以选择	形成生产和开发知识的基础结构	获得更多的外资和技术
更早地获知需要开发新产品的信息,促进合作创新	构建价值链	增加创业机会和创业动机	形成有利于创新的文化环境	减少区域差异
更快地扩散新技术和技艺	扩大产业规模	获得更有效的教育和培训	形成有弹性的社会结构	减少就业压力和贫困
在邻近的地方有高度专业化的供应商	保证产业的持续创新	有更好更和谐的生活环境	创造更多的税收	提高国民素质
获得金融机构的支持和更多的投资	克服产业衰退		促进新企业的繁衍	改善生态环境

续表

对企业	对产业	对个人	对区域或城市	对国家
从政府和教育机构吸引更多的投入	提升产业竞争力		用生态思想改造本地工业系统，共同解决环境问题	增强国家竞争力
帮助企业发展出口			加速农村工业化和城市化	应对全球化
提高企业生产率				

资料来源：王缉慈等．关于我国沿海产业集群发展的对策研究[EB/OL]．中国经济改革研究基金会资助课题，2003. http://www. crfoundation. org 表题为本文作者改。

3. 产业集群促进了企业专业化分工。分工使企业专门生产某一部件，工人每天生产同一产品，熟练程度增加，劳动生产率大大提高；减少了工人的劳动转换，节省专业知识的学习时间和工作转换时间，提高了社会劳动效率。分工经济的发展，还为企业装备机械化程度的提高和科技创新准备了条件。如江西萍乡宜春的烟花鞭炮产业集群，在一村一镇集聚着大量的花炮生产企业。在长期的生产过程中，集聚的企业自然形成了分工，即每一企业专做自己做得最好的产品，产品的精细化生产带来了产品质量和市场份额规的提高，又导致了规模模生产的形成。目前，萍乡等地烟花鞭炮采用“电脑芯片”燃放等技术就是专业化生产的结果。

4. 产业集群加快了群内企业间进一步的竞争和协作。企业集聚在一起必然加剧竞争，竞争的结果又必然会增强企业的活力。如在江西南昌经济开发区内，一些关联的现代制造业聚集一起，使得企业业绩评价的尺度明确而透明，在给企业带来了竞争的压力的同时也带来了合作的机会。绩效好的企业能够从中获得更多的市场机遇，而绩效差的企业更能将压力转为动力。

5. 产业集群的机制作用会在无形中为企业创造更佳的学习环境和创新环境，其作用主要表现在促进知识、信息的快速流动、新生企业的产生和快速成长。如江西南昌高新技术开发区,这里聚集了一些较高技术水平的公司和具有高度专业化技能知识的人才、服务机构,也有相同产业的竞争者。这样的经济结构环境内会激发出强烈的知识与信息累积效应,而这一效应正是集群内企业生存、提高竞争力、进行技术创新所需的动力来源和必需的物质基础。

从工业园区层面来看,近几年来其对江西经济的支撑作用更为直观、明晰:

一是竞争效应快速呈现。作为市场主体的企业在空间集聚,不管有无集群的迹象,在一个共同的地域,自然形成了多方面竞争的局面。集聚在一起的企业内部产生的竞争动力,不仅促进本企业和拉动关联企业对市场快速反映,也给其他企业以种种信号,影响其他企业加快技术进步和管理创新的步伐。

二是磁场效应逐渐增强。尽管江西产业集聚明显,但现代产业集群处在起步阶段,一些市场前景看好的企业越来越感觉到缺少配套供应,缺乏企业合作,与距离远的企业关联的成本大大抵消了江西原所具有的土地、劳动力成本低廉的优势。因此,企业、政府以商招商、聚商,企业内部裂变的力度也在增强,产业基础也在不断的完善,以降低相关企业的运营成本和投资风险,以形成新的区域优势。这些内外因素形成一种磁场引力,出现了吸引相关产业涌入的磁场效应。如江西新余经济开发区通过政策扶持和解决生产中的关键问题,引进了赛维光伏产业,使新余市的新能源产业实现了零的突破,到 2007 年已实现主营业务收入 41. 15 亿元,也使开发区销售收入从 2002 年的 7. 53 亿元增至 2007 年的 151 亿元,增长 20 倍。

三是专业化分工效应开始体现。在磁场效应作用下,产业集群的机制开始运行。一些集群企业围绕一个专业化市场形成,为核心企业提供各种原材料、配套设施与服务,加上部门专业化以及社会文化同一性的特征,这些企业间还具有地理靠近性的优势。因此,在政府的支持下,通过共同构筑价值链,形成了弹性专精的分工协作和地方生产系统,明显降低了制造成本和交易成本,增强了竞争力,外部规模经济和外部范围经济以及集体效率的作用也在逐步体现。

四是带动效应强劲。江西省工业园区紧紧围绕光电产业、高精铜材、优特钢材、特种车船、精密机械、生物医药、特色化工、绿色食品、有色金属等产业发展主攻方向,引进相关企业落户,带动产业集聚发展,壮大主导产业。由小而散的产业分布向大而强的产业集聚和产业集群转变,多元化、特色化、集约化的新型产业发展格局已成雏形。据有关资料统计,2007 年江西省工业园区主导产业主营业务收入过 10 亿元的 82 个,其中,过 20 亿元的 33 个,过 50 亿元的 10 个;2007 年,工业园区新上投资规模亿元以上项目 387 个,其中投资 5 亿元以上的 70 个、10 亿元以上的 37 个、20 亿元以上的 16 个;1 亿元(含 1000 万美元)以上重大项目签约资金 1758 亿元,占全部招商签约资金总额的 72%。

五是对区域经济发展的贡献作用十分突出。2001 ~ 2007 年,江西省工业园区实现主营业务收入由 146.24 亿元增加到 3804.6 亿元,增长 25 倍,基本实现两年翻一番;实现工业增加值由 44.8 亿元增加到 1239.8 亿元,增长 26.7 倍;占全省工业 GDP 的比重由 7.4% 提高到 54.7%;园区内实际招商引资到位资金由 51.8 亿元增加到 1369.6 亿元,增长 25.4 倍;出口创汇由 1.68 亿美元增加到 53 亿美元,增长 30.5 倍,占全省出口总额的比重由 16.2% 提高到 97.1%;上交税金由 7.17 亿元,增加到 195.4 亿元,增长 26 倍,占全省财政总收入的比重由 3.6% 提高到 30.7%;从业人员由 13.84 万人增加到 119.9 万人,增长 7.7 倍。①

本章小结

本章主要是了阐述了产业集群形成、发展的经济环境因素,以江西为例,分析了江西经济发展不足对产业集群形成的影响,对江西传统产业集群和现代产业集群的发展轨迹进行了描述。揭示了产业集群与江西经济发展的相关性,对产业集群在江西经济发展中的重要地位进行了分析和总结。

① 谢碧联. 对全省工业园区集约发展情况的调查研究[J]. 江西政报,2008,(14).

第5章 欠发达地区产业集聚度实证分析——以江西为例[①]

5.1 产业集聚分析的意义与方法

产业集聚是形成产业集群的基础,通过产业集聚可以产生规模经济、范围经济。以工业园区为标志的产业集聚,在欠发达地区发展到了前所未有的程度,其发展方向关系到欠发达地区产业竞争优势、产业集群的成长机制、产业集群创新机制的培育。因此,对产业集聚本身,尤其是其集聚程度进行剖析,是研究欠发达地区产业集群进一步发展战略至关重要的前提条件。

从理论研究角度来看,产业集聚的测度是对产业集群进行定量研究的关键。由于同一区域里产业集聚,可以共享基础设施和中介行业的专门服务,有利于提高基础设施的利用效率,降低相关服务的单位成本和促进增加基础设施和专业化服务的有效供给;由于企业紧密相连,集聚区域内企业深深根植于园区社会关系网络之中,无形中形成的网络信任机制有利于推进企业加强合作和分工,减少交易费用;由于集聚企业中的主导性产业或核心企业容易产生知识技术的溢出效应,必然会加快技术在园区扩散,从而能提高园区内人力资本的质量和推动园区内企业整体的技术创新。因此,研究产业集群,对产业集聚度进行理论分析是不可忽视的一个重要环节。此外,通过产业集聚度的研究,还可以了解和掌握产业的竞争力、产业特色、园区进一步集聚的方向、集聚效应的强弱及形成集群的可能性。

---

① 罗莹等. 江西产业集聚问题与对策研究. 江西社科"十一五"(2008)规划项目.

对产业集聚的理论分析主要是通过定量分析,建立数学模型和运用有关计算机分析软件来完成。事实上,在古典区位理论研究中,定量分析方法进行研究很普遍,一般通过创建区位模型来进行研究。如:杜能运用数学模型建立了农业区位论,韦伯、克里斯泰勒、廖什、艾萨德等都大量使用数学分析的方法进行研究。这些方法,使得他们的研究成果更有说服力。

目前与产业集聚定量研究有关的分析法主要有以下几种:一是经济计量学(包括计量经济学、数理经济学和投入产出经济学等);二是计量地理学(GIS 系统);三是系统科学(包括系统论、信息论、耗散结构理论、协同论等),所使用的方法有数理统计、线性代数等等。对于产业集群的数量描述也可分为三类:一是对集群本身的描述,例如:集群内企业的数量、集群的总产值、集群的劳动力总数等等;二是是对集群竞争力的评价;三就是本研究要进行的定量分析,即测定集群的集聚程度,如:空间基尼系数、产业地区集中度。

产业集聚测度方法或模型很多,除本研究所采用的外,以下几种方法较为常见。

1. 盖迪斯和奥德的 G 指数法

盖迪斯和奥德(Getis&Ord)的 G 指数(记作 G_i^*)由盖迪斯和奥德于 1992 年提出,1995 年进一步进行修正,是一种简单、直接量度产业集群内某一指标(如就业)在地理上集聚程度的方法。对每个区域都可以计算其 G_i^*,其测度的区域范围不仅包括本区域,而且包括直接相邻区域。这样,利用 G_i^* 不仅能发现区域内的集聚活动(如区位商、区域基尼系数、艾尔森和格莱赛德的集群指数等反映的情况),还能发现跨区域的集聚活动。

区域 i 特定产业的集聚程度为:

$$G_i^* = \frac{\sum_j w_{ij} - w_i \bar{x}}{\sqrt{\dfrac{nS_{1i} - W_i^2}{n-1}}}$$

式中,$\bar{x} = \dfrac{\sum_j x_j}{n-1}$,$S_{1i} = \sum_j w_{ij}^2$;对于所有的 j,x 是对集群规模的测度指标(例如,就业);w_{ij} 指邻近地区 j 相对于地区 i 的空间权重($w_{ij}=1$),W,是权重 w_{ij} 的

和，$\bar{x}$ 指各区域集群指标（如就业）的均值。

G_i^* 的值越大，产业的集聚程度越高。

2. 行业集中度指数法

行业集中度（CR）也被称之为行业集中率，一般以某一行业中规模最大的前几位企业的有关指标 X（增加值、销售额、资产额、职工人数等）占整个行业的比例来衡量。这是对市场结构定量研究中运用最多、最简单易行的一种方法。

$$CR_n = \sum_{i=1}^{n} X_i \Big/ \sum_{i=1}^{\text{全部}} X_i$$

X_i 为某一行业中企业规模最大的前几位企业的有关指标。在这些分析中行，一般取 n=4 或 n=8，计算前 4 家或前 8 家最大企业的集中度；如是对整个工业的市场进行集中度分析时，一般取 n=100、200 或 500，即选择前 100 家、200 家或 500 家最大企业来计算其集中度。有资料表明，目前美国的商务部调查局在对制造业的某一产业集中度进行分析时，也只是取其前 20 或 30 家最大企业来进行计算。

表 5-1　贝恩的市场结构分类集中度

集中度 / 市场结构	CR_4 值（%）	CR_8 值（%）
寡占Ⅰ型	$75 \leqslant CR_4$	—
寡占Ⅱ型	$65 \leqslant CR_4 < 75$	或 $85 \leqslant CR_8$
寡占Ⅲ型	$50 \leqslant CR_4 < 65$	$75 \leqslant CR_8 < 85$
寡占Ⅳ型	$35 \leqslant CR_4 < 50$	$45 \leqslant CR_8 < 75$
寡占Ⅴ型	$30 \leqslant CR_4 < 35$	或 $40 \leqslant CR_8 < 45$
竞争型	$CR_4 < 30$	或 $CR_8 < 40$

资料来源：贝恩．产业组织［M］．丸善，1981.

至于行业集中度的分类，目前国际上较通行的方法是“贝恩分类法”，即

如果行业集中度 $CR_4<30$ 或 $CR_8<40$(CR_4 指前 4 大企业的市场份额之和),则该行业为竞争型:如果 $30\leqslant CR_4$ 或 $40\leqslant CR_8$,则该行业为寡占型,寡占型又根据程度的不同分为Ⅰ－Ⅴ型。

3. 赫芬达尔指数法

赫芬达尔指数(H),这是赫芬达尔 1950 年在哥伦比亚大学的一篇博士论文——《钢铁业中的集中》中提出来的,其基本含义是指所有企业在一个给定市场中所占市场份额平方值的总和,后来经过赫希曼(1964)的扩充,亦称为赫芬达尔—赫希曼指数(Herfinddahl - Hirshman Index)。赫芬达尔汇总指数定义为一个行业中各厂商所占行业总资产百分比的平方和:

$$H=\sum_{i=1}^{n}\left(\frac{X_i}{T}\right)^2$$

式中:X_i 为各个企业的有关数值;T 为市场总规模;

$\left(\frac{X_i}{T}\right)$ 则是第 i 个企业的市场份额;n 为该行业的企业总数。

4. 产业集群指数法

美国麻省理工大学经济学教授艾利森和格莱赛(Ellison and Glaeser. 1997)在研究中,注意到了空间基尼系数的缺陷和漏洞,即只能适用于某一区域中小企业产业集群的定性分析。如果某一区域有一规模很大的企业,用这一方法计算就可能得出该区域某产业有较高的基尼系数,看起来已有产业集群的出现,但实际上并未出现。在此情况下,艾利森和格莱赛提出了集群指数 γ(the index of concentration)的概念,以区分市场结构导致的垄断企业与因集聚效应而产生的产业集中,进而消除因某一企业规模过大使基尼系数计算失真而使人判断该区域出现集群的假象问题。计算公式如下:

$$\gamma=\frac{G-(1-\sum_i x_i^2)H}{(1-\sum_i x_i^2)(1-H)}=\frac{\sum_{i=1}^{M}(s_i-x_i)^2-(1-\sum_{i=1}^{M}x_i^2)\sum_{j=1}^{N}z_j^2}{(1-\sum_i x_i^2)(1-\sum_{j=1}^{N}z_j^2)}$$

其中,s_i 表示 i 区域某产业就业人数占该产业全部就业人数的比重,x_i 表示 i 区域全部就业人数占经济体就业总数的比重。$H=\sum_j z_j^2$ 是赫芬达尔指数,指该产业中所有企业的市场份额的平方和;z_j 指产业中第 j 位企业的市场占有率。当 $\gamma>0$ 时,说明产业有集中现象。

事实上,不管是克鲁格曼还是艾利森,他们计算产业地理集中度的方法都是通过建立有关指标体系,利用指数在上下限区间的相对位置来判断地理集中程度的高低。指数越大,说明产业集群程度就越高。

5.2　江西产业集聚的分析:空间自相关模型法

空间统计学讨论在空间中"点"的分布有什么规律,一般可以通过计算其测量值和空间值来揭示。有关理论认为,测量值是进行"点"的分析的资料数据,空间值主要是这些数据在空间所处的位置,它或许是二维空间坐标,或许是包括时间在内的三维空间坐标。空间值可分为三种类型:空间点分布形态、格点数据模型与地理统计数据模型。一般来说,对某一研究对象进行空间统计分析,第一步是为揭示其地理位置上的空间链接与空间邻近关系而计算空间相邻矩阵;然后依据相关标准定义不同的用于空间数据分析的空间权重矩阵 $W_{n\times n}$ 来表示 n 个位置的空间邻近关系。空间邻近关系是 GIS(地理信息系统)的基本度量单位,有邻接标准或距离标准。邻接标准规定,当 i 和 j 邻接时,空间权重矩阵的元素 $w_{ij}=1$,否则 $w_{ij}=0$;而距离标准规定,当位置 i 和 j 之间的之距离在一定(d)范围内时,空间权重矩阵 W 的元素 $w_{ij}=1$,否则 $w_{ij}=0$。一般将 W 的所有对角线元素 w_{ii} 设为 0。

因邻接标准或距离标准规定下的地理空间相邻矩阵的选择过于简单,难以揭示出相关空间元素属性上相互影响关系,因而,空间邻近关系的定义,除了邻接标准或距离标准保持不变外,有的研究提出还可依据现象属性值与地理空间相邻矩阵中的元素格局,规定一个属性空间权重矩阵 W^*,$W^*=W\times E$,式中 E 是表述空间单元中属性差异的矩阵。这一矩阵 W^* 同时兼顾了空间单元间现象值与地理空间的相关性,将同样两个相邻空间单元的属性差异,通过属性权重加以区别。

全局空间自相关(Global Spatial Autocorrelation),用于描述区域单元某种现象的整体分布状况,以判断该现象在空间上是否存在聚集性。Moran's I(MC)和 Geary's C(GR)是两个用来度量空间自相关的常用指标。Moran 系数反映的是空间邻接或空间邻近的区域单元属性值的相似程度。空间权重矩阵 W 确定了位置相似性,$(x_i - \bar{x})(x_j - \bar{x})$ 反映属性似性,确定了位置邻近关系 w_{ij} 和属性相似性 Sim_{ij},就可以计算出全局 Moran 系数。MI 定义为:

$$I(d) = (\frac{1}{s^2})\frac{\sum_{i=1}^{n}\sum_{j=1}^{n} w_{ij}(x_i - \bar{x})(x_j - \bar{x})}{\sum_{i=1}^{n}\sum_{j=1}^{n} w_{ij}}, \text{其中 } s^2 = \frac{\sum_{i=1}^{n}(x_i - \bar{x})^2}{n-1}$$

$$C(d) = (\frac{n-1}{2\sum_{i=1}^{n}(x_i - \bar{x})^2})\frac{\sum_{i=1}^{n}\sum_{j=1}^{n} w_{ij}(x_i - x_j)(x_j - \bar{x})^2}{\sum_{i=1}^{n}\sum_{j=1}^{n} w_{ij}}$$

I 系数与统计学上的相关系数类似,它取值从 -1 到 1;I 值大于零说明全局空间自相关性是正相关,MI 小于零为负相关关系,MI 绝对值越大说明相关程度越大。当 I=0 时代表空间无关,I 取正值时为正相关,I 取负值时为负相关。①

杨挺干、万洛简等根据江西省有关工业园区的数据,选取其中 30 个重点工业园区作为研究对象,利用 s-plus 软件对江西省工业园区的空间相关性作了以下分析:

根据距离标准得到一个空间权重矩阵 W,

$$W = (w_{ij}) = \begin{cases} 1, d_{ij} < 40km \\ 0, \text{其他} \end{cases}$$

其中 d_{ij} 表示第 i 个开发区与第 j 个开发区的距离。根据前述理论,Moran's I 和 Geary's C 是两个用来度量空间自相关的全局指标。

① 万洛简等. 基于空间统计的工业园区投资评价与分析[J]. 南昌大学学报,2007,(9).

因为 $\text{Moran's I} = \left(\frac{1}{s^2}\right)\frac{\sum_{i=1}^{n}\sum_{j=1}^{n}w_{ij}(x_i-\bar{x})(x_j-\bar{x})}{\sum_{i=1}^{n}\sum_{j=1}^{n}w_{ij}}$,其中 $s^2=\frac{\sum_{i=1}^{n}(x_i-\bar{x})^2}{n-1}$

将 Moran's I 看作各工业园区观测值的乘积和,其取值范围为 $-1\leqslant I\leqslant 1$。若各工业园区为空间正相关,I 的数值应当为正;负相关则为负。

$$\text{Geary's C} = \left(\frac{n-1}{2\sum_{i=1}^{n}(x_i-\bar{x})^2}\right)\frac{\sum_{i=1}^{n}\sum_{j=1}^{n}w_{ij}(x_i-x_j)(x_j-\bar{x})^2}{\sum_{i=1}^{n}\sum_{j=1}^{n}w_{ij}}$$,其中 $0\leqslant C\leqslant 2$

具体到经济发展水平的空间依赖性问题上,可作以下判断:当经济发展的目标区域数据(如工业总产值)在空间区位上相似的同时也有相似的属性值时,空间模式整体上就显示出正的空间相关性;而当在空间上邻接的目标区域数据不同寻常地具有不相似的属性值时,就呈现为负的空间相关性;零空间自相关性出现在当属性值的分布与区位数据的分布相互独立时。当 $0\leqslant C<1$ 时,表示开发区目标区域数据具有空间正自相关性;$1<C\leqslant 2$ 时,表示开发区目标区域数据具有空间负自相关性;$C=1$ 时,表示开发区目标区域数据具有相互的独立性。

表5-2 江西省工业园区工业总产值的 Moran 系数和 Geary 比率

结果 / 时间	Moran's I	Moran's I P-值	Geary's C	Geary's C P-值
2003年	-0.1496	0.7936	1.696	0.05685
2004年	-0.2755	0.1749	1.684	0.0569

分析2004年江西工业园区工业总产值的 Moran 系数和 Geary 比率,分别为-0.2755和1.684,仍然不具空间自相关性。相较于2003年,产业集聚的现象并没有加强。

此外,至2006年,在江西的工业园区内有企业4747个,亏损企业就有546

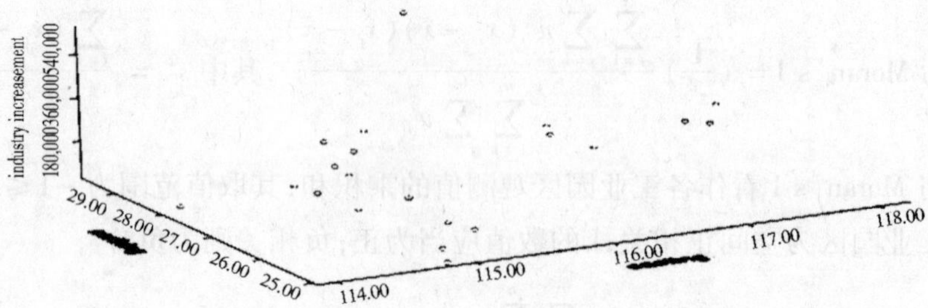

图 5-1 2003~2005 年江西省工业园区年均工业增加值散点图

个,占总数的 11.5%,说明此时的工业园区未形成有效的产业集聚和集群,而且企业的质量也不高。如图 5-1,是 2003~2005 年江西省工业园区年均工业增加值基于地理信息位置的散点图。

根据以上模型分析,得出的基本结论:

1. 由表 5-2 可知 2003 年江西省工业园区工业总产值的 Moran 系数和 Geary 比率为 -0.1496 和 1.696,前者小于 0,后者大于 1。也即 2003 年江西省工业园区第二产业没有空间自相关性,这表示江西省工业园区并未形成有效的产业集聚。

2. 由图 5-1 可以直观地看出,江西省工业园区企业空间有一定集聚度的地域是南昌高新技术开发区,其次是九江经济开发区、瑞昌工业园区等。但就整体而言,图中未呈现明显的类似沿海的产业集聚现象。除南昌高新技术开发区外,其余大部分工业园区的发展水平大致类似。发展最突出的南昌高新技术开发区居于最高点,九江经济开发区、瑞昌工业园区等园区与南昌高新技术开发区接近,发展平均水平也相对较高。①

① 万洛简等. 基于空间统计的工业园区投资评价与分析[J]. 南昌大学学报,2007,(9).

5.3　江西产业集聚的分析:区位基尼(Gini)系数法

美国统计学家洛伦茨(M. Lorenz)在对居民的收入分配进行研究时,提出了揭示社会分配平均程度的洛伦茨曲线;1912 年,意大利的经济学家科拉多·基尼则依据洛伦茨的研究成果的基础上,也提出了衡量国家或区域之间收入不平等的相对的有关指标——基尼系数。此后,欧美国家的一些研究者便将洛伦茨曲线和基尼系数运用到产业集群程度的实证研究上。还有学者如凯伯等(Keeble etal. 1986)将洛伦茨曲线和基尼系数用于度量某一行业在某区域间的分布均衡程度,以致发展成目前人们研究中常用的区位 Gini 系数。

区位基尼(Gini)系数最简明易懂的计算方法是运用洛伦兹(Lorenz)曲线。假设 A 地域有 K 个次级地区,对于每个次级地区,计算 i 行业的就业人数(产值、增加值)占该地区所有行业就业人数的比重 ei,对 ei 从大到小排序,计算其累加值;同时,计算出相应次级地区所有行业就业人数占 A 地域所有行业就业人数的比重 Ei,计算相应累加值,在坐标轴上得到 OWA 曲线,即洛伦兹曲线,则区位 Gini 系数的计算公式为:

$$\text{Gini 系数}(g) = SA/(SA + SB)$$

对角线为绝对平均线,洛伦兹曲线越接近绝对平均线,i 行业的空间分布越均衡;反之,越集中。由于 OWA 曲线难以拟合,SA 的计算非常繁琐。

通过计算可以可以这样认为,洛伦兹曲线下凹的程度越小,基尼系数越接近于 0,说明某一行业的空间分布比较均衡;反之,曲线下凹的程度越大,基尼系数越接近于 1,说明某一行业的空间分布比较集中,或者说,行业的地方化程度较高。在理论研究中,区位 Gini 系数是衡量某些行业地理集中度较为常用的一种定量方法。

在实际运用中,研究人员还构建了多种基于上式的计算方法,并用于实证。其中应用最为广泛的是 1991 年,克鲁格曼(Krugman. 1991)通过计算区位 Gini 系数，分析了美国州级地域的有关工业或制造业行业及创新产业的地理集中状况和变化趋势；艾米蒂（Amiti. 1997）计算了欧盟十国的 3 位数水平的 27 个行业的基尼系数及五国 65 个行业的基尼系数，用于欧盟多个国家间制造业行业地理集中情况的研究，以检验欧盟国家在 1968～1990 年期间的工业是否更为集中。国内已有相关的成果，主要集中在制造业在各省市区间分布的研究方面。

区位 Gini 系数将次级地理单元就业人数与整个区域的就业人数之比作为一个变量纳入公式，实质上是考虑了次级地区面积大小对集中度的影响。它还将全部行业的地理分布作为比较基准，使得不同行业的计算结果具有可比性，因此得到了经济学界的广泛应用。但是该方法并非源于区位选择的理论模型，没有考虑企业规模的影响；也没有区分随机集中和源于共享外部性或自然优势的集中，自然也就存在一定的缺陷。①

5.3.1 利用各设区市单位就业人数进行江西产业集聚度分析

1. 建立基础数据表

2. 计算各设区市单位从业数占全省市区单位从业人员总数比例

表 5－3 江西各单位从业数占全省市区单位从业人员总数比例

地区	设区市单位从业人数占全省单位从业总数之比	累计数（x）
鹰潭	0.015695	0.015695
上饶	0.032981	0.048676
吉安	0.038581	0.087257
抚州	0.047639	0.134896
宜春	0.050335	0.185231
赣州	0.05559	0.240821

① 刘春霞．产业地理集中度测度方法研究［J］．经济地理，2006，(9)．

续表

地区	设区市单位从业人数占全省单位从业总数之比	累计数(x)
景德镇	0.065616	0.306437
萍乡市	0.069764	0.376201
九江	0.110973	0.487174
新余	0.184402	0.671576
南昌	0.328424	1

3. 计算各地市区各行业单位就业数占全省市区该行业单位就业总数之比

表 5－4　设区市各行业就业数占全省市区该行业就业总数之比

地区	制造业	矿业	建筑业	交通运输	批零业	金融业
南昌	0.275234	0	0.408754	0.596675	0.127678	0.368192
景德镇	0.101636	0	0.026263	0.018373	0.02485	0.04793
萍乡	0.067991	0.728522	0.012121	0.028871	0.041988	0.098039
九江	0.126636	0.034364	0.129966	0.063867	0.071979	0.115468
新余	0.22243	0.182131	0.193266	0.088364	0.563839	0.061002
鹰潭	0.005374	0	0.014815	0.008749	0.011997	0.037037
赣州	0.065421	0.03781	0.049158	0.031496	0.009426	0.082789
吉安	0.01986	0.012746	0.021549	0.057743	0.048843	0.04793
宜春	0.048131	0.003436	0.035017	0.056868	0.023993	0.045752
抚州	0.044626	0	0.075421	0.023622	0.030848	0.052288
上饶	0.022664	0	0.03367	0.025372	0.044559	0.043573

4. 建立数学模型，求出 LORENZ 曲线

将各地某产业职工数占该产业江西省职工数之比，与各地职工总数占江

西省职工总数之比相对应，应用 Eviews 软件，建立各产业的 LORENZ 曲线模型，并进行 R^2 检验。

（1）制造业

$Y_1 = X\text{\^{}}1.015451988 - 0.01073548775$

$R^2 = 0.991$，S. E. = 0.0316

	Coefficient	Std. Error	t – Statistic	Prob.
C(1)	0.995961	0.074872	13.30210	0.0000
C(2)	0.013604	0.018940	0.718252	0.4908
R – squared	0.989967	Mean dependent var		0.323088
Adjusted R – squared	0.988852	S. D. dependent var		0.299378
S. E. of regression	0.031610	Akaike info criterion		–3.907735
Sum squared resid	0.008993	Schwarz criterion		–3.835391
Log likelihood	23.49254	Durbin – Watson stat		0.682085

（2）采矿业

$Y_2 = X\text{\^{}}3.27684984 - 0.001324916924$

$R^2 = 0.999$，S. E. = 0.0046

	Coefficient	Std. Error	t – Statistic	Prob.
C(1)	3.276850	0.042033	77.95814	0.0000
C(2)	–0.001325	0.001732	–0.764942	0.4639
R – squared	0.999781	Mean dependent var		0.129820
Adjusted R – squared	0.999757	S. D. dependent var		0.299405
S. E. of regression	0.004670	Akaike info criterion		–7.732188
Sum squared resid	0.000196	Schwarz criterion		–7.659843
Log likelihood	44.52703	Durbin – Watson stat		2.657278

(3)建筑业

ASSIGN @ ALL F

$Y_3 = X\hat{}1.359705469 + 0.006709682126$

$R^2 = 0.999$, S. E. $= 0.008$

	Coefficient	Std. Error	t - Statistic	Prob.
C(1)	1.359705	0.026167	51.96281	0.0000
C(2)	0.006710	0.004660	1.439856	0.1838
R - squared	0.999331	Mean dependent var		0.260361
Adjusted R - squared	0.999257	S. D. dependent var		0.302052
S. E. of regression	0.008236	Akaike info criterion		-6.597656
Sum squared resid	0.000610	Schwarz criterion		-6.525311
Log likelihood	38.28711	Durbin - Watson stat		1.377623

(4)交通运输业

ASSIGN @ ALL F

$Y_4 = X\hat{}1.810635759 + 0.03220715102$

$R^2 = 0.974$, S. E. $= 0.048$

	Coefficient	Std. Error	t - Statistic	Prob.
C(1)	1.810636	0.202433	8.944374	0.0000
C(2)	0.032207	0.023218	1.387161	0.1988
R - squared	0.973627	Mean dependent var		0.233357
Adjusted R - squared	0.970696	S. D. dependent var		0.283218
S. E. of regression	0.048482	Akaike info criterion		-3.052283
Sum squared resid	0.021155	Schwarz criterion		-2.979939
Log likelihood	18.78756	Durbin - Watson stat		1.187078

(5)批发与零售业

ASSIGN @ ALL F

$Y_5 = X\hat{}1.756257021 + 0.02654561882$

$R^2 = 0.984$, S. E. $= 0.037$

	Coefficient	Std. Error	t - Statistic	Prob.
C(1)	1.756257	0.153106	11.47086	0.0000
C(2)	0.026546	0.018429	1.440404	0.1836
R - squared	0.984259	Mean dependent var		0.232687
Adjusted R - squared	0.982510	S. D. dependent var		0.286221
S. E. of regression	0.037853	Akaike info criterion		-3.547270
Sum squared resid	0.012895	Schwarz criterion		-3.474925
Log likelihood	21.50998	Durbin - Watson stat		0.990145

(6)金融业

ASSIGN @ ALL F

$X = Y_6\hat{}1.061626836 - 0.008097655558$

$R^2 = 0.994$, S. E. $= 0.024$

	Coefficient	Std. Error	t - Statistic	Prob.
C(1)	1.061627	0.068092	15.59097	0.0000
C(2)	-0.008098	0.018266	-0.443322	0.6680
R - squared	0.994159	Mean dependent var		0.323088
Adjusted R - squared	0.993510	S. D. dependent var		0.299378
S. E. of regression	0.024118	Akaike info criterion		-4.448747
Sum squared resid	0.005235	Schwarz criterion		-4.376402
Log likelihood	26.46811	Durbin - Watson stat		1.541678

5. 根据 LORENZ 曲线，求各产业的 Gini 系数

Gini 系数 $=2\int_0^1(X-f(X))dX$ 或 $=2\int_0^1(Y-f(Y))dY=1-2\int_0^1 f(X)dX$

根据各产业的 LORENZ 曲线模型，可以求出各产业的地理 Gini 系数。

表 5-5　江西主要产业城市就业 Gini 系数

产业名称	LORENZ 曲线模型	Gini 系数
制造业	$Y_1 = X^{\wedge}1.015451988 - 0.01073548775$	0.0076668
采矿业	$Y_2 = X^{\wedge}3.27684984 - 0.001324916924$	0.5323661
建筑业	$Y_3 = X^{\wedge}1.359705469 + 0.006709682126$	0.1524366
交通运输业	$Y_4 = X^{\wedge}1.810635759 + 0.03220715102$	0.2884172
批发零售业	$Y_5 = X^{\wedge}1.756257021 + 0.02654561882$	0.2743783
金融业	$X = Y_6^{\wedge}1.061626836 - 0.008097655558$	0.0298923

根据以上模型分析，得出基本结论一：

从市区各行业单位就业人数的 Gini 系数比较，可以明显看出，各行业的地理集中度有很大的差异。

采矿业主要是根据矿产资源的分布决定其区域布局的。由于矿产资源不是平均分布在全省各地，产业布局主要集中在矿产资源丰富的区域，因此产业的地理集中度高。全省市区采矿业从业人员的地理 Gini 系数达到 0.5324，属于高度集中的产业。

交通运输业、批发零售业的市区就业 Gini 系数也比较高，分别达到 0.2884 和 0.2744，说明部分地区第三产业发展比较快。如南昌市的交通运输业单位就业人员，占全省该行业单位就业人数的 60%；而批发零售业，新余市的单位就业人数占全省该行业的 56%。

5.3.2　利用 GDP 进行江西产业集聚度分析

1. 建立基础数据表

表5－6　2006年各地区生产总值表

地　区	生产总值	第一产业	工业	建筑业	交通运输邮电业	批发和零售业	住宿和餐饮业	金融业
南昌市	11838973	772964	4481541	1942922	619486	898032	165188	529713
景德镇市	2247759	208353	956965	258796	160864	212853	34887	31764
萍乡市	2654942	262352	1450552	132981	184251	181990	32963	31526
九江市	5062201	781853	1915893	712694	436508	328977	134827	49691
新余市	2142709	235945	1058938	198250	152040	132259	42593	37349
鹰潭市	1432082	183081	712295	46000	120224	76704	20341	35491
赣州市	5827320	1355774	1762913	503023	392635	370137	100060	128723
吉安市	3517803	859672	981327	412868	203913	231005	52525	62256
宜春市	4397203	1015562	1639833	408313	591395	298863	64845	56257
抚州市	3135607	746922	981240	407694	214835	233141	64691	29752
上饶市	4514277	877244	1500659	506276	263663	335012	94285	113117
合计	46770876	7299722	17442156	5529817	3339814	3298973	807205	1105639

2. 计算江西设区市GDP占全省GDP的比重及各地各产业增加值占该行业全省增加值的比重

表5－7　设区市有关产业增加值占该行业全省增加值的比重

地区	生产总值	工业	建筑业	运输业	批零业	餐饮业	金融
南昌市	0.2531	0.2569	0.3514	0.1855	0.2722	0.2046	0.4791
景德镇市	0.0481	0.0549	0.0468	0.0482	0.0645	0.0432	0.0287
萍乡市	0.0568	0.0832	0.0240	0.0552	0.0552	0.0408	0.0285
九江市	0.1082	0.1098	0.1289	0.1307	0.0997	0.1670	0.0449
新余市	0.0458	0.0607	0.0359	0.0455	0.0401	0.0528	0.0338

续表

地区	生产总值	工业	建筑业	运输业	批零业	餐饮业	金融
鹰 潭 市	0.0306	0.0408	0.0083	0.0360	0.0233	0.0252	0.0321
赣 州 市	0.1246	0.1011	0.0910	0.1176	0.1122	0.1240	0.1164
吉 安 市	0.0752	0.0563	0.0747	0.0611	0.0700	0.0651	0.0563
宜 春 市	0.0940	0.0940	0.0738	0.1771	0.0906	0.0803	0.0509
抚 州 市	0.0670	0.0563	0.0737	0.0643	0.0707	0.0801	0.0269
上 饶 市	0.0965	0.0860	0.0916	0.0789	0.1016	0.1168	0.1023
合计	1.0000	1.0000	1.0000	1.0000	1.0000	1.0000	1.0000

3. 建立数学模型,求出 LORENZ 曲线

将各地某行业的增加值占该行业全省增加值之比,与各地 GDP 占全省 GDP 之比相对应,应用 Eviews 软件,建立各行业增加值的 LORENZ 曲线模型,并进行 R^2 检验。

(1)工业

ASSIGN @ ALL F

$X = Y_3$^1.064654827 + 0.00010738107

$R^2 = 0.999$, S.E. = 0.008

	Coefficient	Std. Error	t - Statistic	Prob.
C(1)	1.064655	0.024031	44.30346	0.0000
C(2)	0.000107	0.006359	0.016887	0.9869
R - squared	0.999343	Mean dependent var		0.389573
Adjusted R - squared	0.999270	S. D. dependent var		0.305881
S. E. of regression	0.008263	Akaike info criterion		-6.591059
Sum squared resid	0.000615	Schwarz criterion		-6.518714
Log likelihood	38.25082	Durbin - Watson stat		1.078660

(2)建筑业

ASSIGN @ ALL F

$Y_4 = X\char`^1.247793448 - 0.007084078874$

$R^2 = 0.996$, S. E. $= 0.019$

	Coefficient	Std. Error	t – Statistic	Prob.
C(1)	1.247793	0.060614	20.58573	0.0000
C(2)	-0.007084	0.012851	-0.551264	0.5949
R – squared	0.996344	Mean dependent var		0.328091
Adjusted R – squared	0.995938	S. D. dependent var		0.304535
S. E. of regression	0.019409	Akaike info criterion		-4.883226
Sum squared resid	0.003390	Schwarz criterion		-4.810882
Log likelihood	28.85775	Durbin – Watson stat		1.077239

(3)运输业

ASSIGN @ ALL F

$Y_6 = X\char`^1.055887236 + 0.01835685676$

$R^2 = 0.995$, S. E. $= 0.024$

	Coefficient	Std. Error	t – Statistic	Prob.
C(1)	1.055887	0.067814	15.57033	0.0000
C(2)	0.018357	0.017670	1.038895	0.3260
R – squared	0.994670	Mean dependent var		0.394182
Adjusted R – squared	0.994078	S. D. dependent var		0.313748
S. E. of regression	0.024144	Akaike info criterion		-4.446577
Sum squared resid	0.005246	Schwarz criterion		-4.374233
Log likelihood	26.45618	Durbin – Watson stat		1.875501

(4)批零业

ASSIGN @ ALL F

$X = Y_7$^1.01724533 +0.008731643631

$R^2 = 0.999$, S. E. = 0.007

	Coefficient	Std. Error	t - Statistic	Prob.
C(1)	1.017245	0.018700	54.39674	0.0000
C(2)	0.008732	0.005083	1.717878	0.1199
R - squared	0.999521	Mean dependent var		0.389573
Adjusted R - squared	0.999468	S. D. dependent var		0.305881
S. E. of regression	0.007054	Akaike info criterion		-6.907507
Sum squared resid	0.000448	Schwarz criterion		-6.835163
Log likelihood	39.99129	Durbin - Watson stat		1.965733

(5)住宿与餐饮服务业

ASSIGN @ ALL F

Y_8 = X^1.059227511 +0.007921044854

$R^2 = 0.996$, S. E. = 0.020

	Coefficient	Std. Error	t - Statistic	Prob.
C(1)	1.059228	0.057977	18.26985	0.0000
C(2)	0.007921	0.015050	0.526322	0.6114
R - squared	0.996211	Mean dependent var		0.382955
Adjusted R - squared	0.995790	S. D. dependent var		0.317491
S. E. of regression	0.020600	Akaike info criterion		-4.764129
Sum squared resid	0.003819	Schwarz criterion		-4.691785
Log likelihood	28.20271	Durbin - Watson stat		1.561010

(6)金融业

ASSIGN @ ALL F

Y_9 = X^2.100972654 + 0.05377700125

R^2 = 0.979, S.E. = 0.042

	Coefficient	Std. Error	t - Statistic	Prob.
C(1)	2.100973	0.195000	10.77423	0.0000
C(2)	0.053777	0.020523	2.620295	0.0278
R - squared	0.979610	Mean dependent var		0.281936
Adjusted R - squared	0.977345	S.D. dependent var		0.282367
S.E. of regression	0.042501	Akaike info criterion		-3.315606
Sum squared resid	0.016257	Schwarz criterion		-3.243261
Log likelihood	20.23583	Durbin - Watson stat		0.405437

4. 根据 LORENZ 曲线,求各行业的地理 Gini 系数

Gini 系数 $=2\int_0^1(X-f(X))dX$ 或 $=2\int_0^1(Y-f(Y))dY$

$=1-2\int_0^1 f(X)dX$

根据各行业的 LORENZ 曲线模型,可以求出各行业的地理 Gini 系数。

表 5-8 江西主要产业 Gini 系数

产业名称	LORENZ 曲线模型	Gini 系数
工业	X = Y_3^1.064654827 + 0.00010738107	0.0313
建筑业	Y_4 = X^1.247793448 - 0.007084078874	0.1102
交通运输业	Y_6 = X^1.055887236 + 0.01835685676	0.0272
批发零售业	X = Y_7^1.01724533 + 0.008731643631	0.00855
住宿与餐饮业	Y_8 = X^1.059227511 + 0.007921044854	0.02876
金融业	Y_9 = X^2.100972654 + 0.05377700125	0.3550

根据以上模型分析，得出的基本结论二：从江西省各行业GDP的Gini系数比较，可以明显看出，江西省工业和相关产业的地理集中度尽管有些差异，但都非常低。

Gini系数最高的为金融业，达0.3550；其次是建筑业，Gini系数为0.1102；其他各行业，如工业、交通运输业、批发零售业、餐饮服务业等，Gini系数都低于0.05，其中批发零售业仅0.0085，说明这些产业是比较平均地分布在全省各地。

5.3.3　利用社会就业人数进行产业集中度的分析

1. 农业

$Y_1 = X\hat{\ }1.090908293 + 0.000449709811$

Gini = 0.0435

	Coefficient	Std. Error	t - Statistic	Prob.
C(1)	1.090908	0.020073	54.34637	0.0000
C(2)	0.000450	0.004675	0.096188	0.9255
R - squared	0.999579	Mean dependent var		0.370445
Adjusted R - squared	0.999533	S. D. dependent var		0.327598
S. E. of regression	0.007082	Akaike info criterion		-6.899472
Sum squared resid	0.000451	Schwarz criterion		-6.827128
Log likelihood	39.94710	Durbin - Watson stat		0.894659

2. 工业

$X = Y_3\hat{\ }1.080009636 + 0.004365338533$

Gini = 0.0385

	Coefficient	Std. Error	t – Statistic	Prob.
C(1)	1. 080010	0. 030224	35. 73369	0. 0000
C(2)	0. 004365	0. 007342	0. 594600	0. 5668
R – squared	0. 999031	Mean dependent var		0. 389991
Adjusted R – squared	0. 998924	S. D. dependent var		0. 330181
S. E. of regression	0. 010833	Akaike info criterion		– 6. 049563
Sum squared resid	0. 001056	Schwarz criterion		– 5. 977219
Log likelihood	35. 27260	Durbin – Watson stat		1. 010187

3. 建筑业

$Y_4 = X\hat{}1.002679816 + 0.007442625851$

GINI = 0. 00134

	Coefficient	Std. Error	t – Statistic	Prob.
C(1)	1. 002680	0. 027260	36. 78267	0. 0000
C(2)	0. 007443	0. 007041	1. 057072	0. 3180
R – squared	0. 999137	Mean dependent var		0. 396809
Adjusted R – squared	0. 999041	S. D. dependent var		0. 327975
S. E. of regression	0. 010156	Akaike info criterion		– 6. 178504
Sum squared resid	0. 000928	Schwarz criterion		– 6. 106159
Log likelihood	35. 98177	Durbin – Watson stat		1. 291122

4. 运输业

$Y_6 = X\hat{}1.208505734 + 0.006974929216$

Gini = 0. 0944

	Coefficient	Std. Error	t - Statistic	Prob.
C(1)	1. 208506	0. 019954	60. 56448	0. 0000
C(2)	0. 006975	0. 004093	1. 704105	0. 1226
R - squared	0. 999647	Mean dependent var		0. 354309
Adjusted R - squared	0. 999607	S. D. dependent var		0. 333584
S. E. of regression	0. 006611	Akaike info criterion		-7. 037156
Sum squared resid	0. 000393	Schwarz criterion		-6. 964812
Log likelihood	40. 70436	Durbin - Watson stat		2. 166384

5. 批发零售业

$Y_7 = X\hat{}1.204851988 + 0.01630061247$

Gini = 0. 09294

	Coefficient	Std. Error	t - Statistic	Prob.
C(1)	1. 204852	0. 048590	24. 79620	0. 0000
C(2)	0. 016301	0. 010004	1. 629378	0. 1377
R - squared	0. 997758	Mean dependent var		0. 364291
Adjusted R - squared	0. 997509	S. D. dependent var		0. 323147
S. E. of regression	0. 016128	Akaike info criterion		-5. 253526
Sum squared resid	0. 002341	Schwarz criterion		-5. 181182
Log likelihood	30. 89439	Durbin - Watson stat		0. 512870

根据以上模型分析，得出基本结论三：从社会就业人数进行产业集中度的模型分析来看，农业 Gini 系数最高为 0. 0435；第二是工业为 0. 0385；第三是运输业为 0. 09443；第四是批发零售业为 0. 09294；第五是建筑业为 0. 00134。这些数据表明江西农业占 GDP 比重过高的传统产业结构还没有实质性的改变，还有太多的农民在农业内部就业，未来城市化的任务重；工业化进程在加快，

但服务业还是比较落后,传统产业结构对产业集聚和产业集群的制约较多。

5.4 江西产业竞争力分析:专业化系数法

江西工业是产业集群的基础,在工业基本园区化时,研究产业竞争力是制定产业集群发展战略的基础。在此,将通过专业化系数法来进行相关分析。

专业化系数法是指一个地区某一产业的产值在地区总产值中所占比重与全国某一产业产值在全国总产业中所占比重之间的比值,即是对某一区域的某一产业结构与该产业全国平均水平进行比较。通过比较值可以看出某一产业在某地区的产业规模,也可以用来观察其在更高层次地域中的产业优势程度。这一指标计算公式如下:

$$\text{专业化系数} = \frac{\left(e_{ij} \Big/ \sum_{i=1}^{n} e_{ij}\right)}{\sum_{j=1}^{n} e_{ij} \Big/ \sum_{j=1}^{n} \sum_{i=1}^{n} e_{ij}}$$

式中:i 表示第 i 个产业;j 表示第 j 个地区;e_{ij}表示第 j 个地区的第 i 个产业的产品销售收入;$\sum_{i=1}^{n} e_{ij}$ 表示地区 j 的全部工业产品销售收入;$\sum_{j=i}^{n} e_{ij}$ 表示产业 i 的全国产品销售收入;$\sum_{j=1}^{n} \sum_{i=1}^{n} e_{ij}$ 表示全国的工业产品销售收入;LQ_{ij}表示第 j 个地区第 i 个产业产品销售收入专业化系数。如将上述计算指标产品的销售收入换成从业人数、企业个数,则可以得出该产业的从业人员专业化系数和企业专业化系数。其经济含义也就是某区域中某一产业占有的(人员、企业)份额与高一层次区域中该产业(人员、企业)占有的份额之比。

如前所述,专业化系数方法在判别某一产业优势是否存在时,以专业化系数是否大于 1 为标准。若专业化系数 >1 则表示说明该产业有比较优势,供给能力强于需求能力;若专业化系数 <1 则表示该地区小于 1 时,说明该产业的专业化水平低于全国,该产业不具有比较优势;若专业化系数 =1 时,说明

该地区该产业专业化水平与全国相当，比较优势不明显。因此本研究根据有关原理从众多指标中选取产品销售收入、企业数、从业人员3个指标来进行分析，用产品销售收入专业化系数、企业专业化系数和从业人员专业化系数综合评价江西工业的产业竞争力。依上所述，只有所有的专业化系数即产品销售收入专业化系数、从业人员专业化系数和企业专业化系数 >1 时，才能说明江西工业已经形成了产业竞争力。专业化系数的数值越大，产业竞争力越高，越能突出该产业在该地区的重要性。依据上述方法提供的数据资料，计算了2004～2006年江西工业各行业的三类专业化系数（见表5－9），分别是产品销售收入专业化系数、企业专业化系数、从业人员专业化系数。

表5－9　江西工业三类专业化系数

专业化系数 / 行业系数	产品销售收入专业化系数			企业专业化系数			从业人员专业化系数		
年份	2004	2005	2006	2004	2005	2006	2004	2005	2006
煤炭开采和洗选	0.95	1.02	0.97	1.79	2.01	2.01	1.23	1.18	1.20
黑色金属矿采选	1.55	1.66	2.01	1.92	1.63	1.93	0.18	0.04	0.05
有色金属矿采选	5.37	3.80	3.75	3.20	3.59	3.68	3.43	4.16	3.98
非金属矿采选	1.65	2.10	2.41	1.71	2.09	2.20	0.72	0.60	0.61
农副食品加工	1.01	1.04	1.01	1.53	1.19	1.12	0.57	0.66	0.55
食品制造	0.88	0.86	0.97	1.26	1.19	1.15	0.94	1.31	1.14
饮料制造	0.88	0.87	0.91	1.56	1.67	1.51	1.08	1.33	1.47
烟草制造	1.69	1.68	1.40	1.47	2.27	1.90	2.90	3.10	3.61
纺织	0.66	0.71	0.72	0.83	0.77	0.76	0.84	0.80	0.84
服装鞋帽制造	1.17	1.23	1.12	0.89	1.11	0.89	0.54	0.85	1.03
皮革等制品	0.53	0.49	0.69	0.65	0.61	0.67	0.44	0.61	0.79
竹木加工制品	1.48	1.79	1.71	1.93	1.99	1.95	1.03	1.07	1.07
家具制造	0.28	0.29	0.33	0.59	0.52	0.64	0.33	0.23	0.25

续表

专业化系数 / 行业系数	产品销售收入专业化系数			企业专业化系数			从业人员专业化系数		
造纸及纸制品	0.65	0.91	0.97	1.00	1.00	0.85	0.62	0.61	0.23
印刷业等	1.44	1.46	1.33	0.92	0.91	0.86	1.23	1.21	0.90
文教等用品制造	0.31	0.36	0.46	0.61	0.69	0.76	0.12	0.15	0.44
石油等加工	1.26	1.1	0.98	0.71	0.56	0.45	0.90	0.75	0.72
化学原料等制造	0.73	0.76	0.77	1.17	1.32	1.50	0.85	0.81	0.78
医药制造	2.53	2.56	2.73	1.71	2.06	2.03	2.56	2.81	2.96
化学纤维制造	0.94	1.08	0.84	0.67	0.52	0.53	4.17	2.13	2.22
橡胶制品	0.54	0.54	0.49	0.88	0.73	0.59	0.43	0.34	0.28
塑料制品	0.26	0.34	0.39	0.44	0.45	0.51	0.31	0.30	0.31
非金属矿物制品	1.35	1.49	1.52	1.35	1.61	1.58	1.18	1.41	1.43
黑色金属等加工	1.45	1.42	1.33	0.62	0.61	0.59	1.71	1.66	1.64
有色金属等加工	3.94	4.12	4.05	1.92	1.82	2.19	1.77	2.05	2.13
金属制品	0.94	0.54	0.65	0.42	0.49	0.54	0.40	0.48	0.53
通用设备制造	0.44	0.34	0.35	0.62	0.47	0.50	0.62	0.54	0.54
专用设备制造	0.41	0.37	0.35	0.57	0.50	0.54	0.78	0.70	0.70
交通设备制造	1.29	1.21	1.05	0.74	0.64	0.59	1.29	1.24	1.13
电气机械等制造	0.69	0.64	065	0.58	0.61	0.59	0.43	0.48	0.38
通信设备等制造	0.12	0.17	0.17	0.40	0.43	0.44	0.24	0.25	0.30
仪器仪表等制造	0.82	0.50	0.48	0.67	0.58	0.58	1.72	1.27	1.00
工艺品等制造	0.51	0.90	0.97	0.59	0.78	0.84	2.24	1.77	1.85
废弃资源等加工	1.69	0.42	0.52	2.05	0.85	0.86	2.48	0.36	0.82
电力生产供应等	1.54	1.35	1.22	2.26	2.08	1.88	2.39	2.51	2.44
燃气生产和供应	0.16	0.22	0.2	1.29	1.12	0.97	1.66	1.91	2.16
水的生产和供应	1.71	1.59	1.27	2.15	2.20	1.90	2.27	2.71	2.79

资料来源：江西省统计年鉴、中国统计年鉴（2005—2007）。

根据以上模型分析，得出的基本结论：

从表5-9可知，江西存在产品销售收入专业化系数、企业专业化系数、从业人员专业化系数三类都≥1的行业，分别为有色金属矿采选业、木材加工及木、竹、藤、棕、草制品业、烟草制造业、医药制造业、有色金属冶炼及压延加工业、非金属矿物制品业、电力、热力的生产和供应业、水的生产和供应业，表明这些专业化系数≥1的行业是江西具有竞争优势的产业集聚行业。在此，从中也可以直观地看出传统产业依然是江西的优势产业，主要包括传统制造业、资源开采等领域，从另一侧面也可看出这些产业所依赖的资源在江西较为丰富。从上还可看出，有一定科技含量、附加值高的医药制造业及IT产业——通讯设备、计算机及其他电子设备制造业等专业化系数都<0.5，说明这些产业还没有形成竞争优势。由此还可得出以下结论：江西产业结构层次较低还是以劳动密集型产业为主；资本型、知识密集型产业初露端倪还没有形成规模和市场竞争力；整体产业质量与沿海地区产业质量相比还存在较大差距。

5.5　江西产业集聚环境分析：主成分分析与聚类分析法

5.5.1　主成分分析

在产业集群形成和发展中，环境和投资效益的优劣事关重大。为此有必要对其进行分析，在此则采用实践中运用较多的主成分分析法作相关分析。

主成分分析法是多元统计分析中常见的一种方法，旨在减少研究中的变量个数，然后用于标图、回归、聚类等，换句话说，主成分分析一般不是最终目标，而是达到某种目的的一种手段，因此它广泛运用于某个项目研究的中间过程的分析。[①]

① 阮桂海等.SPSS实用教程[M].电子工业出版社，2000.

对2006年度江西省工业园区投资环境与投资效益的主成分分析如下：

工业园区的相关指标较多，依据主成分分析法的要求，选择以下9个有代表性且与园区投资环境关联的指标进行分析：

环境方面的指标：

X_1：本年实际开发面积（平方公里）

X_2：投产工业企业数（个）

X_3：从业人数（人）

X_4：招商实际到位资金（万元）

投资效益方面的指标：

X_5：工业增加值（万元）

X_6：出口交货值（万元）

X_7：产品销售收入（万元）

X_8：利润总额（万元）

X_9：税金总额（万元）

笔者认为，这9个指标能体现江西工业园区投资环境与投资效益的基本特征和内涵，方便下一步的分析和计算。按主成分法的要求，要研究的工业园区个数要大于指标个数，且越多越有利于提高分析的准确性，为此选取了江西省29个重点工业园区进行分析，有关数据见表5－10。

表5－10　江西工业园有关数据表

工业园	面积（km^2）	企业数（个）	从业人数（人）	引资额（万元）	工业增加值（万元）	出口额（万元）	主营业务收入（万元）	利润额（万元）	税金额（万元）
南昌昌东工业园1	4.86	269	25323	266340	174657	64094	545497	16808	30399
南昌小蓝开发区2	5.80	157	30020	385073	329472	31223	1012800	40003	43444
新建长埈工业区3	7.00	98	12110	210473	139529	471	390380	17677	3151
南昌经济开发区4	9.80	186	35290	516600	549221	265953	1665318	56101	39700
南昌高新区5	11.70	306	81130	535361	972538	204205	3047132	179608	363916

续表

工业园工业园	面积（km^2）	企业数（个）	从业人数（人）	引资额（万元）	工业增加值（万元）	出口额（万元）	主营业务收入（万元）	利润额（万元）	税金额（万元）
景德镇高新区 6	5.84	81	12790	136040	95549	16264	247535	4176	6135
乐平工业园区 7	2.19	71	8132	150150	116355	16530	307038	18068	12032
萍乡经济开发区 8	4.60	89	19951	332680	235536	21502	778056	35851	44342
德安工业园区 9	2.40	70	11069	120600	86648	91571	229679	8725	7068
瑞昌工业园区 10	1.84	71	16336	174378	114695	66871	289902	12341	14993
九江开发区 11	8.29	112	20399	338240	140645	42769	378239	-8629	21989
新余开发区 12	6.20	128	20190	350956	262270	234946	825707	47559	15639
贵溪工业园区 13	7.50	47	7430	140150	125011	14746	548687	11609	21799
信丰工业园区 14	2.80	118	40169	194236	47457	44680	157118	10788	7398
龙南工业园区 15	4.11	116	35032	144759	79259	51120	260774	11085	12813
于都工业园区 16	2.20	98	34469	134943	49305	49841	153702	18432	12129
兴国工业园区 17	2.69	133	23357	174293	60320	48638	201904	30472	12489
吉安高新园区 18	5.00	62	11933	160685	98923	23096	296337	12300	24250
新干工业园区 19	2.50	162	13360	108600	64757	4779	198143	12357	6277
永丰工业园区 20	1.03	118	18560	80421	66086	9334	192568	10509	7849
宜春开发区 21	13.78	79	22697	196216	112599	10119	326460	20298	20333
奉新工业园区 22	2.70	84	29074	297676	122250	19800	353621	27979	16871
上高工业园区 23	3.10	98	20419	274350	96295	39392	283875	16422	10224
丰城工业园区 24	4.00	70	19048	194930	203283	14518	593516	30080	35351
高安工业园区 25	2.80	105	26542	188075	95082	19915	274066	14965	15519
抚州开发区 26	8.82	74	8988	34007	62325	4538	183513	7753	9935
上饶开发区 27	6.70	152	20740	324167	175335	105058	553407	10827	21995
广丰工业园区 28	6.80	114	23612	155440	256999	28746	779818	42084	47053
玉山工业园区 29	2.03	71	8659	75514	71155	24521	219119	2284	8566

资料来源：江西统计年鉴（2007）。

为对江西省工业园区投资环境与投资效益进行评价，在此建立有关因子模型如下：

$$\begin{cases} X_1 = a_{11}F_1 + a_{12}F_2 + \cdots\cdots + a_{1m}F_m + a_1\varepsilon_1 \\ X_2 = a_{21}F_1 + a_{22}F_2 + \cdots\cdots + a_{2m}F_m + a_2\varepsilon_2 \\ \cdots\cdots\cdots\cdots \\ X_p = a_{p1}F_1 + a_{p2}F_2 + \cdots\cdots + a_{pm}F_m + a_p\varepsilon_p \end{cases}$$

简单记述为：$X = AF + a\varepsilon$

以上 $A = (a_{ij})_{m\times p}(m < p)$ 为因子载荷矩阵，F 为 X 的公共因子，a_{ij} 为指标变量，$X_i(i = 1,2,\cdots,p)$ 为在公共因子 $F_j(j = 1,2,\cdots,m)$ 上的载荷，ε 为特殊因子。

按主成分分析法的要求，有以下步骤需完成：(1)对原始数据进行标准化变换并求相关系数矩阵；(2)求相关系数矩阵的特征根 $\lambda_j, j = 1,2,\cdots$；(3)根据 $\lambda_1 \geqslant \lambda_2 \geqslant \cdots \geqslant \lambda_n \geqslant 0$，确定特征向量 $\varepsilon_1,\varepsilon_2,\cdots,\varepsilon_n$；(4)计算特征根的信息贡献率、累计贡献率，根据累计贡献率 $\geqslant 85\%$ 的一般原则，确定主成分个数 K；(5)计算综合评分值。综合评分值为 $Z = a_1Z_1 + a_2Z_2 + \cdots + a_KZ_K$，其中 $Z_1,Z_2,\cdots,Z_K$ 为每个主成分得分值，$a_i(i = 1,2,\cdots,K)$ 为第 i 个主成分的信息贡献率。在此基础上，通过 SPSS 软件对投资环境和投资效益等相关指标变量分别进行主成分分析，计算出各工业园区关于投资环境和投资效益的有关分值，再用同样方法将两类指标综合分析，得出工业园区的综合得分。

1. 投资环境主成分分析（SPSS 软件）

Correlation Matrix

		面积	企业个数	从业人数	引资额
Correlation	面积	1.000	0.302	0.316	0.475
	企业个数	0.302	1.000	0.721	0.631
	从业人数	0.316	0.721	1.000	0.641
	引资额	0.475	0.631	0.641	1.000

Communalities

	Initial	Extraction
面积	1. 000	0. 356
企业个数	1. 000	0. 728
从业人数	1. 000	0. 742
引资额	1. 000	0. 755

Extraction Method：Principal Component Analysis.

Total Variance Explained

Component	Initial Eigenvalues			Extraction Sums of Squared Loadings		
	Total	% of Variance	Cumulative %	Total	% of Variance	Cumulative %
1	2. 581	64. 515	64. 515	2. 581	64. 515	64. 515
2	0. 797	19. 927	84. 442			
3	0. 344	8. 589	93. 032			
4	0. 279	6. 968	100. 000			

Extraction Method：Principal Component Analysis.

2. 投资效果主成分分析(SPSS 软件)

Correlation Matrix

	工业增加值	出口额	主营业务收入	利润额	税收额
工业增加值	1. 000	0. 689	0. 997	0. 934	0. 891
出口额	0. 689	1. 000	0. 684	0. 593	0. 453
主营业务收入	0. 997	0. 684	1. 000	0. 937	0. 896
利润额	0. 934	0. 593	0. 937	1. 000	0. 937
税收额	0. 891	0. 453	0. 896	0. 937	1. 000

Communalities

	Initial	Extraction
工业增加值	1. 000	0. 973
出口额	1. 000	0. 521
主营业务收入	1. 000	0. 974
利润额	1. 000	0. 932
税收额	1. 000	0. 850

Extraction Method: Principal Component Analysis.

Total Variance Explained

Component	Initial Eigenvalues Total	% of Variance	Cumulative %	Extraction Sums of Squared Loadings Total	% of Variance	Cumulative %
1	4. 249	84. 986	84. 986	4. 249	84. 986	84. 986
2	0. 608	12. 152	97. 139			
3	9. 213E－02	1. 843	98. 981			
4	4. 842E－02	0. 968	99. 950			
5	2. 514E－03	5. 027E－02	100. 000			

Extraction Method: Principal Component Analysis.

Component Matrix

	Component 1
工业增加值	0. 986
出口额	0. 722
主营业务收入	0. 987
利润额	0. 965
税收额	0. 922

Extraction Method: Principal Component Analysis.

a1 components extracted.

计算结果见表 5 - 11，表中指标为正数的表明该区域工业园区的发展水平高于全省平均水平，负数值则表示发展水平低于平均水平。从表 5 - 11 按投资环境分值、投资效益分值和总分值分别得出江西省 29 个重点工业园区的投资环境排名、投资效益排名和综合排名。

表 5 - 11　江西省 29 个重点工业园区的因子得分及排名

园区名称	投资环境分值	投资环境排名	投资效益分值	投资效益排名	总分值	综合排名
南昌高新区	3.78561	1	4.5457	1	4.38766	1
南昌经济开发区	1.84804	2	1.69689	2	1.81135	2
南昌昌东工业园	1.03998	3	−0.02132	9	0.37404	5
南昌小蓝开发区	0.90769	4	0.47795	4	0.65448	4
上饶开发区	0.56274	5	0.01614	8	0.22465	6
九江开发区	0.48293	6	−0.38636	21	−0.0662	9
新余开发区	0.45046	7	0.78913	3	0.6883	3
宜春开发区	0.36276	8	−0.3303	15	−0.07785	10
信丰工业园区	0.18015	9	−0.50069	24	−0.25085	14
萍乡经济开发区	0.05633	10	0.21766	6	0.1625	8
龙南工业园区	0.00991	11	−0.38368	20	−0.24127	13
奉新工业园区	0.00504	12	−0.24197	10	−0.15179	11
广丰工业园区	−0.04062	13	0.31508	5	0.18687	7
上高工业园区	−0.15135	14	−0.35454	16	−0.28649	16
兴国工业园区	−0.1884	15	−0.30474	13	−0.27074	15
高安工业园区	−0.2274	16	−0.40111	22	−0.34539	18
新建长埈工业区	−0.2336	17	−0.37058	19	−0.33285	17
于都工业园区	−0.27218	18	−0.41857	23	−0.37049	19

续表

园区名称	投资环境分值	投资环境排名	投资效益分值	投资效益排名	总分值	综合排名
新干工业园区	-0.45012	19	-0.5556	28	-0.5383	23
丰城工业园区	-0.49354	20	0.01705	7	-0.17635	12
景德镇高新区	-0.60302	21	-0.52555	25	-0.57171	24
吉安高新园区	-0.72485	22	-0.3688	18	-0.51569	22
永丰工业园区	-0.76371	23	-0.55224	27	-0.65069	27
瑞昌工业园区	-0.76553	24	-0.27265	12	-0.46538	20
贵溪工业园区	-0.78765	25	-0.26971	11	-0.47621	21
抚州开发区	-0.79204	26	-0.58454	29	-0.68466	28
乐平工业园区	-0.997	27	-0.36022	17	-0.61483	26
德安工业园区	-0.99986	28	-0.32093	14	-0.58654	25
玉山工业园区	-1.20078	29	-0.55151	26	-0.81556	29

根据以上模型分析,得出的基本结论:

1. 从表5-11中不难看出,投资环境因子得分>1的工业园区有南昌高新技术产业开发区、南昌经济技术开发区和南昌昌东工业园,这几个开发区的投资环境优;投资环境因子得分>0而<1的工业园区主要有南昌小蓝开发区、上饶开发区、九江开发区、新余开发区、宜春开发区、信丰工业园区、萍乡经济开发区、龙南工业园区、奉新工业园区等9个园区,投资环境较优;玉山工业园区、德安工业园区、乐平工业园区、抚州开发区、贵溪工业园区等17个园区的投资环境因子得分均<0。

2. 从投资效益因子得分来看,投资环境因子得分投资环境因子得分>1的工业园区有南昌高新技术开发区、南昌经济技术开发区,综合实力较强;其次是新余开发区、南昌小蓝开发区、广丰工业园区、萍乡经济开发区、丰城工业园区、上饶开发区等6个园区,得分>0而<1;得分<0的园区21个,其中信

丰工业园区、景德镇高新区、玉山工业园区、永丰工业园区、新干工业园区、抚州开发区得分均 < -0.5。

3. 造成以上有关区域分值不等的主要原因是:经济基础和区位优势。南昌高新技术产业开发区、南昌经济技术开发区由于地处省会城市南昌,其“增长极”的效应远大于其他园区,加之江西省政府提出“大力支持南昌做大做强”等政策的影响,基础设施连年投入较高,强化了招商引资的力度,为取得较高的相对投资环境与投资效益奠定了基础;得分较低的袁州医药区工业园、抚州市临川区抚北工业园等园区,区位优势相对弱,工业基础薄弱,产业集聚难度大,因而导致土地开发利用率不高,园区面积不大,入园企业少。从综合得分排名来看,南昌高新技术产业开发区是江西省重点园区,近几年招商力度大,入园企业多,尤其是大企业和实力强的企业多,以 4. 38766 的得分居第 1 位;江西唯一的国家级经济技术开发区和江西最早建立的开发区是南昌经济技术开发区,则以 1. 811 的得分排名第 2;新余开发区、南昌小蓝开发区、南昌昌东工业园、上饶开发区、广丰工业园区、萍乡经济开发区分列第 3、4、5、6、7、8 位,综合得分均大于 0。新余开发区依托新余的工业基础优势,加大引资力度,推动工业产业升级,产出水平较高,工业园区内企业质量得到了提升,其投资环境得分列第 7,而投资效益因子得分排名第 3;南昌县的小蓝工业园排名第 4,尽管建立较晚但投资效益排名还是靠前。从以上分析可以直观看出,综合得分较高的工业园区,主要分布在集中两种地区:一是省会城市南昌;二是工业基础设施好和交通发达的地区,说明空间区位优势和产业集聚程度对工业园区的发展影响比较大。①

5. 5. 2　江西省产业集聚的聚类分析

通过有关模型进行聚类分析,也可对江西工业园区投资环境等问题进行观察研究。

---

① 万洛简等. 江西省开发区投资环境与投资效益的比较分析[J]. 江西广播电视大学学报, 2008,(3).

有关理论认为,聚类分析法是将研究对象按一定的规则划分为若干个组或类,这些组或类不是按经验来确定,而是根据所选取的数据特征而确定。在给定的组或类里,这些对象在某种意义上彼此相似;不同的组或类里,这些对象倾向于不相似。聚类分析也能够用于概括数据,而不仅仅是用于寻找分类。

在此将江西省产业集聚的典型29个重点工业园区分成四类:

1. 南昌高新技术产业开发区为一类,记为 C_4;

2. 南昌经济技术开发区、新余市高新技术开发区为一类,记为 C_3;

3. 新建长埈工业区、景德镇高新区、贵溪工业园区、吉安高新园区、抚州开发区、宜春开发区等6工业园区为一类,记为 C_2;

4. 南昌小蓝工业园、南昌昌东工业园、广丰芦林工业园广、萍乡市高新园、九江经济技术开发区等20个工业园为一类记为 C_1。

使用SPSS软件,用单项得分来作聚类分析,计算结果见以下各表图。

Case Processing Summary

Cases					
Valid		Missing		Total	
N	Percent	N	Percent	N	Percent
29	100.0%	0	.0%	29	100.0%

a Rescaled Minkowski(2) Distance used.

Agglomeration Schedule

	Cluster Combined		Coefficients	Stage Cluster First Appears		Next Stage
Stage	Cluster 1	Cluster 2		Cluster 1	Cluster 2	
1	6	18	.000	0	0	9
2	14	15	1.391E-02	0	0	5
3	9	10	1.496E-02	0	0	12
4	22	23	1.648E-02	0	0	14

续表

	Cluster Combined		Coefficients	Stage Cluster First Appears		Next Stage
5	14	16	1. 746E－02	2	0	10
6	7	29	1. 962E－02	0	0	12
7	17	25	2. 095E－02	0	0	10
8	19	20	3. 566E－02	0	0	17
9	6	13	4. 062E－02	1	0	11
10	14	17	5. 000E－02	5	7	17
11	3	6	5. 363E－02	0	9	16
12	7	9	6. 429E－02	6	3	20
13	8	24	6. 502E－02	0	0	14
14	8	22	7. 355E－02	13	4	19
15	11	27	7. 732E－02	0	0	18
16	3	26	0. 108	11	0	23
17	14	19	0. 127	10	8	20
18	2	11	0. 144	0	15	21
19	8	28	0. 145	14	0	21
20	7	14	0. 154	12	17	25
21	2	8	0. 176	18	19	24
22	4	12	0. 216	0	0	27
23	3	21	0. 224	16	0	26
24	1	2	0. 263	0	21	25
25	1	7	0. 312	24	20	26
26	1	3	0. 354	25	23	27
27	1	4	0. 606	26	22	28
28	1	5	1. 000	27	0	0

Cluster Membership Case

	4 Clusters
1:南昌昌东工业园	1
2:南昌小兰开发区	1
3:新建长陵开发区	2
4:南昌经济开发区	3
5:南昌高新开发区	4
6:景德镇高新区	2
7:乐平工业园区	1
8:萍乡经济开发区	1
9:德安工业园区	1
10:瑞昌工业园区	1
11:九江西开发区	1
12:新余开发区	3
13:贵溪工业园区	2
14:信丰工业园区	1
15:龙南工业园区	1
16:于都工业园区	1
17:兴国工业园区	1
18:吉安高新园区	2
19:新干工业园区	1
20:永丰工业园区	1
21:宜春开发区	2
22:奉新工业园区	1
23:上高工业园区	1
24:丰城工业园区	1
25:高安工业园区	1
26:抚州开发区	2
27:上饶开发区	1
28:广丰工业园区	1
29:玉山工业园区	1

* * * * * * HIERARCHICAL CLUSTER

ANALYSIS * * * * * Dendrogram using Complete Linkage

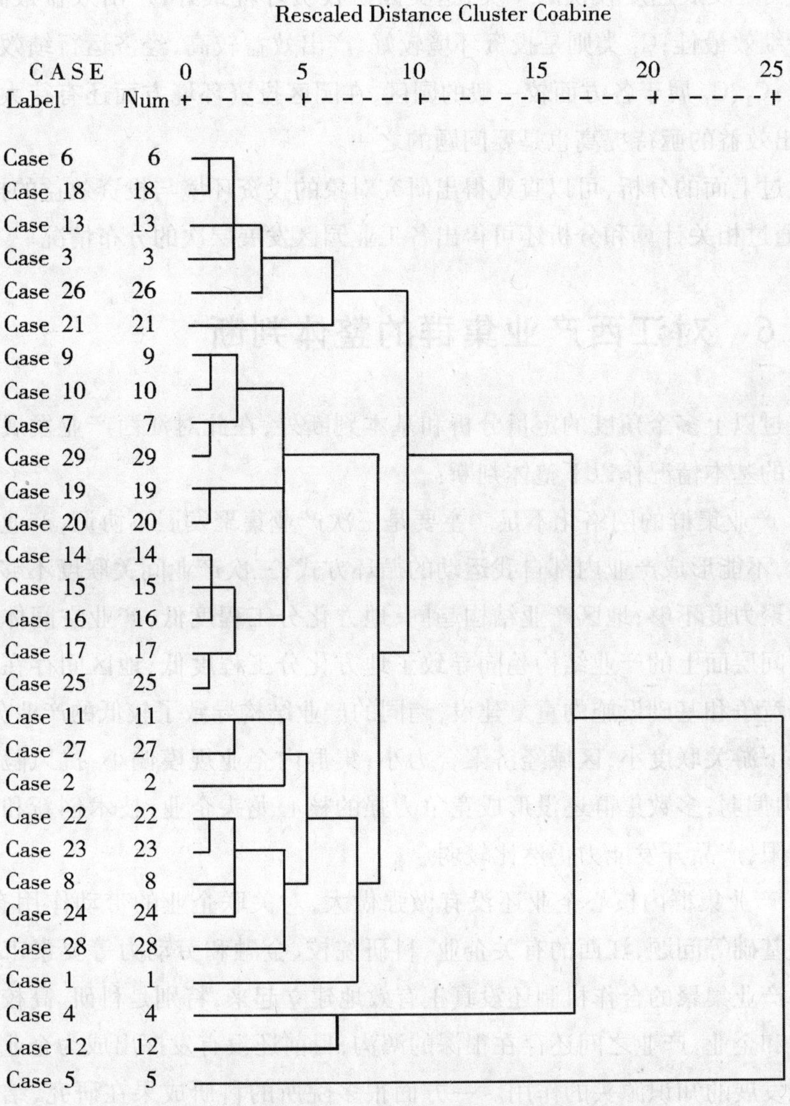

图 5－2　江西省 29 个重点工业园区聚类树状图

根据以上模型分析,得出的基本结论:

由江西省29个重点工业园区聚类树状图可以直观地观察到(见图5-2),C_4类是发展速度较快的一类,这类园区投资环境最好,产出效益最高,经济运行绩效最佳;C_3类则是投资环境较好,产出效益较高,经济运行绩效较好的园区;C_2、C_1属于各方面较一般的园区,在园区投资环境方面还有待大力改善,产出效益的亟待提高也是要问题的之一。

通过上面的分析,可以直观得出研究对象的投资环境与投资效益的排名。此外,通过相关计算和分析还可得出各工业园区发展层次的分布情况。

5.6 对江西产业集群的整体判断

通过以上多个角度的定量分析和基本判断外,在此对江西产业发展和产业集群的基本情况作以下整体判断:

1. 产业集群的网络化不足。主要是三次产业集聚发展不协调,产业间缺乏互通,不能形成产业内部自我运动的循环方式,三次产业间关联度不够导致产业集聚力度不够;地区产业结构趋同,地方化分工程度低,产业空间体系在全省空间层面上的产业结构趋同导致了地方化分工程度低、地区间存在盲目的市场竞争和基础设施的重复建设,趋同的产业结构导致了较低的产业分工;产业上下游关联度小,区域经济聚合力小;集群内企业规模偏小,抗风险能力弱,实力偏弱;多数集群还没形成竞争力强的核心龙头企业,技术创新和扩散能力有限,产品开发能力仍然比较弱。

2. 产业集群内核心企业还没有做强做大,对关联企业的带动作用有限。因产业基础等问题,江西的有关企业、科研院校、金融和劳动力等要素市场介入核心产业集聚的合作机制还没真正有效地建立起来,特别是科研、高校等研发机构和企业、产业之间还存在很深的鸿沟,目前还没有发挥出成为企业创新和区域发展的知识源头的作用。一方面很多院所的科研成果在研究、结项或评奖后就束之高阁,这些潜在的生产力难以转化为现实的企业生产力;另一方面企业主动与研究机构经常性交流的机制也难以建立，本地化技术流动的渠道少，社会中介服务体系难以追随产业快速发展，金融、保险、专业配送物流中心、行业协会等生产性服务机构也还没有有效地参与到产业集聚的关联结构之中。

3. 产业集群的发展层次较低。目前，江西工业园区的发展状况与产业集群化的方向和要求有较大差距。近年来，江西工业园区化已经成为工业产业发展的大趋势，但园区化只解决了产业集聚问题。许多园区有商即招，没有从集群的要求来确立招商目标，进园的企业之间基本上不存在明确的专业化。这些与产业集群本质的要求有所偏离，有可能会限制今后产业配置效率和区域竞争力的提高，有可能成为集群化的阻力；已经初步形成的产业集群还没有发育成熟，其发展的动力还是依赖于生产要素成本低的优势，而产业集群的各种优势没有充分发挥，那些处在雏形中的产业集群也遇到许多发展困难。从工业园企业兴衰来看，所谓的“游弋性”性产业较多，缺乏一种机制能强化外商投资企业的“根植性”，多数外来企业和江西的本土企业、本土企业文化间还没有得到有机的融合；一些企业也很重视培养文化根植性，却因环境等方面的影响难以保持文化的连续性。

4. 工业园区内产业关联度不高，主导产业不突出，园区发展后劲不足。工业园区发展的立足点是加快产业的集群，不仅是企业的集聚，更是产业的集聚，尤其是主导产业的集聚。尽管园区都制定了入园条件，但为了吸引更多的企业入园，很少考虑产业关联性，在引资上选择性不高，缺乏必要的规划与引导，导致园区内企业杂乱无章，无法体现产业特色，影响园区发展后劲。工业园区技术效率、规模效率、规模报酬状态层次不一，入园企业产业关联度不大，产业结构层次低。园区内产业门类较杂，大多数产业集群规模较小，层次偏低，集聚效应难以得到充分体现。而且集群内还存在产品结构雷同、内部恶性竞争、缺乏龙头企业和骨干企业等弊端，这是形成真正意义上的产业集群的障碍。多数工业园内企业之间还没有形成协同机制和专业化分工，也没有建立起基于共同地域文化背景之上的相互认同、协作的信任机制和企业文化，企业之间长期以来各自为战,交易费用高,难以形成分工合作的产业群。

5. 产业集群内产业结构性矛盾,突出产业竞争力不强。具体表现为:很多产业产业链过短、产业配套能力差、竞争力弱;一些企业大量的配件需要通过外地购买,产业中产品的加工能力偏弱,以采掘业、原材料和粗加工为代表的重工业资源密集型特征虽然明显,但关联产业不多;高新技术产业虽有发展,但规模偏小,产品市场占有率低。

5.7 江西提高产业集聚度的对策思路

近些年来江西产业集群的发展走的是政府主导型发展模式,这与东部地区的发展轨迹有很多的不同点。尽管目前江西产业集群存在的不足较多,但最基础、最关键、最急迫要解决的问题是进一步推进产业集聚,减少企业交易费用,提高企业竞争力;更深层次、更高要求、更广领域的问题是,通过政策引导和环境支持,大力提高产业集聚内企业的关联性,以形成产业集群。因此,在未来的一段时间内,江西产业集群的发展目标主要是以提高工业园区的集聚度来推进产业集群。基于这一点和江西的实际,推进产业聚集,还要进一步依赖各级政府的驱动作用,采取的对策主要还是依靠政府去实施。

1. 加大实施工业化主战略的力度,通过政策杠杆等政府行为推动工业园区产业集聚度不断提高。在遵循市场经济的规则和制度下,江西应充分发挥政府这只"看得见的手"的调控作用,制定和完善激励措施,出台突出重点目标的产业政策等措施,把有限的资源要素集中起来,形成一个局部优化的产业化环境。帮助园区内的龙头产业解决实际问题,使之有能力在扩大市场规模、提高市场竞争力的同时,能够通过产业环节分解等手段,衍生出一批具有分工协作关系的关联企业,形成新的企业群落,促进园区集聚度的提升。政府不仅是提供投资环境以吸引外资,更重要的是为入园企业提供良好的经营环境,提升企业竞争力,带动本地供应商网络的形成,以推动园区的可持续发展。

2. 以区位优势招商,以有效措施扶商,加快提高园区企业空间集聚度,为江西产业集聚度的提高奠定必要的基础。各级政府应在大力刺激本土民间投资的同时,把主要精力集中到争取外部投资项目的引进上,以聚合各种生产要素,做大园区企业群体。利用江西劳动力、水电、物流等成本低等区位优势,尽量降低进园企业的生产与交易成本,以吸引更多的东部地区企业在此集聚;应适当增加财政对园区龙头企业部分拨付加部分低息有偿使用的专项资助,对有市场潜力的龙头企业确因投资不足影响其发展时,财政给予必要的垫付金和周转金资助;在化解融资难题上,政府应积极推进政策性担保机构的建立,为集聚力强的企业提供贷款担保等等。

3. 加快基础设施建设,为江西工业园区产业集聚度的提高构建更加有利的发展环境。依据产业链进行规划设计、聚集重点项目和企业、发展专业性孵化器和技术创新服务平台、争取中央有关部门的支持。近期应着重完善和配套以下专业化的服务设施:金融服务类行业,如银行、投资公司、保险公司、租赁公司、证券公司、产权交易市场、各种基金机构等;中介服务类行业,如会计事务所、律师事务所、咨询公司、人才服务机构等;商业服务类行业,如公共交通、邮电、通信、运输、情报信息服务及各种供应商、代理代销商等;生活服务类行业,如零售、餐饮、旅馆、医院、文化艺术、体育、旅游、休闲、家庭服务、环卫、修配等;人才服务,如专业人才群体、人才培养及再培训基地;在集群企业内加强技术孵化、信息咨询及金融、法律等方面的中介服务体系。此外,还要加强技术咨询、科技成果交易、知识产权转让、律师会计事务及教育培训中心等方面的中介机构的配套服务。

4. 强化总体规划,为产业集聚和集群的可持续发展制定科学的发展方向,使江西工业园区产业集聚度的提高有可靠的前提。首先,要加强对产业空间布局的规划,建立特色产业工业区。要针对全省现有产业作出认真的分析,对生产力布局作合理的调整,科学地制定能有效促进和提升产业集聚、确保持续健康发展的产业集聚区规划。如制定好全省中小企业发展的产业指导规划、建设先进制造业基地规划、特色工业园区规划、区域产业集聚布局发展规划和产业结构调整等行业发展规划以及年度推进工作计划等。同时,按照以建设先进制造业基地为目标，以市场取向为原则，以现有产业集聚（块状经济）区块为基础，结合产业的区块规模总量占区域工业经济的比重、产业产品在行业中的影响力、区域品牌的影响力、是否具有较强的后发优势等因素，选择确定一批重点培育和扶持的产业集聚区块。要重点规划好基础环境、产业发展、公共政策三个方面，实现园区内企业对公共资源的低成本共享。规范入园企业和项目标准，增强产业链延伸的合力和张力。引导布局分散的中小企业逐步集中到专业化园区，加快生产要素的集聚。也可总结借鉴国外有关园区的发展经验，进一步制定促进工业园区发展的法规，以及完善有助于工业园区升级的金融、财政、人力资源、可持续发展等公共政策。从江西工业园区目前的实际情况来看，尤其要注意从产业关联性的角度去考虑工业园区的产业规划与定位，特别要注意培育主导产业。

5. 通过政策引导和推动，促进园区企业加快技术创新和内生性集聚，为江西产业集聚度的提高提供新的引擎和动力。通过政策优惠、项目补助等具体措施引导企业积极跟踪世界同行业先进技术，提升信息化水平，鼓励园区重点企业加强新产品研发，形成有自主知识产权的核心产品，增强企业核心竞争力。同时，大力推动工业园区企业在知识、信息、技术、资金、人才的交流方面拓宽渠道，加强企业与企业间互助与合作，促进企业之间、企业与地方之间的产业联系和社会联系，固化生产链条上下游关系的地方生产网络和基于人际关系社会网络，使园区一些企业能进行内生性集聚。

6. 利用信息化带动特色产业发展，促进提升产业集聚。企业信息化是加快实现产业集聚提升发展的有效途径。要通过政策引导、示范带动、技术推广等多种途径，大力发展产业集聚区内以设计电子化、产品数字化、生产过程控制自动化、企业管理信息化为主的企业信息化建设，加快发展企业电子商务和信息化服务公共平台建设，把以信息化带动工业化作为发展壮大特色产业集聚的一项紧迫任务来抓。为加快推动企业信息化建设步伐，省市县政府可在现有建立的信息化建设专项资金中，重点扶持和优先用于产业集聚区内公共信息服务平台以及龙头企业信息化建设奖励补助。积极探索应用制造集成系统、电子商务等途径改造传统产业结构、促进产业升级。抓住当前数字化、网络化的发展机遇，提升企业的持续创新能力，为区域特色产业占领技术制高点、做大做强做优特色产业集聚区经济提供支持和保证。

7. 以科学的规划来作为市场投资的导向。政府部门在确立和修改投资规划时，有必要从完善产业链、降低企业交易费用为目标，围绕有关产业的发展方向的同时，应考虑该产业纵向的上下游产业以及横向的互补性产业进入企业投资指导目录，以引导投资向核心产业集聚。对规划建设投资的大项目，有必要根据其发展动向，为其保留产业链扩展和配套企业集聚的地域空间。要围绕产业集群的发展方向，招商选资或按产业链的伸展要求招商，引导资金投向那些具有产业集群且可能是高新技术产业、高附加值产业或精深加工业。对江西现有的能带动产业结构升级的汽车制造、精细化工、新型能源储备开发等战略性产业，更要高看一眼全力扶持。要从推动产业关联度更大、专业化分工更细、整体竞争力优势更强的产业集群方向发展要求出发，对江西省工业基础设施现有的资源格局，在更高要求和适应性上规划建设或改善与产业集群发展相吻合的基础设施体系。依据产业集群的内在要求，合理规划资源，配置和发展现代服务业。当前尤其要对制约产业集群发展的薄弱环节中的物流、商务、金融、研发、信息服务及新兴服务业等进行布局，推进产学研进入工业区区，为促进产业结构优化升级，增强产业集群核心竞争力提高支撑力和带动力。

8. 大力构建有利于产业集群生长的制度环境。好的制度环境和市场环境，是产业集群产生和成长的沃土。对于江西而言，更有必要加快市场经济体制改革向纵深方向迈进，优化适宜产业集群发展的市场环境，进一步发挥市场机制对资源的配置作用，加快要素市场体系建设，加快国有企业深化改革步伐，为民营经济的发展创造更大的空间，为产业集群的生成提供最好的体制保障；创新产业集群发展的体制环境，广泛吸收沿海地区的经验，在市场竞争的规则和制度建设上有所突破，当前尤其要抓好各类工业园区、经济开发区的政策创新，为产业集聚向产业集群演变注入政策推力。特别要采取针对性措施，在“选商”和“腾笼换鸟”方面下功夫，解决园区企业存在集聚不集群的普遍性问题。对于园区企业各自为战、单兵独斗的现状，要为园区形成龙头企业或核心企业，为龙头企业延长产业链和企业向园区核心企业配套，为企业按市场化、专业化分工和降低交易费用提供最适宜的政策土壤；此外，还要进一步加快交通、通讯、城市、社会等软硬环境的建设建设，为更多的企业进入江西、为更多的人才在江西成长提供制度性保障。

9. 建立以企业为核心的技术创新体系。技术创新同样是产业集群发展的不懈动力。要通过政策措施和经济杠杆“有形和无形的手”引导企业注重技术创新，积极跟踪世界先进技术，积极引进国际先进设备，加速淘汰落后设备，加强新产品研发，加快产品的升级换代，不断提高产业技术水平。加快专业培训中心建设，构筑人才服务平台。通过人才市场建设、专业化培训机构和人力资源公司的建设，推动各类人才流动。解决集群内企业人才缺乏的问题，确立一批培训基地，采取多种方式，重点抓好创业者、经营者、中高层管理人员、关键技术研发人员的培训。加快人才市场、人力资源公司的建设，推动各类人才流动，解决集群内企业人才缺乏的问题。积极探索建立和完善创业辅导体系，构筑创业服务平台，建立各种“孵化基地”，促进新兴中小企业、民营企业的创立，开发劳动就业岗位，促进就业再就业。

仍属经济欠发达地区的江西工业园区发展很快，对区域经济增长的贡献十分明显。对于江西存在的产业集聚水平低等缺陷，在一定的时间段内可以通过政府行为和市场驱动来解决。随着园区企业集聚、集群水平的提高，工业园区内企业必将通过更紧密的协作、更完善的专业分工，最大地发挥出集聚经济的优势并获得更高的生产效率和市场竞争力，从而对江西经济发展起到更大的推动作用。

在此要强调的是，欠发达地区政府对工业园区发展的强力推动是在市场机制缺失和园区企业内生力不强等特殊前提下产生的。政府对经济的干预，所起到的是替代性促进作用。但是，这种作用只能是过渡性的、阶段性的。随着市场体系的成熟和完善，园区内各类企业的市场主体地位日益明确化，控制的资本、技术、人才和信息大大增加，各种资源市场化运作的水平也明显提高。在工业园区可以按自身的内在规律发展后，政府的直接干预经济发展的力度应逐渐减小，回归到调控、服务于经济和社会管理等应处的位置上。

本章小结

本章是对江西产业集聚度进行实证性研究。通过利用有关产业集聚度测定的数学模型和对相关数据的计算机处理，从不同的角度对江西工业园区等产业集聚的基本情况进行了科学的分析，对存在问题的解决提出了对策思路。

第6章　欠发达地区产业集群进一步发展战略分析——以江西为例

6.1　基于SWOT分析的江西产业集群

6.1.1　SWOT分析法

所谓“SWOT分析法”即态势分析法，是美国旧金山大学管理学教授在20世纪80年代提出的。它是指将与研究对象相关的内部优势、劣势、机会和威胁等，通过调查列举出来，并依照矩阵形式排列，然后用系统分析的思想，把各种因素相互匹配起来加以分析，根据研究对象自身既定的内在条件进行分析，找出其存在的优势、劣势及核心竞争力之所在，从中得出一系列相应的带有决策性的结论。S代表strength（优势），W代表weakness（劣势），O代表opportunity（机会），T代表threat（威胁），其中，S、W是内部因素，O、T是外部因素。

表6－1　江西产业集群发展SWOT分析

S：strength　　优势	W：weakness　　劣势
●1. 区位条件好优势	●1. 经济总量小劣势
2. 生态环境佳优势	2. 能源原材料等供应瓶颈效应增强劣势
3. 投资成本低优势	3. 工业经济运行质量还不高劣势
4.“后发”动力大优势	4. 产业投入后劲乏力劣势
5. 产业承接能力强优势	5. 高新技术产业未形成规模劣势
6. 投资环境优优势	6. 企业家队伍不强大劣势
7. 高新技术产业发展迅速优势	7. 环境改善仍有较大空间
8. 工业布局特色优势	8. 理念和文化还封闭等劣势
9. 产业集群发展基础牢优势	9. 科教体系支撑力量不足劣势
10. 工业化与城市化联动效应多优势	

续表

O:opportunity　　机会(机遇)	T:threat　　威胁(挑战)
●1. 国际环境提供的机遇	●1. 宏观调控的制约
2. 国内环境形成的机遇	2. 要素等投入方面的制约
3. 省内环境带来的机遇	3. 国际经济的负面影响
4. 宏观政策制定创造的机遇	4. 产业集群自身产生的风险

江西资源环境好、发展势头快、经济总量小、经济欠发达的省情是明晰的；近几年来江西发生的变化、面临的机遇和挑战也是突出的。因此，江西的优势、劣势、机会和威胁基本上都可以比较清晰地列举出来并进行系统地分析。

6.1.2 优势分析

1. 区位条件好优势。江西是“东盟与中国长三角的物流通道”，出省高速公路全线贯通，工业成为经济发展的主体。从地理位置看，江西处在长江三角洲、珠江三角洲、闽东南三角区这三个经济最具活力、最富饶的核心区的辐射交叉点上，是上海、浙江、江苏、广东、福建等四省一市的共同腹地，是全国唯一一个毗邻长江三角洲、珠江三角洲和闽东南三角区的省份。因此，江西在接受沿海发达地区的经济辐射与带动中具有的区位优势，在中部地区是独一无二的，更是西部地区无法比拟的。

2. 生态环境佳优势。江西全省森林覆盖率达到60.05%，有11个国家级风景名胜区，24处省级风景名胜区；55个自然保护区，其中国家级4个；58个森林公园，其中国家级14个。拥有优良的水质和空气，主要河流Ⅰ～Ⅲ类水质断面比例为77.2%。良好的生态环境不仅适合人居，而且是发展工业、形成产业集群的良好品牌。

3. 投资成本低优势。江西经济欠发达，职工收入低和相对丰富的劳动力资源，导致劳动力低廉，只相当于沿海地区劳动力成本1/2或2/3左右；其次，原材料成本低，建筑材料如黄沙、水泥等价格大大低于东部沿海地区，土地、水、电的价格等只需要其他省的1/2或1/3。生产要素价格低，有利于企业节约生产成本，增强企业竞争力。如，在江西修高速公路的每公里造价仅需2000万元左右，而沿海一些省市则需要4000万元，甚至更高；修建标准厂房每平方米江西仅需350元造价，在沿海地区则可能要翻番。

4. “后发”动力大优势。“后发”的最大优势是可以借鉴经验、汲取教训、少走发展弯路，有条件引进先进管理方法、技术、资金和人才，乃至先进的制度、理念来促进本地区的发展。现在江西较多指标都低于全国平均水平，落后中也蕴藏着投资开发和直接抢抓国际产业转移机遇的优势。“后发”优势还意味着进入江西投资门槛低，各方面的竞争还不激烈，市场机遇多。同时，这几年来，江西各级政府“以加快工业化为战略核心，以大开放为主战略”为发展思路、以“三个基地、一个后花园”为产业定位、以“江西在中部崛起”为目标、以“对接长珠闽、融入全球化”为战略、以“推动全民创业，促进富民兴赣”为行动带来的软实力的提高，强化了“后发”动力。

5. 产业承接能力强优势。江西经济增长步入了新一轮经济周期的上升通道。自2001年来江西实现了工业园区销售收入2年翻一番，工业销售收入和固定资产投资3年翻一番，财政总收入4年翻一番，生产总值5年翻一番，城镇居民人均可支配收入6年翻一番的成绩。在全球化进程中，国外产业、沿海发达地区的产业向中部地区转移和延伸的趋势在不断加强。江西区位条件优越，资源环境承载能力较强，经过多年的快速发展，已经具备了巨大的市场空间和承接产业梯度转移的发展基础。

6. 投资环境优优势。以企业、院校和科研机构为主体的知识创新体系初具规模，中介服务机构快速发展，多元化科技投入体系基本建立，科技创新和投资环境不断改善，政策保障体系的支撑作用明显。近年来，“求新思变、开明开放、诚实守信、善谋实干”的新观念在江西已深入人心，“帮你成功、促我发展”的亲商、爱商、安商、富商的服务水平也在不断提高，投资集聚效应正在进一步显现。2007年，江西省实际利用外资31.04亿美元，增长10.58%，是2000年的9.5倍；实际利用外资连续5年保持中国中部地区领先优势，外贸出口是2000年的4.6倍。

7. 高新技术产业发展迅速优势。"九五"以来，江西省高新技术产业产值也以年均33%的速度飞速发展，成为拉动国民经济增长的重要力量。2007年江西省高新技术产业产值达到1075.4亿元，增加值为358.4亿元，比2006年分别增长26%和40.2%；高新技术产业增加值占规模以上工业增加值的比重和GDP的比重，分别为21.1%和6.6%。其中，电子信息、航空航天制造业、光机电一体化制造业、生物医药和医疗器械制造业、新材料制造业以及其他高新技术产业分别实现工业总产值113.7亿元、62.4亿元、378.4亿元、235.7亿元、231.8亿元、53.4亿元，分别占高新技术产业总产值的10.6%、5.8%、35.2%、21.9%、21.6%和4.9%。另外，2007年江西省高新技术企业有442家，比2006年增加了53家，增长13.6%。高新产业的发展不仅为产业集群提高了新的动力，而且还有力的支持着创新体系的建设。

8. 工业布局特色明显优势。近10多年来，江西省工业体系建设卓有成效，重点支持具有比较优势并涉及17个工业行业的汽车与航空及精密制造产业、特色冶金和金属制品产业、中成药和生物医药产业、电子信息和现代家电产业、食品工业、精细化工及新型建材产业等六大支柱产业的建设。如江西现代制造业的核心企业有江铃汽车股份有限责任公司、昌河汽车股份有限责任公司等，重点产品有轻型车、微型车、改装车、汽车零部件等；江西省航空工业主要有江西洪都航空工业有限公司、昌河飞机工业集团公司、中国直升飞机研究所等，这些企业是中国航空工业科研、设计、生产的重要基地，是国内专业生产教练机和军、民用飞机的主要企业，企业在教练机和农林飞机研制和生产中具有较强的竞争优势；凤凰光学股份有限公司是江西精密制造业的代表性企业，公司主要生产光学镜头、照相器材等产品，是世界光学零部件加工产业的主要公司之一，产品一直在国际市场有很强的竞争力；江西省特色冶金和金属制品产业的主要核心企业是江西铜业股份有限公司，较知名的企业还有江西稀有稀土金属钨业集团、崇义章源钨制品有限公司、江西特精钨钼业股份有限公司等重点骨干企业。近年来江西医药工业充分利用江西中药材资源，制造出了一批具有特色的中药材产品，涌现出了江中集团公司、汇仁集团、江西博雅生物制药股份有限公司等一批重点医药企业,形成了在同类产品中具有较强市场竞争力的汇仁肾宝、江中牌健胃消食片、草珊瑚含片、乌鸡白凤丸等知名品牌中成药。① 这些优势产业有的已经形成产业集群,有的具有成长为产业集群的先天条件。

9. 产业集群发展基础牢优势。2007 年末,江西省进入工业园投产工业企业达 7319 家,比上年末增加 340 家;园区完成工业增加值 1239. 8 亿元,增长 32. 8% 。园区主营业务收入、利润、税金分别完成 3823. 5 亿元、216. 5 亿元和 203. 9 亿元,分别增长 48. 6% 、54. 1% 和 41. 1% 。年主营业务收入超 100 亿元的园区达 10 家,比上年增加 7 家,其中南昌高新技术产业开发区首次突破 400 亿元。江西全省工业增加值的 54. 7% 、财政总收入的 30. 7% 、税金总额的 36. 5% 、出口总额的 97% 来自于工业园区。工业园区业绩的快速提升,意味着产业集聚度在提高,企业的扩张在加快,企业的核心竞争力在增强。

10. 工业化与城市化联动效应多优势。据有关部门初步测算,今后 20 年是江西省城市化快速发展阶段。2010 年,江西总人口 4520 万,城市化率为 40% ~41% ;2020 年,江西总人口将达到 4840 万,城市化率为 53% ~55% ;江西 2005 ~2010 年城市化年增速不会低于 1. 5 个百分点,到 2010 年,应达到 45% ~46% ,2010 ~2020 年十年间的城市化年增速不会低于 1. 2% ,2020 年将达到 57% 。城市化的加快,无疑将为产业集群的发展提供新的市场机遇和更强劲的创新动力。②

6. 1. 3 劣势分析

1. 经济总量小,江西经济基础薄弱欠发达地区的地位还没有改变。如前所述,尽管近几年江西发展较快,经济社会发展取得了一定的成就,具备了进一步发展的基础和潜质。但是,其经济总量依然偏低,人均水平也较低,尤其

① 郑四华等. 江西工业企业在中国——东盟自由贸易区的竞争力研究[J]. 企业经济,2006,(10).

② 以上数据根据有关统计资料、政府公报和有关网站的信息综合而成。

是基础弱、发展后劲和内在增长动力不足的局面未根本改观，欠发达地区的地位也没变。

2. 能源、原材料等供应与工业化进程的需要极不协调。江西的煤炭年产量只有1200万吨，且资源日益衰竭，产量逐渐下降；油气资源少，水力资源开发潜力有限，能源供给形势较为严峻；电网建设欠账多，总装机容量不足，高压电网覆盖面小，稳定水平低，配网薄弱，容载比不足，随着江西经济快速发展以及人民生活用电的不断增加，供求矛盾日益突出。江西传统产业多是钢铁、冶金、机械以及建材等高消耗型产业，加之目前江西正在打造全国的制造业基地，制造业发展十分迅速，能源、原材料的需求矛盾与日俱增。大量的制造设备需要通过外地购买，中间产品的加工能力偏弱，以采掘业、原材料和粗加工为代表的重工业资源密集型特征明显。在这些行业中，资源型产业所占比重明显偏大，受国际市场影响较大，一旦国际原材料价格或产品价格出现较大波动，将对江西工业经济和综合竞争力产生较大影响。

3. 工业经济运行质量还不高。从总体看，江西工业结构不合理、产业层次低、产业链过短、产业配套能力差、竞争力弱、企业负债高、行业专业化程度低、生产装备落后，企业生产效率在中部地区和全国都处于较低水平的不足还没有大的改观。目前江西规模以上工业增加值仅相当于河南的32%、湖南的65%、湖北的61%、山西的65.4%、安徽的75%。与沿海发达省市相比差距更为明显，广东、江苏、浙江、福建的规模以上工业增加值分别为江西的7.57倍、7.34倍、3.99倍和2.22倍。此外，与排名在江西前一位的吉林相比，仍相差近120亿元。改革开放之初，江西工业品市场占有率为1.65%，相对较高，此后逐年上升，1988年达到最高点2.04%，到2001年前后达到最低谷1.04%，只有最高年份的50%；2006年江西工业品在全国的市场占有率1.33%，低于全国3.23%的平均水平(以全国为100，31个省市的平均数)，不到排名第一位广东省的1/10，只有9.6%。近年来江西轻、重工业保持了同步增长，但规模仍然较小，轻工业总量仅相当于重工业的50%左右。

4. 产业投入后劲乏力。投入是产业集群发展的前提和基础。江西最近几年虽然工业投入增速较快，但基数低、绝对值很少，与产业集群发展的要求相比，差距仍然很大。多年以来，江西产业发展从资本市场的直接融资少、银行间接投入的资金逐渐下降、各级地方政府财政对基础设施建设投入不足，工业投入多元化格局还没有形成。

5. 高新技术产业没有形成规模。从总体上看，江西的高新产业正处于起步阶段，还没有形成气候。不仅与沿海发达省市相差甚远，与中部其他省市相比也存在不小的差距。主要表现在：高新技术的产业特征不明显，附加值、效益、高技术密集程度等都很低。全省技术水平差，产品的科技含量不高，科技攻关能力弱，普遍缺乏自主开发、创新技术的能力。现有的高新技术企业中真正属于国内领先技术的份额还很低，高新技术企业规模小，对经济增长贡献率低，缺乏自主创新，与科研力量合作不紧密。从高新技术产业看，虽在2006年总体水平全国排第16位，中部第2位，但总量刚过1000亿元，比安徽少1000亿元。

6. 企业家队伍不强大。企业家是工业发展的重要保证，高素质的企业家更是实现江西工业在中部地区崛起的一支重要生力军。目前具有敢创新、争一流精神的企业家群体不强盛；高素质企业家成长的环境和氛围不浓厚。浙江之所以经济能发展迅速，就在于那里形成了个个想做老板、人人要当企业家的环境和氛围。如果一个地方缺乏培养企业家的沃土，必然影响中小企业的生成，也将直接制约着该区域产业集群的形成。

7. 环境改善仍有较大差距。从硬环境看，重大的工业项目少对江西发展的制约是明显的，交通、能源等基础设施改善的空间仍很大。从软环境看，经过改革开放30余年的发展，尤其是近几年的发展，江西的经济发展环境大有改观，但依然有待进一步改善、优化。近年华东交通大学曾做过一项问卷调查，其中“当地政府已从管理型向服务型转变”的认同度只有27.3%，而“政府行政不作为使企业经营难”和“企业过多精力放在与政府协调关系上，影响了经营管理能力的发挥”的认同度分别为86.2%和63.8%，这在一定程度上反映了我们政府职能转变还未到位、企业交易成本高的实际情况。此外，产业集群条件差、产业配套能力弱，尤其是金融业等现代生产型服务业发展滞后，日益成为制约江西经济社会发展的重要"掣肘"。

8. 理念和文化还存在封闭的缺陷。经过多年思想解放运动的熏陶，江西开放性理念和文化的树立与建设取得了前所未有的成效。但是，与沿海地区相比，仍然有较大的差距。主要表现在以下多方面：①"学而优则仕"的传统观念还很稳固。在很多人的眼中，做官是人生的最高目标和要求，因为这样能光宗耀祖，经商产业是没有啥用的人；②"一口吃成胖子，一夜暴富"的想法还在很多人脑中根深蒂固。这些人眼高手低，不愿挣小钱，看不起挣小钱的人，总想一夜之间就成为暴发户，这种现象是一些人怕吃苦又爱面子的结；③"小富即安，好日子先过"的做法比比皆是。在外挣一点就很满足，要不做新房，要不吃好穿好，很少想到积累资金去创业或习惯于看摊守业，缺乏勇于争先创大业的勇气和志气，缺乏敢于超前的气魄；④"肥水不流外人田"的观念还很浓厚。自己做不了，也不愿让人家做，我赚不到，你也得不到，要穷一起穷，这些观念在对待外来投资商来投资时，反映特别明显；⑤"螃蟹文化"还很普遍。谁有所作为，就被人盯上，想尽办法不让你有出头之日，或时不时地告你的状，让你防不胜防。

此外，还有相当多的人害怕失败，怕担风险，经不起挫折，缺少百折不挠、永不言败的勇气和精神。思想观念的封闭性一来影响创新创业氛围的形成，二来影响投资环境的优化，所以解放思想是欠发达地区永恒的主题是切入实际的。

9. 科教体系支撑力量不足。首先是教育事业发展滞后，主要反映在高等教育、职业教育和农村教育等方面，院士和博士点数量远不如外省一所著名大学，每年从国家争取的教育科研经费也极其有限，职业教育培养出来的学生，远远满足不了工业化发展对专业技术人才的需求；其次是科技事业发展水平不高，区域创新体系建设滞后。据2007年《中国科技进步统计监测报告》披露，2006年江西R&D经费占GDP比重0.75%，低于全国1.49%的平均水平；在中部排第三位；在创新人才数量上，江西从事R&D活动人员为2.58万人/

年，其中科学家工程师为2.00万人/年，而全国的平均水平分别为4.58万人/年和3.95万人/年；在科研平台条件方面，江西省大型科学仪器入网设备678台，原值3.7亿元，仅相对于一个国家级大院大所的设备原值。科技实力的不足，不仅影响了区域创新体系的建设，也极大地制约了江西经济进一步发展。没有持续的区域创新能力，产业竞争优势最终无法形成，区域优势也会慢慢就随之消失。

6.1.4 机会（机遇）分析

"十一五"期间，是江西人均GDP跨入1000~3000美元的重要发展阶段。随着工业化程度的提高，产业和消费结构的升级将加快，加之经济全球化、区域一体化进程的影响，沿海地区产业结构调整所带来的产业转移、资本输出，为江西产业集群的发展带来了新的机遇和创造了更为有利的条件。

1. 国际环境提供的机遇。从国际上看，虽然世界经济不景气，但全球产业转移继续加快，中国作为发展中国家和新兴市场经济体，更加为国际资本所看好；根据《中欧纺织品贸易协议》，从2008年起欧盟将不再限制中国的纺织品出口，中国商品出口将面临新的商机。而且随着世界经济的复苏，将为欠发达地区产业集群带来外资投入、企业扩张、知识外溢、产品出口的机会；此外，市场竞争的加剧有利于产业集群技术升级。

2. 国内环境产生的机遇。国内来看，中国经济仍处于稳定上升的增长周期，还有较大的发展空间；"长三角""珠三角""闽东南三角"的经济带动、西部大开发、中部崛起、振兴东北等老工业基地战略的大力推进，全国各地的经济景气预期和企业家信心普遍看好。再加上沿海地区和先进发达省市进入新一轮产业升级转型期，产业向中西部转移的进程仍在加速，这有利于江西等欠发达区域继续大规模承接产业转移，形成新的产业集群。

3. 省内环境带来的机遇。江西省在"继续解放思想，加快科学发展"的主题教育促进下，在"抓大项目"发展思路指导下，促进工业发展、推动江西全民创业的氛围更加浓厚；机制体制创新和对外开放水平不断提高，各地"我要发展”的内在动力进一步增强;一大批招商引资企业和项目,已经陆续进入成长收获期;一大批骨干企业在加速做强做大,长期制约经济发展的能源、交通等方面条件正在改善,多年来全民创业宣传活动形成的创业激情与气氛带来的影响作用,都给江西产业集群的发展创造了新的有利环境,为抓住发展机遇奠定了新的基础。

4. 国家宏观政策制定形成的机遇。2004年3月,温家宝总理在十届全国人大二次会议上的《政府工作报告》中强调:“加快中部地区发展是区域协调发展的重要方面。国家支持中部地区发挥区位优势和经济优势,加快改革开放和发展步伐,加强现代农业和重要商品粮基地建设,加强基础设施建设,发展有竞争力的制造业和高新技术产业,提高工业化和城镇化水平。”温总理在2005年政府工作报告中着重谈到了“中部地区崛起”,认为要“抓紧研究制定促进中部地区崛起的规划和措施”,“国家要从政策、资金、重大建设布局等方面给予支持”;国务院有关部门也正在就“中部地区崛起”进行相关政策研究。2007年10月,胡锦涛总书记在党的十七大报告中又强调“要大力促进中部地区崛起”“重大项目布局要充分考虑支持中西部发展,鼓励东部地区带动和帮助中西部地区发展”“加大对革命老区、民族地区、边疆地区、贫困地区发展扶持力度”。国家对中部地区将给予更多的关注,宏观政策将会较以往更多地考虑中部地区的利益,国家产业政策将更多地向中西部地区倾斜,自然会带来更多的项目资金政策,为产业集群发展增添新的动力。

在此,有必要强调的是,对于机会还有必要进行双向思考。波特指出,对企业发展而言,形成机会的可能情况大致有以下几种:基础科技的发明创造;传统技术出现断层;外因导致生产成本突然提高(如石油危机);金融市场或汇率的重大变化;市场需求的剧增;政府的重大决策;战争。机会往往在新的竞争者获得优势的同时,使原有的竞争者优势丧失,只有能满足新需求的厂商才能有发展“机遇”。也就是说,机会有时对他人是威胁,对你就有可能是机会,反之亦然;机会中蕴藏着威胁,威胁会转化为机会,关键在于你的把握和利用。

6.1.5 威胁(挑战)分析

任何时期、任何地区的经济发展都有可能存在不确定的因素,从方方面面影响经济的发展。对于江西等欠发达地区产业集群而言,潜在的挑战主要在以下方面:

——从经济增长的动力机制看,投资、消费和出口等需求因素受国家及国际宏观层面的影响。近几年国务院出台了一系列旨在控制投资增长过快的宏观调控政策;需求结构中的消费与投资比例关系的调整难以在短期内见效。宏观调控手段的"一刀切",不顾不同区域发展差异和具体的省情,对于自身财力有限、投资严重不足、全社会固定资产一直较全国平均水平低20多个百分点和发展水平较低的江西来说影响有两个:一是外来投资少,招商引资困难增多;二是受国家产业政策的影响,投资强度和方向受到约束。2008年下半年后,这一情况有所改变。受国际经济衰退的影响,国内宏观调控政策由控制投资转为鼓励投资,但国际经济的不景气影响了国内实体经济的发展,尤其是沿海地区受国际环境影响较大,这不仅影响了其经济发展的速度,而且也影响了一些企业投资内地的实力和信心。

——从要素供给机制看,一是资源与环境约束加大。"十一五"时期单位GDP的能源消耗要降低20%,年均降低约4.4%。这对处在工业化初期的江西来讲,将面临巨大挑战;二是发展竞争压力加大。江西承接产业梯度转移将面临中西部诸多地区的竞争;三是劳动力等要素成本增加、土地供给力度下降、环境优势效应递减的挑战。

——从经济体制方面看,由于江西长期改革开放与经济发展滞后于沿海等发达地区,深层次的思想意识问题和体制机制问题仍未从根本上解决,如国有经济的比重仍然偏高,民营企业比重低,国有企业改革还未完全到位,一些干部的思想不够解放、决策反应不快、创新意识不够强、国际化视野不够宽、驾驭市场经济的能力还不高,少数部门为维护自身既得利益设立的"潜规则",所有这些如果不能得到改变,必定会制约未来江西产业集群的健康发展。

——从产业集群发展机制来看。从实践来看，产业集群自身发展中形成的一些风险也是一大威胁，如核心企业受市场影响，企业发展受阻或倒闭，必然影响网络群内企业的生存；二是信用风险，若集群内多个企业出现资金供给困难或资金供应链断裂，必然影响产业集群整体发展和素质提高；三是产业集群自我衰退风险，产业集群的优势如受某种因素的影响，优势变成劣势，产业集群就会开始衰退会没落。此外，自身带来的其他风险如技术创新风险、投资风险、融资风险等都有可能成为产业集群的威胁。

6.2　江西产业集群发展战略总体分析与战略抉择

从江西产业集群 SWOT 分析中可以得出以下结论：

1. 江西产业集群发展的优势很明显，其区位优势、生态优势、投资成本低廉优势、“后发”优势、产业承接优势、投资环境优优势等十分明显，而且在近 8 年来得到了有效的发挥。有关问卷调查显示，港商到赣投资的主要原因是低成本和投资环境因素，在可多选的 12 个选项中，选“降低劳动力成本”的占 55%、“降低土地使用成本”的占 45%、“降低水电使用成本”的占 40%、“政府部门的办事效率、服务好”的占 40%、“治安环境好”的占 40%。[①]

2. 江西产业集群发展的劣势不可忽视。经济欠发达、经济总量小、经济结构不合理、工业综合竞争力不强、高素质的企业家少、能源、原材料等供应与工业化进程的需要不协调都是制约产业集群发展的障碍。一些企业落户后，尽管其产品市场前景好，竞争力强，但由于以上原因，很难有本土企业或其他企业与其合作，组成网络，中介服务的作用也不大，这些企业的很多零部件还要到外地配套，或再建零部件企业。这些企业不能得到专业化分工的好处，交易费用不能降低，因此，原有的土地优势、劳动力成本低等优势被削弱。

---

① 江西省政府发展研究中心课题组．赣港合作在江西建设产业转移基地研究报告[EB/OL]. http://www.jiangxi.gov.cn

3. 江西产业集群发展面临的机遇在增多。有国家支持中部地区崛起政策形成的,有国家和沿海地区产业结构调整带来的,有目前工业园区自身成长滋生的,有高新科技产业化和信息化创造的,还有环境改善支持体系增强促成的等等。这些机遇对各省都存在,关键在于能否把握得住抓机遇的契机和抓住机遇的手段是否高明。

4. 江西产业集群发展可能遭遇的威胁或挑战。这种威胁或挑战是不确定的,国际、国内的因素都存在。美国经济的衰退、国际油价的动荡、汇率的变化、国际市场的萧条或多或少地会影响江西外源性投资强度;国内经济政策效应的递减、商品出口量的减少、原材料价格的上升、生产要素价格的提高等都是产业集群发展的不利因素。

SWOT 分析的结果表明,有 4 种基本战略可供抉择。

一是扭转型战略,抓机会,避弱势,能发展到什么程度取决于弱势对机会的影响程度;

二是防御型战略,以静制动,不主动出击,将风险控制到最小,任其自生自灭;

三是多元化发展型战略,选择挑战影响小且有优势的产业进行发展;

四是增长型战略,充分发挥内部优势,主动出击抓机遇,在发展中控制风险,把增长放在首要位置来考虑。

显然,作为欠发达地区的江西,应该选择以上第四种作为产业集群的战略抉择。目前江西产业集群从整体上看是政府主导型,未来的几年或十几年的发展是不是还采取过去的"尾随"沿海发达地区是发展战略呢?还是走跨越性道路?前者的路径风险小但可能永远与发达地区差距大,后者不确定因素多还有省情的制约,不一定是心想事成的。

因此,江西产业集群的发展路径的选择也应有所为有所不为。有的产业为"尾随"型,有的产业是跨越型;资金密集型、科技含量高、高收益和高风险的产业更多的应为政府重点扶持或主导,劳动力密集型、进入门槛低、技术水平一般的产业,更多的是应由市场去主导,政府更多的工作是提供公共物品服务，帮助提高劳动者就业素质来体现政府的推动作用。

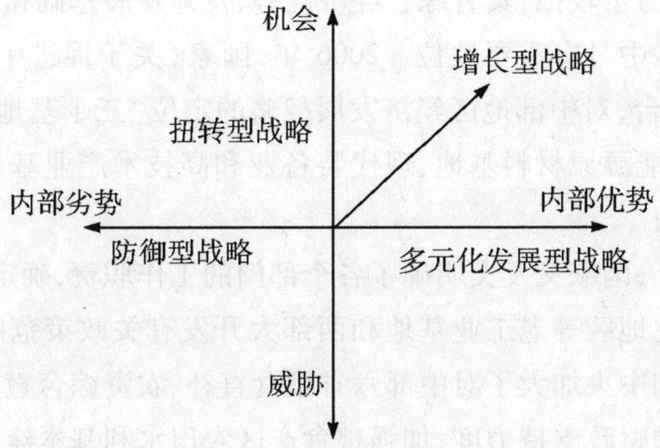

图 6-1　江西产业集群发展战略抉择

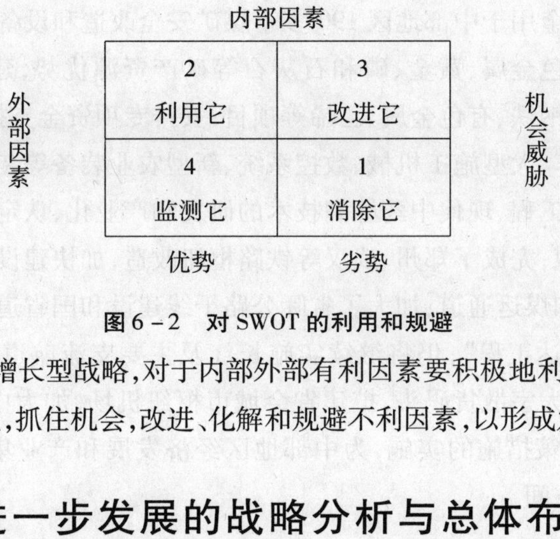

图 6-2　对 SWOT 的利用和规避

此外，采取增长型战略，对于内部外部有利因素要积极地利用，对机会和挑战要密切地关注，抓住机会，改进、化解和规避不利因素，以形成发展的合力。

6.3　进一步发展的战略分析与总体布局

6.3.1　中部省份经济发展战略定位

中部地区承东启西，连南通北，是中国重要的农产品、能源、原材料和装备制造业基地，农业生产条件好，能源资源丰富，传统制造业优势明显，工业基础雄厚，科研教育力量较强，具有综合经济优势、良好发展基础和巨大发展潜力，在经济社会发展中具有重要地位。2006 年，国家《关于促进中部地区崛起的若干意见》的出台，对中部地区经济发展战略的定位“三个基地一个枢纽”，即粮食生产基地、能源原材料基地、现代装备业和高技术产业基地，一个枢纽就是综合交通枢纽。

在此基础上，国家又发文明确了各个部门的工作职责，确定了中部六省比照实施振兴东北地区等老工业基地和西部大开发有关政策范围，并出台了政策实施意见。如中央加大了对中部六省粮食直补、农资综合直补和良种、农机具购置补贴等的财政支持力度；加强粮食产区农田水利基本建设和节水、排灌基础设施建设；推进国有粮食企业的改组改造，老人、老粮、老账等历史包袱已基本解除；国家核准了中部地区 13 处大中型煤矿和 5300 万千瓦火电项目建设，安排国债资金用于中部地区 190 多个煤矿安全改造和设备更新，发挥中部地区铁矿石、有色金属、黄金、磷和石灰石等矿产资源优势，建设开发利用基地；核准了一批钢铁、有色金属、乙烯等项目；安排专项资金支持中部地区发展大功率电动机车、大型施工机械、数控系统、新型农业装备等装备制造业；推进电子信息、生物工程、现代中药等高技术的研发和产业化，认定长沙、武汉为国家生物产业基地；完成了郑州、武汉等铁路枢纽改造，加快建设铁路客运专线、区际联系通道和煤运通道；加大了省际公路干线建设和国省道升级改造力度，推进了乡村“通达工程”；仍将继续实施长江及主要支流航道整治工程，建设了一批集装箱、大宗散货码头，扩建省会城市枢纽机场，加大中小型机场建设力度。[①] 这些政策措施的实施，为中部地区经济发展和产业集群的推进提供了更好的环境空间。

---

① 有关文件综合．http://www.gov.cn

表6-2　中部六省经济发展战略定位比较

省份	区域经济发展战略定位	空间趋向性
山西省	建设全国新型能源基地和新型工业基地	建设太原城市群
河南省	加快中原城市群发展和县域经济发展作为中原崛起的支撑	向京津唐及渤海三角地带靠拢
湖北省	建设成重要农产品加工生产区、现代制造区聚集区、高新技术发展区、现代物流中心区	打造“武汉城市圈”
湖南省	做强长株潭城市群，建设湘中经济走廊，发展湘西经济带	南向发展
安徽省	正在“翘首向东”，融入长三角	东向发展
江西省	建成发达地区的产业梯度转移的承接基地、优质农副产品加工供应基地、劳务输出基地和旅游休闲的后花园	对接长珠闽

资料来源：国务院研究室综合司公布《中部六省调查研究报告》。

理论界对中部各省的经济发展战略定位也进行了中观方面的研究。如有学者根据中部六省和全国分行业工业增加值计算出其区位商和产业贡献率并进行分析，中部多数省的主导行业分布在原料工业、燃料动力工业和农产品加工等领域，少数省形成了一些附加值高、技术含量高的主导行业。行业之间的贡献率差距很大，每个省都有一至几个高贡献率的拳头行业。认为各省区位商较大、具有明显比较优势的行业依次为：

湖北省：交通运输设备制造业、黑色金属矿采选业、非金属矿采选业、食品加工业、黑色金属冶炼及压延加工业。其中，交通运输设备制造业的贡献率高达24.26%，其次是黑色金属冶炼及压延加工业，达10.1%。

湖南省：烟草加工业、有色金属矿采选、冶炼及压延加工业、自来水生产和供应业、石油加工及炼焦业、非金属矿成才选业、印刷业、记录媒介复制业。其中，烟草加工业的贡献率高达48.7%。

表 6－3　中部六省投资额前 10 位的工业行业对比表

排位	安徽	河南	江西	山西	湖北	湖南
1	电力、热力生产与供应业	电力、热力生产与供应业	电力、热力生产与供应业	电力、热力生产与供应业	电力、热力生产与供应业	电力、热力生产与供应业
2	黑色金属冶炼及压延加工业	非金属矿物制品业	非金属矿物制品业	煤炭开采及洗选业	黑色金属冶炼及压延加工业	有色金属冶炼及压延加工业
3	煤炭开采及洗选业	化学原料及化学制品制造业	有色金属冶炼及压延加工业	黑色金属冶炼及压延加工业	交通运输设备制造业	化学原料及化学制品制造业
4	交通运输设备制造业	煤炭开采及洗选业	纺织业	化学原料及化学制品制造业	非金属矿物制品业	非金属矿物制品业
5	非金属矿物制品业	有色金属冶炼及压延加工业	化学原料及化学制品制造业	石油加工、炼焦及核燃料加工业	化学原料及化学制品制造业	通用设备制造业
6	通用设备制造业	黑色金属冶炼及压延加工业	通用设备、计算机及其他电子设备制造业	通用设备、计算机及其他电子设备制造业	纺织业	交通运输设备制造业
7	电气机械及器材制造业	通用设备制造业	交通运输设备制造业	非金属矿物制品业	通用设备制造业	黑色金属冶炼及压延加工业
8	化学原料及化学制品制造业	农副食品加工业	电气机械及器材制造业	有色金属冶炼及压延加工业	专用设备制造业	电气机械及器材制造业
9	金属制品业	专用设备制造业	纺织服装、鞋帽制造业	农副食品加工业	电气机械及器材制造业	农副食品加工业

续表

排位	安徽	河南	江西	山西	湖北	湖南
10	农副食品加工业	纺织业	医药制造业	通用设备制造业	通用设备、计算机及其他电子设备制造业	专用设备制造业

资料来源：向延华等．中部六省固定资产投资差异比较分析[EB/OL]．http://www.hntj.gov.cn

河南省：有色金属矿采选业、煤炭采选业等。其中，电力、蒸汽、热水生产和供应业的贡献率高达17.02%，其次是煤炭采选业，达15.46%，再次是非金属矿物制品业，达11.87%。

山西省：煤炭采选业、有色金属冶炼及压延加工、黑色金属冶炼及压延加工业等。其中，煤炭采选业的贡献率高达73.75%。

安徽省：黑色金属矿采选业、煤炭采选业、饮料制造业等。其中，煤炭采选业的贡献率高达12.46%，其次是饮料制造业，达9.61%，再次是电力、蒸汽、热水生产和供应业，达9.01%。

江西省：有色金属冶炼及压延加工业、有色金属矿采选业、医药制造业等。其中，有色金属冶炼及压延加工业贡献率高达14.38%，其次是电力、蒸汽、热水生产和供应业，达11.61%，再次是交通运输设备制造业，达10.99%，第四是医药制造业，达10.6%。①

通过对工业产业部门的区位商和产业贡献率的分析，江西的比较优势多集中在自然资源优势产业中，资源禀赋对产业形成和经济发展的影响很大，具有资源开发型的特性。黑色金属矿采选业、服装及其他纤维制品制造业、皮革、毛皮、羽绒用其制品业、家具制造业、文教体育用品制造业、化学纤维制造业、橡胶制品业、塑料制品业、金属制品业、普通机械制造业、电子及通信设备

① 蔡映红等．我国中部地区经济协调发展问题与对策[J]．特区经济，2009，(10)．

制造业、煤气生产和供应业等的专业化、集约化程度较低,发展规模较小。①

国家和理论界对中部地区经济发展战略的定位,对中部地区产业集群的形成和升级都有直接的影响作用:一是经济环境将进一步优化,政策的支持更直接;二对经济的扩张有利于企业提高关联性,将加快产业集群的形成;三对产业集群发展发现会起到更清晰的引导,有利于形成中部地区产业集群的特色;四是经济的具体布局将直接起到对产业集群发展的主要促进作用。

6.3.2 有关省区产业集群发展目标

2003 年 9 月江苏省发改委出台《关于培育产业集群促进区域经济发展的意见》,以加快发展和富民为目标,对产业集群发展态势进行研究,编制产业集群发展规划,争取每个县域培育 1 ~ 3 个产业集群,全省重点培育 100 个产业集群;报告还要求经济发达地区以建设专业化开发园区为突破口,加快产业集群发展;经济欠发达地区以发展"一地一品"特色产业为突破口,着力培育产业集群。

2004 年 11 月广东省经贸委出台《关于建设产业升级示范区加快产业集群发展的意见》,要求以产业公共服务平台和支撑体系建设、区域品牌建设和产业园区建设等三大建设为抓手,重点规划和建设一批产业升级示范区,从而带动全省产业集群更快更好地发展,提高产业国际竞争力。争取在 5 年内,扶持建设 30 个产业升级示范区,打造 50 个区域品牌。

2004 年 12 月福建省在国内首次以省委名义出台《关于加快产业集聚培育产业集群的若干意见(试行)》,作为《海峡西岸经济区建设纲要(试行)》的两个配套文件之一,要求以产业集群发展规划为切入点,规划指导工业结构优化升级及区域产业公共服务平台建设,在全省形成较为合理的产业布局;建立厅际联席会议制度,打破区域、部门、行业的界限,形成发展合力;省级财政每年安排一定资金支持产业集群发展,省科技三项费用优先用于产业集群内共

① 彭道宾. 中部六省产业发展状况比较研究[EB/OL]. http://www.jiangxi.gov.cn

性技术、关键技术研究和开发，省产学研资金重点安排用于产业集群内产学研项目开发。

2006 年湖南省九次党代会提出要走新型工业化道路，“坚持以产业集群为重点，发展壮大工程机械、轨道交通、钢铁有色等先进制造业，改造提升建筑材料、食品加工、石油化工、林纸加工等传统产业，形成一批集中度大、关联性强、集约化水平高的产业集群”。2007 年湖南省政府出台了《关于大力培育发展产业集群的意见》，编制了《湖南省培育发展产业集群“十一五”规划》，强调以结构调整为主线，突出企业主体和市场导向，推进先进制造业发展，突出核心企业、重点园区、重大项目、公共服务平台、知名产品品牌和区域品牌建设，促进产业集聚化、工业园区化和分工专业化，加快产业聚集发展和优化升级，提升产业国际竞争力和湖南省工业的整体素质。突出扶持发展专业特色园区和产业集聚带，引导同行业企业向专业园区聚集，推动产业集群结构优化升级。“十一五”期间，围绕精品钢材及锰深加工、有色冶炼及深加工、石油化工、现代中药及生物医药、食品加工、汽车及零部件、工程机械、电站配套及输变电成套设备、轨道交通装备、电子信息、造纸、陶瓷及花炮、轻纺、卷烟、新材料等 16 大类产业，重点培育 50 个年主营业务收入过 50 亿元的产业集群。到 2010 年，50 个产业集群主营业务收入总额达 8000 亿元左右，占全部工业经济总量比例 50% 以上。其中，形成 3 ~ 5 个年主营业务收入过 500 亿元的优势产业集群，10 ~ 15 个年主营业务收入过 200 亿元的产业集群。

安徽省 2007 年作出工业强省的决定，并在工业经济“十一五”发展规划纲要中提出要发展县域工业，大力推进产业集聚。以县城和中心镇为依托，因地制宜，突出特色，建设一批工业园区，形成“块状”“带状”经济。发挥开发区招商引资的龙头作用，按照一区多园的思路，规划和建设一批以龙头企业、优势主导产品为依托，以配套企业合理布局为基础，上下游产品有机链接为纽带的专业园区。重点建设汽车及汽车零部件产业集群，各种钢材结构件、加工件产业集群，沿江等地建筑材料集群，以煤为基础的煤电化产业集群，各类铜材深加工、铜工艺加工产品产业集群，稀土应用产业集群，船舶及船用设备产业集群,特种电缆为主体的产业集群,电子元器件和各类长毛绒玩具产业集群,中草药种植和中成药加工产业集群,各类农副产品深加工产业集群,纺织品集群等。

河南在工业结构升级"十一五计划"中提出,要以做大做强煤、电、铝、加工产业链条为主线,进一步优化产业布局和资源配置,推动产业整合,集约化发展氧化铝,进一步提高电解铝生产集中度,大力发展铝的精深加工。基本实现产品结构由初级原料为主向精深产品为主的转型,形成以铝精深加工为龙头,以氧化铝、电解铝集约化生产为基础,以大型企业集团和产业集群为支撑的上中下游配套和竞争优势明显的产业格局。重点发展技术含量高、附加值大、比较优势突出的产品,支持发动机、车桥、变速箱、车轮、汽车电子等五大汽车零部件品系快速壮大。从产业布局上,积极引导零部件企业和社会资本向优势区域集聚,加快重组整合,壮大骨干企业,重点发展郑州、洛阳、焦作、新乡、南阳、安阳、许昌、鹤壁等8个汽车零部件产业集群。支持洛阳、郑州、许昌和新乡市依托龙头企业和良好产业基础,增强自主创新能力,提高装备水平,积极承接产业转移,形成优势产品突出、配套体系完善、规模效益明显的产业集聚区,带动全省装备制造业结构升级。鼓励其他地区按照集聚发展、创新发展和高起点发展的要求,优化结构,突出特色,壮大规模,为全省装备制造业加快发展提供有力支撑。支持上街－荥阳阀门、长垣起重机、新乡县振动机械、荥阳建筑机械、沁阳造纸机械、许昌县农机、淮滨造船和禹州压滤机8个特色产业集群加快发展。促进生产要素向优势企业、优势区域集中,尽快培育壮大一批实力强大、不断创新、竞争力强的骨干企业和产业集群,到"十一五"末,形成超10亿元的企业集团达到20家左右。其中神马集团、白鹭集团、新纺集团、南纺集团、昌泰集团、银龙集团等6家企业销售收入超30亿元。新野、新密等20个特色产业集群销售收入均超30亿元,占全省纺织工业的50%以上。①

① 根据有关省政府和省发改委网站刊出的文件综合而成。

6.3.3　目前江西省发展产业集群发展目标

2007年江西省“十一五”产业结构调整实施意见中提出，要围绕提高企业规模经济水平和产业集中度，积极推动生产要素合理流动和配置，引导产业集群化发展，建立和完善大、中、小企业协调发展的合作互补型产业组织结构。充分发挥比较优势，加快大型企业发展，以大开放的思路，以现有中央和省属大型企业为依托，围绕产业集聚、产业升级、技术进步，通过裂变扩张、上市嫁接、合资合作、兼并重组、产业延伸、协作配套等多种手段和途径，以重大项目建设为抓手，积极培育一批成长性好、带动力强、关联度大并且拥有自主知识产权的骨干龙头企业。到2010年力争江西铜业年销售收入超300亿元，新余钢铁、江铃集团、九江石化、萍乡钢铁超200亿元，新增5家超100亿元的企业。集中力量培植和壮大六大支柱产业，建设十大产业基地。以进一步扩大开放为突破口，努力加大有效投入，推进重大项目建设，加快规模扩张。突出优势领域，加快产业集聚，培育产业集群，做大做强一批高成长性的骨干企业，促进六大支柱产业发展壮大。力争到2010年，六大支柱产业规模以上企业实现工业增加值1300亿元，占全省规模以上工业增加值的70%以上，重点建设在中部地区乃至全国有影响的铜、有机硅、盐化工、氟化工、汽车、数字显示和现代家电、钨和稀土生产加工、特色陶瓷开发加工、中药现代化、服装鞋帽等十大产业基地。①

6.4　进一步发展的战略与路径选择分析

6.4.1　产业集群优先培育发展目标建议

政府主导型战略原则：

① 根据有关省政府和省发改委网站刊出的文件综合而成。

重点发展技术领先型产业的产业集群；强力打造具有比较优势的产业集群；加快推进市场份额多的产业集群。

产业集群优先发展产业：

一是"高新产业"集群。这些项目技术应在国际或国内领先，能成为实现跨越式发展的产业集群。政府应重点扶持的是目前具有潜在优势产业，如光伏产业、半导体发光器件、非球面液体光学镜片等光学器件、大功率电池、电子元器件、数字信息产品、软件产业等。如新余、南昌的多晶硅大碇、多晶硅片高纯度硅料项目，大功率锂离子电池、薄膜太阳能电池、组件和电站建设项目，硅衬底LED背光源项目、LED新型照明等大多具有国际领先水平和自主知识产权，这些项目在产业集聚基础上，延伸产业链实现组团或网状型产业组织具有很强的可行性。

二是"高精产业"集群。这些项目应具有现实的比较优势，能够做大做强产业集群的项目。这些产业主要是：高精度铜材、精密机械、精细化工、仪器仪表等。如江铜集团高性能铜板、电子铜箔带、引线框架等市场前景广阔，有的产品国内需求长期依靠进口国外产品来满足；南昌的汽车零部件中的自动变速箱、涡轮增压器、柴油发动机高压共轨燃油喷射系统，船舶配套产品中的万匹马力以上大功率船用柴油机、高精度船用导航系统，飞机配套部件，硬质合金工具中的硬质合金刀具、凿岩工具、冲压工具及硬面材料；九江的有机硅单体、硅油、硅橡胶、硅树脂、硅烷偶联剂等深加工产品；樟树、新干的氯碱大化工等项目。这些项目带动力强，易提高企业关联性，减少交易费用，形成企业合作的新格局。

三是"优特产业"集群。这些项目市场需求量大，比较优势多，江西有着产业基础，已经初步形成了产业集群的项目，如高档汽车用钢板、民用船舶造船用钢、不锈钢(镍铁合金)和冷轧不锈钢薄板、特种钢管、车弹簧用钢等特殊钢材、特种车船、特色化工、金、银、铜、稀土、钨、钽铌等稀缺资源深加工等。南昌、新余、萍乡等地的钢铁公司基本上都具有开发或生产这些产品的能力，有很多产品已经具有很强的市场竞争力，只不过存在规模不大，产量不高的问题。因此,有必要将这些项目列为政府主导型项目,其目的在有把它集群化、规模化。

四是“名优产业”集群。这些项目产业基础雄厚,享誉国内外,产业集中度较高,还具有产业扩张冲动和能力的产业,如汽车整车制造工业、航空制造工业、特种船舶和港口机械工业、机电设备制造业、现代家电产业、电工电器类施工专用机械、特种变压器、移动电站和智能楼宇控制器系统、大型循环硫化床锅炉、数控机床、大中型电机、稀土永磁电机、建筑卫生陶瓷、新型墙体材料、轻质建材、中高档建筑装饰装修材料、玻璃及玻璃纤维复合材料等等。南昌、九江、景德镇、上饶的汽车工业,九江、南昌的内河船舶、海运支线船舶、豪华游艇、支线集装箱船、油轮、散货轮、工程船、化学品船等特种船舶,集装箱、港口装卸设备、港口运输设备等港口机械及零部件制造业,南昌的飞机制造及通用航空重要零部件配套业等都有强有力的市场竞争力,而且其一些生产环节多能外包,形成产业集群和集群升级的能力强。

五是“新兴产业”集群。这些产业有的是在传统产业的基础上成长起来的,有的是新兴产业和朝阳产业,有的是科技含量高的新技术产业,也是国家重点支持的产业。如生物制药、生物医学工程产品、高端医疗设备、电子信息等。主要有:一、二类新药研制、重点针对癌症、肝病的新型中药制剂、中药标准提取物、治疗艾滋病的天然药物咖啡酰奎尼酸、抗癌原料药紫衫醇萃取工艺、全自动血细胞分析仪、一次性医疗器械等。生物制药有着良好的基础,因为在中成药生产方面,江西比较优势明显,多年来江西的中药产业销售收入位居全国前列,汇仁、江中、仁和、济民可信4家企业已进入全国中药行业20强;南昌昌九工业走廊的晶湛科技、联创光电、新索丽、瑞显光电、鸿源数显、中国普天、先锋软件等企业生产的电子元器件、电子信息,进入的门槛高,政府应吸取北京中关村、上海浦江高科技园的发展经验,着力营造良好的创新软环境,培育适应高新技术产业发展的市场创新主体,促进江西电子信息产业向集群化方向发展。

6.4.2 市场主导为主、政府培育为辅的产业集群发展战略

江西传统型、资源型的产业集群，自然条件约束多，这类产业多为劳动密集型产业，这类集群的培育一方面依赖于市场力量的推动；另一方面，政府要在观念的引导、科技创新的支持和外部政策法律环境提供强度的加大上起作用。

一是资源性产业集群。包括食品产业、陶瓷产业、盐化加工产业、矿产加工产业等；

二是地方特色加工产业集群。包括烟花鞭炮产业、眼镜加工产业、文化用品加工产业、中药加工产业等；

三是轻工产业集群。服装加工产业、针织品加工产业、制鞋产业、竹木加工产业、医疗器械加工产业等。

这些产业基本上是中小企业，进入门槛不高，技术容易模仿，市场竞争激烈；同时这些企业经营机制灵活，能利用本区域千家万户的资金、劳动力，而且交易费用低，有很强的市场竞争力。如南昌进贤文港笔业，有钢笔、圆珠笔、签字笔等系列产品，该产业将笔业的产业链延伸，形成了千家万户从事笔芯、笔套、油墨等配套齐全的笔业生产网络，且销售点遍及全国；南昌东郊的针织品制造群体，是从南昌华安针织厂等国有纺织企业派生发展而来，现已形成了一大批有自己出口销售渠道，有完整的针织生产技术和设备，有设计、印染以及辅料配套生产，产业链联系紧密的民营企业群体，已建立起共同采购、共同开发市场、拥有市场的企业关系。

因此，对于以上这些产业集群可以因势利导，在利用市场机制促进的同时，政府要为其营造更利于发展的环境，如放宽其融资渠道，支持符合条件的企业发行股票和企业债券，允许有条件的企业到境外融资，引导企业以资产为纽带，积极开展企业联合或企业裂变，增强发展能力。

6.5　鄱阳湖生态经济区和产业集群发展思路

6.5.1　鄱阳湖生态经济区建设目标的提出

2008年3月8日上午，十一届全国人大一次会议江西代表团在北京人民大会堂新闻发布厅，举行了主题为“关于建立鄱阳湖生态经济区构想”的记者招待会。自此，“鄱阳湖生态经济区”终由概念转为建设项目。鄱阳湖是中国最大的内陆淡水湖，流域面积16.2万平方公里，占江西省流域面积的97%。1998年退洪后，经过“退田还湖”等多项生态恢复措施，湖区面积恢复到现在的5100平方公里，可蓄水340亿立方米左右。正常年份流入长江的水量达到1460亿立方米，占到长江年径流量的15.5%，这个流量超过黄、淮、海三大水系的总量。另外，鄱阳湖还是中国最大的湿地之一，最大的候鸟集散地、栖息地，受到世界各方面有关人士的关注，在中国被称为“大陆之肾”，在世界上被称为“少有的湿地之一”。

江西省提出要以鄱阳湖为核心，并以环鄱阳湖城市群为依托，强化“三带”，构建“四区”，建设高层次的生态经济圈。所谓“三带”，即生态保护带、生态恢复带和生态控制带；所谓“四区”，即按照形成主体功能区的要求，划分为禁止开发区、限制开发区、优化开发区和重点开发区；目标是把环鄱阳湖生态经济区建设为全省生态文明的示范区、新型产业的集聚区、改革开放的前沿区、城乡协调的先行区和江西崛起的带动区。其中新兴产业集聚区的建设，强调重点是要走新型工业化发展之路，不搞粗放型，更不搞污染型产业，要大力发展生态农业，不搞面源污染。江西还提出要优化区域生产力布局和产业结构，转变发展方式，实施重大项目带动战略，推动项目集聚、产业集群。最终，江西期望环鄱阳湖生态经济区的经济总量要努力争取超过全省的50%，争取达到60%,率先在实现全面建设小康社会的阶段性目标。①

6.5.2 生态经济区内城市群与产业集群的关联

根据有关理论,在此对鄱阳湖生态经济区城市都市圈、城市带作如下划分:省会城市南昌设都市圈,九江、景德镇、抚州、上饶、鹰潭设区市城市圈。其中南昌为核心城市圈,其余为卫星城城市圈;城市带为南昌、九江和景德镇三市构成的"金三角"经济带。都市圈以设区市中心城市为核心,与附近周围的县、乡城镇、农村相联系,组成一个个圈状网络,而这些圈状网络又通过交通信息网络、文化网络、人才与技术网络、商品与产品网络、旅游网络,特别是产业集群网络等和中心城市配套合作、协同发展,从而形成具有网络形体的鄱阳湖生态经济区城市群。目前,国外比较成熟的城市群有英美日模式的伦敦城市群、纽约城市群、东京城市群、巴黎城市群、西欧模式的德国城市群、荷兰城市群及拉美城市群等;国内有以上海为中心的长三角城市群、以深圳广州为中心的珠三角城市群、以北京、天津为中心的京津塘城市群。这三大城市群是中国经济发展的三大极。目前正在形成的有区域意义的城市群还有辽中南、山东、武汉、长株潭、四川平地、关中城市群等。另外,相关省市也正在构建有区域意义的城市群,如河南的中原城市群、湖北的大武汉城市群等。②

城市带是由一组地域相邻、彼此关联的城市沿交通干线分布而形成的带状城市群。在这里定义的江西鄱阳湖生态经济区"金三角"城市带主要是按以下三条交通干线来布局:一是沿京九线的昌九工业走廊、二是沿浙赣线形成城市带、三是沿九景(九江－景德镇)高速公路形成的城市带。

无论是城市群还是城市带,它们所具备的一些特征实际上也就是产业集群所依托的基本条件。如空间聚集性,城市生态系统、文化习俗相近,在便利的交通网络支撑下,城市间的空间距离在"缩短",这有利于城市的资源交换。

---

① 建设鄱阳湖生态经济区[EB/OL]. http://www.jxdpc.gov.cn,另江西省人民政府印发江西省国民经济和社会发展第十一个五年规划纲要的通知[J]. 江西政报,2006,(4).

② 夏维力等. 群效应——从产业集群到城市群[J]. 西安:西北工业大学出版社,2007.

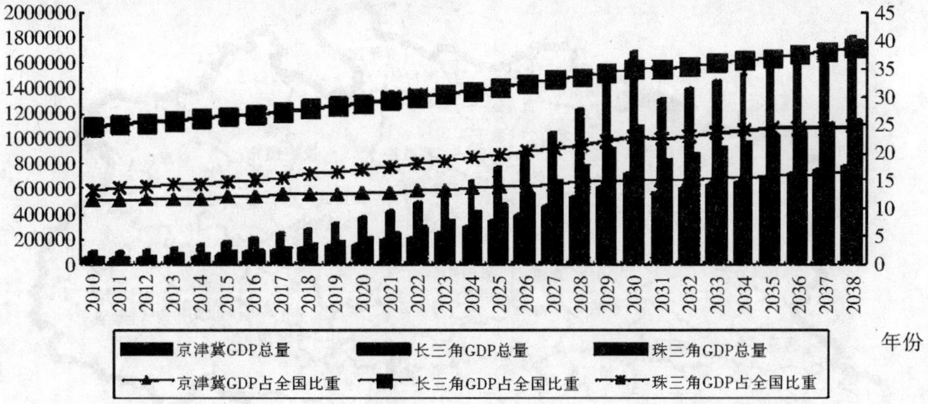

图6－3　未来30年三大城市群GDP及占全国比重的变化预期

资料来源：领导决策信息，2008，(40).

城市群的发展是在产业支持下进行的，否则有可能是有城无市。鄱阳湖生态经济区发展产业集群有着良好的基础条件：一是有南昌这中心城市为龙头；二是有江西最便利的交通网；三是产业集群种类多，发展势头迅猛；四是新的政策环境十分有利；五是支持体系比较健全；六是毗邻“长三角”城市群，易接受到其“扩散效应”。产业集群的形成，对城市群的产生起到重要支撑作用主要体现在产业集群的规模效应和外部效应、促使人才的聚集和技术的交流、催生中介服务机构的兴起及拉动基础设施的建设。产业集群的发展还能形成多层次的产业体系，吸收更多人就业，从而推动第三产业的发展和城市功能的完善。

城市群对产业集群发展多少意义主要体现在其能集中区域要素，优化配置资源，提高配置效率。城市群的主要功能就是将原来分散的经济发展模式连接为彼此联系和合作网络状经济发展模式，通过城市间的产业分工和合作，提高资源的共享性和企业的关联性。由此可见，城市群的形成能直接为产业集群的发展提高动力。

图6－4　鄱阳湖生态经济区区域图

6.5.3　生态经济区内城市群与产业集群的互动发展

从鄱阳湖的大区域经济角度出发，进行城市群和产业集群的发展战略构想，要以有利于鄱阳湖生态经济区区域经济整体优势的发挥，有利于加强城市间内在经济联系，有利于环鄱阳湖城市整体利益最大化等角度来考虑。

1. 打造以鄱阳湖为中心的城市群和产业集群。江西省鄱阳湖生态经济区经济较为发达，城市化率也较其他区域高，但与沿海发达地区比，经济社会发展仍有很大的差距。究其原因在于生态经济区二元结构突出，导致相对发达的工业和落后的农业并存。要实现鄱阳湖生态经济区经济发展，根本途径在于突破二元结构，推进城市化，完善城镇体系，促进农村剩余劳动力有序转移。目前,江西省正在编制和组织论证的《中国鄱阳湖生态经济区发展规划》有加大对城市、中心镇基础设施建设,加大对鄱阳湖生态经济区专项资金扶持倾斜,加大培育产业集群的力度等内容。关键在于今后能把握和落实好以城市群、产业集群为主线的发展战略,这是实现城市群与产业集群互动的关键环节。

2. 强化鄱阳湖生态经济区城市群集聚功能,使之成为引导产业集聚的主要载体。在进行城市功能定位时,既要考虑自身的特点和需求,更要站在整个区域发展的高度,使得区域内城市的产业集聚优势功能成为整个区域最重要的组成部分;要利用城市群各自的资源优势和比较优势,发挥城市群的系统层次的有机性、经济联系的有机性、社会文化的有机性等引导产业集群;同时结合目前的产业基础着力构建有区域特色的城市群产业体系,形成不同的群内产业分工。如南昌重点发展现代制造业、高新技术产业、汽车制造业、现代服务业等;九江重点发展石化、纺织、建材、造船业、旅游业等;景德镇重点发展陶瓷、航空、现代家电业等;鹰潭重点发展铜冶炼业及加工、物流、旅游业等。重点支持高成长型的骨干企业发展、重大项目建设、产业链延伸与配套,形成一批成长性好、带动力强、关联度大的大企业、大集团,形成一批生产要素集中、众多企业集聚、配套协作程度高的产业集群。

3. 全力挖掘优越的区位优势,形成有特色的鄱阳湖生态经济区城市群产业集群发展模式。鄱阳湖生态经济区的优势在于交通发达和工业基础相对雄厚,因此要主动出击,既当好“长三角”的配角又当好江西的主角。树立循环经济理念,以“减量化、再利用、资源化”为原则,走出一条具有特色的环境友好型、资源节约型的城市化发展道路。尤其要利用鄱阳湖生态经济区生物多样性、自然生态系统的完整性保护的机会,在搬迁对生态环境影响较大的工矿企业中推进产业集聚;要在强化中心城市极化与扩散效应同时,加快现代化都市型产业体系建设,加速培育支柱产业;依托目前市场份额高的城市核心企业,发展关联配套产业,形成产业集中度高、关联强、区域特色明显的支柱产业群。一方面,应高度关注鄱阳湖生态经济区已有雏形的产业集群的发展;另一方面,要促进更多产业集群的兴起。除了进一步完善现代化的基础设施、便利的交通通讯外,更重要的是应提供配套的生产服务设施,以利于增强企业的根植性。除了提供高效的政务环境外,更重要的是要有新的举措为推进区域内企业间、企业与科研机构、企业与中介机构间的长期合作。

4. 以产业集群为纽带,协调城市发展。产业集群的运行机制具有为城市要素集聚奠定基础、增强城市效应、推进城市空间结构演化、密切城市间关系和加快城市群形成的功能作用。因此,培育产业集群是发展壮大鄱阳湖生态经济区城市群的有效途径。要利用好国家对鄱阳湖生态经济区建设的政策支持,推进一批重大工业项目,培育推动经济快速发展的产业集群。此外,鄱阳湖生态经济区的建设是一个长期的进程,要为今后产业集聚、产业集群的扩张留有充分的发展空间。

5. 以产业集群引导工业化和城市化,推进鄱阳湖生态经济区城市群一体化。目前鄱阳湖生态经济区城市群内的工业园区、开发区多数解决了产业集中和集聚问题,但还没有形成产业集群;尽管鄱阳湖生态经济区城市群内交通发达、联系紧密,但没有解决区域空间、产业体系、市场体系、旅游、生态环保等一体化问题。为此,要在继续推进城市工业化、工业园区化的基础上,加快推进产业集群化和城市群一体化的步伐。一是要加强电子信息和家电、汽车、医药、石化、新材料、钢铁、铜、食品、纺织等优势行业在鄱阳湖生态经济区城市群工业园中的规模扩张和产业链延伸,以提高产业集群对城市群的支撑力量;二是利用南昌、九江、新余、鹰潭等的科技优势攻克重要行业的关键技术,推进城市群内工业园区之间产业链的整合与结构升级,以此实现鄱阳湖生态经济区城市群与产业集群在空间上的高度耦合,促进鄱阳湖生态经济区城市群空间一体化;三是城市群内的园区要按照自身的产业定位,变被动承接发达地区产业转移为主动承接,变招商引资为招商选资,变无目标地漫天招商为围绕园区产业链上下游有目的地招商,使园区内企业做到生产上配套,营销上互补,资源上循环;四是按产业集群的要求形成企业间的网络联系,形成一体化的生产性服务与生活性服务,使产业集群带动资本、技术等生产要素的集聚,促进城市群的技术研发、产品开发、市场开拓、交通运输、商务服务、营销策划、人力资源、社区服务等各联动互补。

6.6　传统产业结构调整对产业集群发展影响分析

江西产业集群的发展状况与发达地区有较大的差距，原因是多方面的，其中不可忽视的原因是产业结构存在问题。产业结构不优，从整体上影响江西整体经济的发展，从中观上又影响产业集群的形成。

6.6.1　产业结构对江西经济增长影响的实证分析

根据江西产业结构的特点及存在问题以及《江西统计年鉴》（1978～2006年）GDP 及构成等相关数据，运用 Cobb—Douglas 生产函数，通过 SPSS 10.0 统计软件进行回归分析，可得产业结构变化对江西经济增长贡献的计量模型：

$$\ln Y = 0.948 + 0.364\ln Y_1 + 0.424\ln Y_2 + 0.256\ln Y_3 \quad ①$$

$$(16.043)\quad(16.581)\quad(11.142)\quad(7.484)$$

$$R^2 = 1.000 \qquad DW = 1.401$$

通过方程①可得出，1978～2006 年江西省第一、二、三产业产出量各增长 1%，分别会导致国内生产总值增长 0.364%、0.424% 和 0.256%。三大产业对 GDP 的产业贡献排名为二、一、三，但相差不大，看不出哪一产业具有强有力的经济支撑作用。

为了更加具体地分析产业结构包括产业内部结构调整对经济增长的影响，把占据第二、三产业较大份额的工业（29.86%，Y_{21}）、建筑业（9.04%，Y_{22}）、交通运输仓储邮电通信业（8.37%，Y_{31}，简称交通邮电业）、批发零售贸易餐饮业（8.00%，Y_{32}，简称商贸餐饮业）以及金融保险业（4.00%，Y_{33}）的平均值，加上农业（Y_1）代入模型进行回归分析，得到方程②：

$$\ln Y = 1.649 + 0.361\ln Y_1 + 0.201\ln Y_{21} + 0.358\ln Y_{22} + 0.0075\ln Y_{31} +$$

$$(11.138)\quad(9.470)\quad(3.206)\quad(7.087)\quad(0.378)$$

$0.0031\ln Y_{32} + 0.125\ln Y_{33}$ ②

(1.797) (3.145)

$R^2 = 1.000$ DW = 1.391

对总产出影响较为显著的有农业、建筑业、工业、金融保险业。方程②表明,除农业外,建筑业对总产出的产出弹性最大,且其所占份额不到10%,因而其单位贡献率也最高,这可能是由于江西省正处于工业化初期基础设施投资不断加大所决定的;工业在GDP中虽然由于其较大的比重,但单位产出对总产值的拉动(即产业弹性)并不如预期中的理想。这可能与江西目前"轻的太轻、重的太重"不合理的工业内部结构,以及国有工业企业比重过大有关,进而影响了整个工业经济效益,由此进一步说明江西在加快工业化进程、推进产业结构优化升级进程中,还要重点解决工业内部结构和国有经济成分过大等现实问题。

如前所述,近几年江西经济的快速发展关键在于工业化的成效,工业化程度的提高又在于工业园区的发展,工业园区的发展又依赖于产业集群和产业集聚的贡献。在此可通过以下数学模型分析园区化、产业集聚和产业集群程度不断提高下的江西工业的重要地位。

在此令Yt为区域产出水平,Xi为影响区域产出水平的工业化因素,在不考虑区域之间贸易及资本要素流动的情况下,可以给出特定区域产出与工业化各因素之间的总量生产函数为

$$Yt = f(X_1, X_2, \cdots, X_K, A)$$

式中:A表示区域技术进步。对上式求全微分,两边同除以Yt,整理得

$$\frac{dY_t}{Y_t} = \frac{\frac{\partial f}{\partial A}}{Y_1} + \frac{\frac{\partial f}{\partial x_1} \cdot x_1}{Y_t} \cdot \frac{dx_1}{x_1} + \frac{\frac{\partial f}{\partial x_2} \cdot x_2}{Y_t} \cdot \frac{dx_2}{x_2} + \cdots + \frac{\frac{\partial f}{\partial x_k} \cdot x_k}{Y_t} \cdot \frac{dx_k}{x_k}$$

由上式可得产业群第 i 项因素对区域产出的弹性:

$$b_t = \frac{\frac{\partial f}{\partial x_t} \cdot x_t}{Y_t} \text{并令:} \frac{\frac{\partial f}{\partial A}}{Y_t} = b_0$$

则上式改写成

$$\frac{dY_t}{Y_t} = b_0 + b_1\frac{dx_1}{x_1} + b_2\frac{dx_2}{x_2} + \cdots + b_k\frac{dx_k}{x_k}$$

对上式进行处理得到计量模型

$$l_n Y_t = b_0 + b_1\beta_1 + b_2\beta_2 + \cdots + b_k\beta_k + e$$

根据上述计量模型，用人均 GDP 表示人均经济总量指标，用人均 GDP、工业企业个数、职工总数、固定资产净值、工业总产值、税前利润等指标占全国的比重，表示产业集群的相对指标，具体见表6-4。

表6-4　江西经济有关指标

年份	人均 GDP（元）	人均 GDP 比重（%）	企业数比重（%）	职工总数比重（%）	固定资产净值比重（%）	工业总产值比重（%）	税前利润比重（%）
1998	4142	60.9476	2.3849	2.1479	1.5940	1.2103	-0.5779
1999	4402	61.4890	2.3020	2.0686	1.5659	1.1755	-0.1190
2000	4851	61.7333	2.1782	1.9574	1.4743	1.0882	0.2851
2001	5221	60.5544	1.9170	1.8497	1.4482	1.0645	0.2849
2002	5829	62.0238	1.6942	1.7339	1.4167	1.0732	0.3994
2003	6678	63.3466	1.5549	1.6721	1.3976	1.0349	0.6167
2004	8189	66.3937	1.4537	1.5368	1.3013	1.0965	0.6025
2005	9440	66.9361	1.6197	1.6258	1.3648	1.1839	0.7594
2006	10798	67.1350	1.7661	1.7096	1.3857	1.3410	0.9956

资料来源：《江西统计年鉴》（1999-2007）、《中国统计年鉴》（1999—2007）。

根据以上指标，同样运用 SPSS10.0 统计软件进行了回归分析，得到人均经济总量指标与产业集群之间的关系模型1：

$$Y = -14671.79 + 245.12X_1 - 2735.22X_2 + 2027.14X_3 - 3569.46X_4 + 10321.71X_5 + 1562.99X_6$$

SE(20254.40)　(249.48)　(6900.22)　(19787.53)　(16343.94)　(3903.18)　(861.07)

T (-0.724)　(0.983)　(-0.396)　(0.102)　(-0.218)　(2.644)　(1.815)

式中 Y 为江西人均国内生产总值，X_1 为江西人均国内生产总值与全国的比值，X_2、X_3、X_4、X_5、X_6 分别为江西工业企业的企业数、职工总数、固定资产净值、工业总产值、税前利润与全国的比值。在模型 1 中，F 检验值为 43.065，通过检验。R^2 为 0.992，调整的 R^2 为 0.969，说明模型的拟合度相当高，变量之间无自相关现象，但是多项产业集聚指标不显著。将最不显著集聚指标 X_3（企业个数）去掉，重新进行回归分析，得到模型 2：

$$Y = -13463.599 + 227.961X_1 - 2045.868X_2 - 2091.292X_4 + 10450.540X_5 + 1523.673X_6$$

SE	(13480.286)	(151.329)	(1250.709)	(6284.549)	(3024.900)	(631.017)
T	(-0.999)	(1.506)	(-1.636)	(-0.333)	(3.455)	(2.415)

在模型 2 中，F 检验值为 77.108，通过检验。R^2 为 0.992，调整的 R^2 为 0.979，说明模型的拟合度相当高，变量之间无自相关现象，但是多项产业集聚指标不显著。将最不显著集聚指标 X_4（职工总数）去掉，进一步回归得到模型 3：

$$Y = -17312.200 + 256.699X_1 - 2279.038X_2 + 9937.668X_5 + 1634.957X_6$$

SE	(6107.096)	(109.586)	(913.610)	(2295.324)	(471.897)
T	(-2.835)	(2.342)	(-2.495)	(4.330)	(3.465)

在模型 3 中，F 检验值为 123.904，通过检验。R^2 为 0.992，调整的 R^2 为 0.984，说明模型的拟合度相当高。Durbin—Watson 值为 2.811，说明变量之间无自相关现象。江西人均国内生产总值与各产业集群指标之间系数都显著。从模型中可以看出，人均 GDP 与产业集群指标中的人均 GDP 比重、工业总产值比重、税前利润比重都呈正相关关系。

将 Y 取对数回归得到江西经济增长率与产业集群之间的关系模型 4：

$$LnY = -2.703 + 0.064X_1 - 1.423X_2 + 1.962X_3 + 0.358X_4 - 0.420X_5 + 0.162X_6$$

SE	(0.650)	(0.008)	(0.222)	(0.637)	(0.519)	(0.125)	(0.027)
T	(-4.161)	(7.918)	(-6.403)	(3.078)	(0.690)	(-3.364)	(5.897)

在模型4中，F检验值为480.646，通过检验。R^2 为0.999，调整的 R^2 为0.997，说明模型的拟合度相当高，说明变量之间无自相关现象，但是产业集聚指标 X_4（固定资产净值）不显著。将最不显著集聚指标 X_4 去掉，重新进行回归分析，得到模型5：

$$LnY = -2.799 + 0.066X_1 - 1.548X_2 + 2.351X_3 - 0.427X_5 + 0.165X_6$$

SE	(0.576)	(0.007)	(0.119)	(0.268)	(0.113)	(0.024)
T	(-4.857)	(9.921)	(-13.056)	(8.761)	(-3.779)	(6.761)

在模型5中，F检验值为698.738，通过检验。R^2 为0.999，调整的 R^2 为0.998，说明模型的拟合度相当高。Durbin—Watson值为3.256，说明变量之间无自相关现象。从模型中可以看出，经济增长率与指标中的人均GDP比重、职工总数比重、税前利润比重都呈正相关关系。以上模型计算的结果表明，工业发展的程度越高，对经济总量增加的贡献作用越大。以上分析说明，江西以工业化为核心，以大开放和创新为主战略是完全正确的，是符合经济社会发展规律的。只有工业化程度大大提高，江西经济才可能有强有力的发展动力。

6.6.2　在调整产业结构中促进产业集群发展与升级

产业结构调整一直是江西工业化的一项根本性任务。调整产业结构的过程，也是经济战略再定位、工业优化布局、完善所有制结构的过程。要抓住这一契机，有计划、有重点地培育产业集群。

一是充分发挥江西省现有工业园区的产业集聚作用，加大投资力度，加快建设步伐，积极发展块状经济。建立健全以市场运作为主的开发机制、以完善服务体系为重点的协调推进机制，推进工业园区土地集约化经营、产业链式化延伸、项目集群式组合、资源循环式利用。提高工业园区投入强度，提高工业园区产出水平，提高工业园区产业集中度；培育发展特色工业园，提高工业园区的产业配套水平，积极承接外来企业联动转移配套，引导民营经济自主创业配套,推进国有企业改制转产配套,因地制宜建设产业配套协作区。加快形成规模大、综合竞争能力强的成长型工业园区。

二是遵循生产力布局规律,以产业为纽带,以交通干线为主轴,加快形成若干定位明确、优势突出、错位发展的经济增长带。目前的重点是抓住时机加快昌九工业走廊建设,发挥省会南昌人才、科技优势和产业带动作用,积极利用九江沿江港口辐射作用,联动发展沿线城镇和工业园区,把昌九工业走廊建设成为产业集群式发展、内外资呼应、大中小城市功能互补的产业密集区。加快长江岸线开发,实行统筹规划、整体布局,发展壮大石油化工、汽车机械、冶金建材产业,加快培育船舶制造、数字家电、现代物流产业,形成沿江产业带。

三是优化产业组织结构,要在继续鼓励发展大企业、大集团的同时,积极扶持在行业中有竞争优势的中小企业,构建和完善以大企业为主导,大中小企业专业化分工、产业化协作的产业组织体系。以市场为导向、资本为纽带,以核心企业为龙头,培育大而强的龙头企业。鼓励工业龙头企业通过收购、兼并、控股、联合等多种方式实行低成本扩张,增强核心竞争力和辐射带动力。把建设大项目作为发展大企业的重要途径,把科技创新和技术进步作为提升企业核心竞争力的中心环节,加快形成一批规模迅速扩大、拥有自主知识产权的龙头企业。实行抓大放小和抓大扶小相结合的原则,以市场为导向,发展一批“专、优、特、精”中小企业,充分发挥中小企业在活跃城乡经济、吸纳就业、满足市场多样化需求等方面的作用。放宽市场准入,加大政策扶持。要加快建立健全中小企业社会化服务体系和中小企业融资担保体系,重点扶持建立区域性的中小企业服务中心,积极为中小企业的发展提供信息咨询、管理咨询、技术指导、人才培训以及融资担保等多种服务,切实减轻中小企业负担,进一步提高产业的竞争活力和发展水平,为中小企业形成产业集群创造更有利的发展环境。

四培育产业集群,做大优势产业,做强支柱产业,都必须以培育和壮大超强企业为根本基础,特别是要把培养“小巨人”企业作为首要目标。目前江西产业结构的主体仍然是国有企业,必须继续实施国有企业战略性调整,推进国企重组和改造，以优势企业为龙头带动企业资产重组，实现优势互补，整体搞活；吸收多种所有制成分参与国有企业改革，增强国有经济的活力和控制力，使国有企业的技术、品牌、人才、设备等优势与非国有经济灵活的机制相融合，造就全新的市场竞争主体；吸引外省大企业参与企业改革，实施强强联合，通过引进先进的技术、经营管理方式以及资金等嫁接国有企业，以促进机制转换，提高管理水平，拓宽市场空间，推动改革深化。

五是大力培育非公有制为主导的产业集群。重点鼓励和引导民营经济加速发展，在国家法律法规允许的范围内全面赋予民营经济参与市场竞争的平等权利，在市场准入、企业开办、土地使用、信贷税收、上市融资、进出口贸易等方面，让非公有制经济享有与公有制经济同等待遇。支持具备资质的私营企业参与政府采购和工程招标，建设和经营基础设施；支持有实力的民营企业，投资兴办高新产业、兼并重组国有企业。建立健全非公有制经济的创业指导、融资担保、技术开发等服务体系，建立健全投融资信息发布制度，发展规范的非国有企业咨询中介机构，引导非国有企业进行产品和技术创新，使非公有制经济发展成为加速产业集群进程的生力军①。

6.7　欠发达地区产业集群风险与控制

关于产业集群的风险问题，工业区位论的创始者韦伯从区位理论出发，指出一个地区通常只形成由一个产业主导的产业集群，就是马库森所称的轮轴式产业区，常常“一荣俱荣”“一损俱损”。保罗·克鲁格曼则认为产业集聚取决于向心力与离心力的对比。当离心力大于向心力时，意味着产业集群优势资源的散失，地区产业危机凸显，产业转移开始发生。

风险是客观存在的，其不确定性的实质在于它不随人们的意志发生或不发生。人们所熟知的一些风险可以测定和管理，并能通过一些经济技术手段

① 罗莹等．加快江西产业结果优化升级的思考[J]．江西农业学报，2008，(1)．本文有所修改

将它转移和分散,只不过是测定结果的准确与否和管理手段的优劣都会导致风险发生的结果呈现程度不同的差异。在评价和衡量产业集群外部风险方面,有的研究成果认为可以用宏观经济发展状况、集群自身发展现状和集群行业集中度3个一级指标来衡量,其中宏观经济发展状况可用集群区域GDP增长率、集群内失业率、企业投资增长率3个二级指标来衡量,集群自身发展现状可用集群销售利润率和净资产销售利润率2个指标来衡量,集群行业集中度可用集群内主导产业产值占集群总产值的比重来衡量。这些指标系统综合地衡量了产业集群外部风险中的周期性风险和结构性风险。

因产业集群存在多种不确定性,风险多种多样,在此仅对最重要、最常见的产业集群内企业技术创新的风险评价和风险管理作一论述。

6.7.1 企业技术创新的风险评价

企业技术创新是一项潜在的高效益和高风险并存的科技研究活动,其风险管理的目的就是要对潜在的、可能发生的或正在发生的意外损失进行评价、衡量和处置,将各种不利的后果减小到最低限度。企业的技术创新不仅包括产品创新、工艺创新、经营创新、市场创新、知识创新与科学发现的方方面面,同时还包括战略创新、决策创新、组织创新、制度创新等企业经营内外环境构建的各个领域。一般的企业技术创新都要经历研究阶段、中试阶段、商品化或产业化阶段。在这三个阶段,由于人们对未来行为的决策及客观条件的不确定性可能引起的后果,使预期目标发生偏离的综合存在差异,因而其存在的风险特性也不一样。从风险发生的原因来看,自然风险对企业技术创新的影响较小,而包括行为、经济、政策风险等在内的环境风险则可能伴随企业技术创新的各个阶段;从风险的性质来看,企业技术创新风险主要是既有损失可能又有获利机会的动态风险,少见只有损失机会而无获利可能的静态风险;从承受能力来划分,企业技术创新基本上是可承受的风险,但在实践中也有技术创新风险生成后超过企业所能承担的最大损失额以致企业衰败的实例;从风险的对象来区别,企业技术创新所遭遇最多的是经济损失这一类风险,而研发人员疾病、伤残、死亡所带来的人身风险或个人违规、违纪风险使企业技术创新难以进行的现象少有。可见,企业技术创新的最大风险就是只有投入没有回报,或投入大回报小等类型的经济损失。由此再细分,产生经济损失的风险主要有:①技术创新主体的装备设施不完善、物质投入跟不上、人员梯队结构不合理及科研能力欠缺等所带来的技术风险;②由于成果先进性、完备性不足等主客观条件的制约,使创新的技术不能由潜在生产力转化为现实生产力而发生的产业化风险;③创新的技术在转让过程中受客观条件的制约,使接受方难以进行实施所造成的商品化风险;④创新的技术在进入科技市场或物化技术进入有形市场后不被市场所认同而形成的市场风险。

企业技术创新与投资项目一样有很多共同点,都具有一次性或固定性特征,一旦进行难以更改。在效益分析方面,都要对各种不确定性因素的影响进行分析;在风险分析方面都可借助数学工具对可能出现的各种状况发生的可能性进行判断,都要对市场需求、技术的先进性和可靠性、资金的充足性和及时性、配套设施的完备性及技术力量的强弱程度等风险因素进行评估。事实上,企业技术创新所面临的风险远远不止上列诸种,但也不是每一个企业的技术创新过程都存在如此多的风险因素。所以,只能通过技术手段择其最主要、最可能出现的风险因素来评价。

企业技术创新的风险评价往往又包含在项目投资中,相对来说企业技术创新风险评价要比项目投资风险评价牵涉的问题少些。但这并不等于说企业技术创新的风险评价不重要,因为企业技术创新的方向是否正确,同样关系到企业的兴衰。通常对企业技术创新的风险评价依据技术创新的工程量大小、投入多少及企业的规模来确定采用哪种方法进行评价。由项目评价人员或个别专家进行估计的主观评价法;10 ~20 位熟悉该行业技术创新风险因素的专家经验分析而形成结论的专家评价法或用数学工具——概率分析法;通过收集整理分析历史上所发生的有关数据资料和专家依据自身经验的判断,建立相关的数学模型,处理变量之间的关系得出结论,都是惯用的风险评价方法。如产品创新、工艺流程创新的先进性评价涉及的产量与损失额的估计,因其存在线性关系，则可用一元线性回归方程 Y = a + bX（X 表示产量，a、b 是参数，Y 是损失额）进行预测。企业技术创新影响的因素很多，风险和收益之间存在一定的对称关系，在实践中则更多的采用风险评价模型或图表进行分析，通过对风险与收益的比较来判定企业技术创新的可行性。

由美国阿尔柯拉克公司开发的帕西菲柯（Pacifico）模型（式中 FR 为风险收益指数、P_t 为技术成功概率、P_c 为商业成功概率、B 为年销售收入、C 为年成本费用、L 为技术寿命期、K 为技术开发、生产和市场开发投资总额）是通常采用的技术创新风险收益评价模型。在该模型中我们可以看出，风险收益指数与技术成功概率、商业成功概率、税前利润、技术寿命期成正比，与技术创新的投资总额成反比。另外，安索夫（Ansoff）模型则选择了更多的分析因素，式中 FR 为风险收益指数，M_t 为技术优势指数，由对技术的评价确定，M_b 为商业优势指数，由对市场竞争力的评价确定，B 为技术寿命期内的净收益估计，P_t 为技术成功概率，P_m 为市场成功概率，C_d 为技术开发及技术投入使用的生产投资，J 为利用原有设施分摊的费用，S 为技术项目与企业总体战略的符合度。

$$FR = \frac{P_t \times P_c \times (B - C) \times L}{K} \quad ①$$

$$FR = \frac{(M_t + M_b) \times B \times P_t \times P_m}{C_d + J} \times S \quad ②$$

由①②式中可看出，计算技术创新的风险指数，所选择的有关指标都是关键性指标，多数指标及概率又是通过专家的经验或凭主观推断而获得。因而为提高风险评价结果的科学性、准确性，在专家的选择、专家调查的路径、有关数据的定性分析、概率计算、关键变量的取舍等诸多方面都要进行精心的选择和设计，以求减少风险评价中的主观性，增强客观公正性。

6.7.2 技术创新的风险管理

企业技术创新过程，同样也是风险管理的过程。在经过对潜在的风险与损失进行准确、科学的识别和对损失可能发生的频率、损失的严重程度加以估计和预测后，采取针对性强的风险控制技术来消除隐患或在风险生成后将可能发生的损失降到最低限度就是风险管理的根本目的。风险管理得当不仅有利于企业技术创新进程顺利，同时也能减少不必要的损失，减轻企业投入负担，有利于增强企业技术创新的可行性、适用性，从根本上增强企业的竞争力。风险管理与控制技术主要有：风险回避、风险减轻、风险隔离、风险转移、风险结合、风险自留等种种手段，但就企业技术创新这一独具特色的系统工程而言，更多地使用风险减轻、风险隔离、风险结合和风险转移等手段。

——风险减轻。主要是指在风险损失发生前，采取有关措施减轻或消除损失发生的直接原因和间接原因；损失发生后，采取各种措施减轻损失或危害。在技术创新启动前对创新的过程进行科学的论证，是风险减轻的基础。如集成创新，首先就有必要对现有的或引进的技术的可行性、适用性、可靠性及成果转化、商品化等可能发生的风险因素进行分析，同时找出经济上合理的预防措施，使创新方案再设计、更完善，资源配置更优化；如原始创新，除进行以上风险因素评估外，更多的在于技术的先进性、完备性、市场需求等进行论证。在实践中，一些企业进行产品创新或工业流程的改进完成后，企业的竞争力并没有明显变化，一个主要的原因是其创新的先进性、完备性并不具备，其立项时所要求达到的先进性只不过是比企业原有产品或生产工艺先进，而在同行业中并不先进。这种技术风险属“先天性”的，是由于论证不科学而导致的。企业技术创新风险控制中容易忽视的另一个问题或“误区”是对创新技术应用性的论证不完备，往往研究能形成成果，期望的成果也能开发出来，就是难以转化应用，成果商品化、产业化程度低。究其原因，其根源在于项目立项前忽视了市场因素及技术接受方的条件、配套设施的可行性分析。涉农的一些工业产品、装备或新技术常常存在这些问题。

——风险隔离。这是指针对所面临的风险因素进行空间与时间的分离，使某一个事故的发生不会同时引起所有资源的损失，以达到减轻风险损失的目的。风险隔离会增加所要控制的风险控制因素的数量，可能会增加一些管理费用。但根据大数定律，这种控制手段会减少风险的损失。跟随和模仿型技术创新是企业技术创新战略中常见的一种。从技术创新的历程来看，发达的美国工业在起步时跟随模仿过欧洲国家的先进技术;二战后的日本又是通过模仿美国而实现工业崛起的。跟随和模仿型技术创新的优势在于风险较小,投资少和见效快;弱点是企业易被动地处在劣势地位,市场份额扩大的空间少,有一定消化吸收开发能力的企业常走这一技术创新路径。这种创新路径的各种风险既存在于技术模仿阶段,但更多的是存在于技术转化阶段和进入市场后。对前者而言,风险因素主要是能否改进、创新和保持技术的先进性,对后者主要考虑是否会侵权和市场的适应性问题。这类的风险对策研究应分为两大部分,针对可能出现的风险损失制定相应的应急计划。有必要在此强调,跟随和模仿型技术创新风险管理措施中,合理付费是减少风险的最好对策,但很多企业不愿采用,总是抱着侥幸的心态忽视这一点,结果往往是为了减少较小的财产损失反而引来更大的诉讼、停产、罚款等风险。至于技术转让的风险隔离则应考虑更多的来自需求方面信息不对称、技术力量薄弱、硬件设施和配套能力差、对新技术的漠视及经营环境不佳等因素,有针对性地提出相应的对策,将技术转移的风险逐个消除或降低。

——风险结合。这与风险隔离相反,是通过增加风险单位的数量来提高预防未来损失的能力。企业通过与其他组织的合作,将技术创新可能面临的相同的或不同的风险单位集合起来以求达到降低风险的目的。对于技术创新难度大、跨度宽、投资多的项目采取合作开发的战略有利于分散一般的风险(如技术不确定性所致的技术风险和市场上的替代品、价格、质量、消费者心理预期、市场成长迅速等不确定性所致的市场风险),而同时又能获得率先的市场空间和高利润。当然,对于合作的各方除要共同应对以上风险外,还要面对的是不能独占技术,合作结束后双方彼此可能成为强有力对手的潜在风险。因此,合作前谨慎地选择合作伙伴,用合同规定好双方的权益,防范任何一方在技术创新过程中可能出现侵犯他方权益的行为都是行之有效的办法。通过技术创新合作开发的办法能有效地使用风险结合这一风险控制工具,但在技术创新合作过程中,双方都可能实现技术跨越、技术替代;而原有技术的成长中断,又有可能产生新的风险:如有形资产提前报废、因新技术改造而使企业停产、新品推出挤占了原有产品的市场空间、员工的结构性过剩、原有管理体系的失效等等。对于这些内在的新生的风险因素,又必须使用风险隔离等手段来控制。由此可见,风险控制手段在企业技术创新过程中的使用不是一成不变的,有的领域单独使用,有的层面又要组合使用。

——风险转移。这是最为常用的风险控制技术。主要通过契约或合同的形式将损失的财务负担和法律责任转移给其他经济组织,以达到降低风险发生的频率和缩小其损失程度的目的。事实上,企业技术创新的风险发生最终都会以资金损失为表现形式,因而为减少技术创新风险,适当地将一些风险损失机会与损失后果转由他方承担也是风险管理的惯用做法。风险转移有三种常见的方式:一是将风险源转移出去,如技术转让就是将市场风险转让给了受让方;二是保险转移方式,对一些难以控制而又必须面临的灾害性风险就可采取向保险公司投保的办法来转移风险。如工程露天作业技术、地下采掘业新技术的中试、易燃易爆项目的安装及有可能遭受自然风险的科研人员的人身安全保险等;三是非保险转移,如争取政府设立的风险投资基金、风险投资公司的投资、银行的风险投资等。①

本章小结

本章借助SWOT分析法对江西产业集群发展进行了战略性分析,在比较中部地区经济发展目标定位的基础上,对江西产业集群的发展目标、路径及支持措施进行了深入的探索,并在此基础上提出了对策建议。同时,对江西正在规划实施的重大项目——鄱阳湖生态经济区建设中的产业集群和产业集群风险管理等进行了研究。

① 罗莹. 企业技术创新的风险与管理[J]. 企业经济,2006,(6). 本文有所修改

第7章　欠发达地区产业集群支持体系创新研究

7.1　产业集群支持体系的基本内容

产业集群的支持体系是一个系统工程,既包含硬件设施,也包含软件服务,具有动态的、开放的演进特点。其主要内容有:产业政策体系、科技创新体系、金融服务体系、法规调控体系、财税政策体系、信息化服务体系、中介服务体系、企业文化体系、行政管理服务体系、企业管理服务体系等等。这些具体的支持体系的集成,作用力有效的发挥和影响,于无声处地形成了产业集群发展的环境空间和支持力量,它能通过一只"无形"的手托起产业集群,通过"无形"的加油机为产业集群发展注入不懈的动力。

表7-1　有关国家集群政策上的比较

国家	集群政策
奥地利	设计集群政策,创造结构性条件(改革、人力资本开发等),为公司合作搭建平台,通过政府购买推动需求等
丹麦	组织相关群体的对话,在某些特色区域开发一个中心,推行新的教育项目,选择一些优先发展的领域
芬兰	把集群作为经济发展的一种工具,识别芬兰经济竞争优势的源泉,创造有利的结构性条件,对集群进行战略性的研究
澳大利亚	没有太多基于集群的政策,出台一些措施鼓励企业间的合作
比利时	考虑指定基于集群的政策,对某些集群项目给予财政上的补贴,鼓励行业之间的技术扩散,支持买方——供方网络的建立
西班牙	提出框架性的政策,刺激R&D合作,建立研究中心和科学园

续表

国家	集 群 政 策
瑞典	正在考虑制定基于集群的政策,包括创造结构性的条件、获取外来技术、刺激 R&D 合作、建立研究中心启动产业系统项目建设以刺激战略对话、技术预测以识别潜在的创新集群
英国	把集群作为地域发展的一种手段,把政府的角色定位为催化剂和经纪人,启动区域集群项目
美国	组织地域不同工业群体的对话,指定区域发展计划

资料来源:王发明等. 产业集群政策研究——以浙江为例[J]. 技术经济,2006.

对于产业集群来说,支持体系的作用只是一种外力,其主要的作用是通过各种工具加速产业集群的发展进程,引导其发展方向;在产业集群带来负的外部性影响且靠市场的力量无法解决时,起到矫正的作用;对于投入要素等方面缺乏规模经济优势、研究与开发的能力有限、无法有效地为一些企业发展的核心环节内部化的企业,提供有效的专业化服务或公开物品服务;培育适应产业集群发展的信任文化、合作文化、区域文化,维持市场竞争秩序,优化信用环境。

一般来说,在支持体系的构建中,政策体系的建立是最初和最关键的一步。由于国情的不同,世界各国对集群政策的制定和政策上支持的力度是不一样的。从宏观面来看,中国对发展产业集群的政策工具更多的体现在各有关方面,作为最直接的指导性政策,还是 2007 年 11 月国家发展改革委制定的《关于促进产业集群发展的若干意见》。该文件对全国的产业集群发展提出了方向性的指导意见,是具有权威性和较早的政策体系的一部分。在此引用和评述如下:

1. 加强科学规划,优化区域和产业布局。推进东部加工制造型产业集群向创新型集群发展,加快提升在全球价值链中的分工地位。以特色产业和自然资源为突破口,主动承接发达地区产业转移,延伸产业链条,加快中西部地区产业集群发展。健全体制机制,发展专业化协作配套,促进东北地区等老工业基地形成一批新型装备制造业集群。在具备条件的中心城市适度发展文化、创意设计等新兴集群,促进现代服务业集聚发展,着力发展一批具有国际竞争力、在同行业中具有较大影响的高技术产业集群。

表7-2　集群政策工具一览表

	为创新投入资源	培养创新企业行为
面向企业	为雇用技术人员提供津贴 传统的R&D津贴或贷款 风险投资 孵化器在硬件方面的支持 技术中心 技术商业化计划 大学技术转移机构	为雇用创新管理人员提供津贴 为提高竞争力贷款 管理、建议、咨询风险投资 孵化器在软件方面的支持 创新中心 创新培训 技术经济情报
面向地区	产业研究动态计划 促使企业合作技术 为R&D项目合作贷款 为使用商业设施提供津贴 面向用户的合作创新中心	促进中介机构的发展 集群政策规划 对公司间网络联系的支持 地区战略规划 创新文化培养计划 政策制定者的战略能力培养规划

资料来源:Claire Nauwelaes, Rene Wintjes. SME policy and regional dimension of Innovation: Towards a new paradigm for Innovation policy?. SMEPOL. final report, Oslo(1999).

这一条对全国的产业集群布局作了方向性的划分,其根据是产业基础、资源条件和区位优势;对处在起步阶段的文化、创意产业集群提出“适度”发展的意见,也是有针对性的,因为此类产业集群和制造业等集群的产生条件有很大的不一样,处在“新兴”阶段,不宜一哄而上。

2. 坚持节约发展,提高土地等资源利用效率。按照布局合理、土地集约、生态环保原则,充分利用现有资源和条件,改善交通、电力、给排水、污染治理等基础设施水平,加快产业集中区建设。整合提升各类开发区(包括经济开发区、高新区和工业园区等），促进特色产业集聚发展。依法搞好土地整理，推进土地资源整合，盘活土地存量，用地指标优先向优势产业集群倾斜。合理规划土地使用方向，优先满足环保型科技型企业小规模用地需求，为企业集聚发展提供必要空间。

这一条也很具有现实意义。很多地方前期招商引资受指标任务等硬性规定的驱使，逢商必招且条件随意满足，一些企业在零地价、低地价的优惠条件下，大块圈地，土地资源浪费严重。土地整理、土地资源整合，用地指标优先向优势产业集群倾斜的政策导向，不仅有利于提高土地资源利用效率且还有助于推进产业集群向健康方向发展。

3. 壮大龙头企业，提高专业化协作水平。积极培育关联度大、带动性强的龙头企业，发挥其产品辐射、技术示范、信息扩散和销售网络中的“领头羊”作用。引导龙头企业采用多种方式，剥离专业化强的零部件和生产工艺，发展专业化配套企业，提高企业间专业化协作水平。支持热处理、电镀等工艺专业化企业发展，加快解决产业链薄弱环节。

这是推进产业集群的具体性措施。现有的产业集群基本上是中小产业集群，核心企业带动性和辐射作用还不是很强，多数园区企业专业化协作水平低，关联度小，影响企业做大做强和产业集群的升级，十分有必要通过政策诱导，推进园区由产业集聚向产业集群方向迈进。

4. 增强自主创新能力，提升产业层次。鼓励企业在产品设计、生产制造等环节采用先进信息技术，提升工业设计水平，大力推广应用先进制造技术，促进传统产业集群加快由委托加工（OEM）向自主设计加工（ODM）、自主品牌生产（OBM）转变；引导企业采用国内外先进技术标准，主动接轨国际制造业标准体系，推进产品国际标准认证，支持企业参与国家和国际标准制订和修订；鼓励科研院所和产业集群加强产学研联合，积极吸引跨国公司以及优势企业在产业集群设立制造基地、研发中心、采购中心和地区总部；严厉打击假冒伪劣行为，保护技术创新成果，保护诚实守信者，形成良好的市场秩序和创新氛围。

这一条也富有针对性。中国目前的产业集群或其他中小企业,多数是来料加工、委托加工,赚取极少的加工费。有的企业牺牲环境和出卖廉价资源的收益还不够治理环境代价的零头,出现了所谓的外部不经济现象。从国内外产业经济发展的经验教训来看,具有自主知识产权和创新成果的产业集群,发展步伐快,可持续发展能力强。

5. 切实推进发展循环经济和生态型工业。选择若干产业集群开展循环经济试点,建立产业集聚区内物质能量循环利用网络,发展生态型工业和生态型工业园区。贯彻实施《清洁生产促进法》和《节约能源法》等法律法规,通过清洁生产、资源节约、污染治理和淘汰落后等手段,推动高消耗高污染型产业集群向资源节约和生态环保型转变。加强对废旧物资回收利用集群污染综合整治,对于排放集中、污染严重的产业集聚区,探索集中治理方式,推广节能减排共性技术,降低企业治理成本。

这一条的政策导向也与上一条所针对的问题密切相关,但更多的是侧重于产业集群的科学发展和产业升级。对于现有一些产业集群存在的污染、高能耗和技术落后等问题,的确需要通过实施有关法规、产业结构调整和企业技术创新来解决;对于新的企业落户和集聚,要把生态标准放在和经济指标同等的地位来要求,这不仅是产业集群的内在要求,也是经济社会协调发展的要求。

6. 大力实施品牌战略,积极培育区域品牌。支持产业集群以品牌共享为基础,大力培育区域产业品牌(集体品牌或集体商标、原产地注册等)。鼓励有关商会、协会或其他中介组织提出地理标志产品和出口企业地理标志产品的保护申请,依法申请注册集体商标。有条件的产业集群可以发展工业旅游和产业旅游,提高区域品牌的知名度和美誉度。

实施品牌战略是现阶段中国工业的重要任务,也是产业集群的本质要求和存在问题的重要对策。中国相当多的产业集群是建立在"三来一补"基础上,没有自己的品牌,就算有品牌也缺乏世界性的知名度和美誉度,这也是中国产业集群发展的短腿所在。通过这一战略实施,目的在于提高中国产业集群的素质,引导企业实现产品的竞争力由价格优势向品牌优势转变。

7. 大力发展生产性服务业,健全社会服务体系。重点支持研发中心、检测中心等公共服务机构建设,构筑第三方信息服务平台。发展一批以特色产业为依托的商品批发市场,加快建立社会化、专业化现代物流服务网络体系。依托产业集群建立职业技术学院和技工学校,引进国内外职业培训机构,加强职业教育。引导和推动在产业集群内依法组建行业协会(商会、同业公会等)。①

为产业集群构建有利的成长环境,是中国产业集群制度创新的不懈追求,对于欠发达地区来说更加重要。因为中国是一个还处在工业化中期的欠发达国家,东、中、西部工业布局和发展不平衡,各地能动用的资源不尽相同,而服务业和健全的社会服务体系在欠发达地区有可能得到跨越式发展;从中观层面来看,各省市对工业发展的偏好是相同的,为实现赶超目标,欠发达地区在为工业发展、产业集聚、产业集群建立支持体系方面要有更大的力度、更多的措施和更好的政策,在软环境建设上做到人有我优,应为制度创新的核心所在。

7.2 产业集群支持体系的效用分析——以政策为例

7.2.1 基本分析

“政策”是现代社会政治生活中使用得非常广泛的概念之一。但无论是在日常生活,还是在学术领域,人们对它的涵义并没有一致的界定,定义颇多。中外学者都力图给政策下一个恰当的定义,但由于角度不同化及利益取向的差异,只是见仁见智。政策在某种意义上是国家机关、政党及其他政治团体在

① 国家发改委. 关于促进产业集群发展的若干意见[EB/OL]. http://www.sdpc.gov.cn

特定时期为实现或服务于一定社会政治、经济、文化目标所采取的政治行为或规定的行为准则，它是一系列谋略、法令、措施、办法、方法、条例等的总称。政策的制定、执行及其执行的结果都是为了解决一定的社会问题，调整社会利益关系。在现代经济社会里，政策具有重要的地位和作用。具体来说，政策在市场经济中的作用表现在如下方面：

一是指导作用。即通过确定经济发展的宏观方向，为微观主体提供宏观指导。在经济发展过程中，微观主体的基本行为是，在各自的预算线以内，按市场需求进行市场安排和生产要素的配置，通过产品销售或提供服务来实现企业利润最大化。但是，分散的微观市场主体在市场"这一无形的手"的指挥下去追逐自身利益时，很难对宏观经济的走向或演变作出选择；它只能对本企业的健康发展负责，不能对整个宏观经济的稳定发展负责，当宏观经济出现过冷或过热现象时，这些微观市场主体不可能对宏观经济进行干预和调整。甚至一些微观市场主体在追求自身利益最大化时还会出现一些对宏观经济总体发展的不利，把自身利益建立在危害经济运行或社会发展的基础之上，如为减少成本直接排污对生态环境的破坏，为获得更多利润对自然资源的掠夺性开采。因此，对于微观市场主体的无序运行对经济发展出现的偏差，都要通过"有形的手"即政府的宏观调控进行市场秩序的规范和宏观经济的纠偏，通过政策杠杆的调节和指导作用，提高微观市场主体的价值取向和与经济发展的宏观方向相吻合，减低甚至消除微观市场主体在经济活动中的任意性、盲目性，以提高全社会经济活动的效率。

二是协调作用。即协调经济发展过程中的各种利益关系和矛盾。经济发展过程总要进行各种各样利益分配调整，如城乡关系的处理、地区差别的缩小、部门间矛盾解决、工业农业和服务业间的发展均衡、投资过热与市场物价升高的问题的控制、经济发展与生态环境资源、社会保护间的协调发展问题等。要处理好这些利益关系、协调和解决这些矛盾、化解这些问题，只有依靠国家或权威部门制定相关政策来进行。正因为政策的制定必然要协调各种关系确定基本原则，提供处理各种矛盾的基本规范或为解决各种问题提供基本依据,因而政策成为了协调处理经济发展中各种矛盾问题的最重要手段之一。

三是激励作用。即通过政策调动和市场主体的积极性。市场主体活力的强弱,直接影响到经济发展的动力;市场主体缺乏发展的积极性,经济社会的发展就会停滞或倒退。通过政策机制的作用,在兼顾国家利益的同时对市场主体利益进行激励;通过对产权物权关系的明确,维护市场主体的正当权益;通过减免税费、降低银行利率和财政支持,使市场主体能得到更多的物质利益等手段,能激活市场主体的活力,调动企业创业的积极性。

四是调控作用。即通过各种政策,实现政府对经济发展的宏观调控。经济政策是政府为干预经济发展中的产业投资、生产、产品销售而设计、制定的策略原则和行为准则,对经济活动起宏观调控作用。如产业政策、财政政策、信贷政策、价格政策对经济资源的调控或生产要素的配置等,对于经济的运行影响极大。正由于政策功能所具备的特有作用,使得政策成为政府调节经济运行的一个重要手段。

五是约束作用。即政策对经营主体的行为所形成的某种限制。由于政策是一种规定性,具有一定的限制功能,这种限制功能就是政策的约束作用。如环保政策对生产者向环境排放有害物质的约束,土地政策对土地所有权或使用权的约束,工业用地政策对企业建设进行土地节约的约束等。从理论上讲,政策的约束功能是经济政策发挥其所有作用的基础,如果失去了约束功能,政策就会失去效力。

7.2.2 模型分析

政策的效用还可以通过一些数学模型进行分析。

如宏观经济理论认为,区域经济的发展主要取决于区域内生产潜力的增加和实际需求的增加,事实上对于产业集群而言,其结论是相同的:

$$Y_1 = f(O_1, D_1)$$

式中 O_1 表示产出潜力的增加,D_1 代表实际需求的增加。

其中 O_1 取决于区内的生产要素劳动力 L_1、资本 K_1 和土地 Q_1,即

$$O_1 = f(L_1, K_1, Q_1 \cdots)$$

D_1 取决于：

$$D_1 = f(C_1, I_1 \cdots)$$

式中 C_1 代表社会、私人对消费品的需求，I_1 为由于投资的增加引起用于投资的产品需求，I_1 后面是技术进步程度、空间结构、部门结构、基础设施体系、政治体系和社会体系等。技术进步的改善，对生产者来说，可以形成一系列有利因素；对于需求来说，可以起到动员需求增加的作用。区域经济或产业集群增长过程除了现有的空间结构（如地区内集聚程度）及现有的部门结构（如工业化程度）可以施加影响外，还受到这两个方面变化改组的左右。基础设施投资可以引起生产者一方的成本下降，劳动生产率提高，促使消费者一方面福利水平的提高。同时可以加强地区间货物和服务业的交流，使专业化加强，促使地区更有效地利用生产要素，使输出（出口）需求大增。

应该指出的是，这里的政治体系和社会体系就包括了政策的影响在内。同时，对区域增长起决定作用的生产要素、投资、需求等也是要受政策约束的，只不过政策的作用形式有直接和间接之分。

一般真正对区域经济增长起作用的是同时期各个政策安排的合力作用，或者说各种政策效应期的时间重叠一起对经济起作用。政策的效应期是指在一定经济条件下，某种政策安排的起始执行日到政策效应发挥到边际效用最高日为止的这段时期。

如图 7－1，在政策对产业集群的影响过程中，随着时间的变化，政策也在变化，由于政策的效应期不同，从而引起产业集群发展进程的波动（粗线）不定，开始仅有生产要素和技术（a）决定产业集群发展；时期 1 时有起促进作用的政策安排 b，促进产业集群发展，曲线向上折出；时期 2 有起限制作用的政策安排 c，曲线下折；到了时期 3，政策 b 的效应期结束，曲线下折幅度增加；到了时期 4，有了新的政策安排 d 促进经济发展，政策 c 和 d 一直影响产业集群。

对于政策的效用评价，目前更多的是进行定性分析。在此还可选用成本——效益分析方法，对政策实施所得的收益与实施政策花费的成本进行比

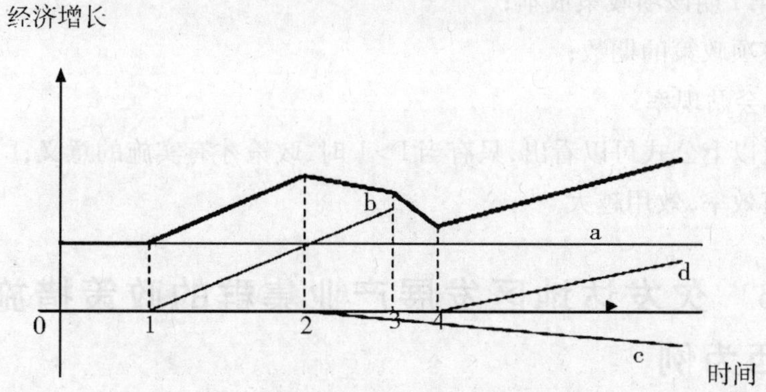

图 7－1　政策对产业集群的影响作用

较，判断某一具体政策的优和效用程度的高低。分析步骤如下：

1. 正确列出所有的政策成本和政策效益，该列入的全部列入，不该列入的都不列入；

2. 对每项政策成本和政策效益均打上一个价值标签，将其货币化表示，从而使不同的政策成本以及不同的政策效益可以相比较和相加减。至于政策成本已经货币化的可以直接计入，没有货币化的可以设计多个估值，通过专家法（德尔菲法）得出。而政策效益可将政策实施后的受体边际收益作为估算值；

3. 考虑时间因素的影响，将不同时期的政策成本与政策效益向基期计算，以便使得不同时期的政策成本和政策效益可以相比较和汇总；

4. 最后通过比较总政策成本与总政策收益，便可判断一项政策的优劣，政策效用的高低。

计算公式如下：

$$I = \frac{\sum_{i=1}^{n} B_i/(1+r)^{r-1}}{\sum_{i=1}^{n} C_i/(1+r)^{r-1}}$$

B_i：第 i 期该项政策所获的收益；

C_i:第 i 期该项政策成本;

n:该项政策的期数;

r:社会贴现率;

通过以上公式可以看出,只有当 I>1 时,政策才有实施的意义;I 值越大,政策越有效率,效用越大。

7.3 欠发达地区发展产业集群的政策措施——以江西为例

在市场经济条件下,欠发达地区的经济社会发展的不足自然会对产业集群的发展形成种种障碍。因此,制定相关政策,构筑有自身特色的支持体系是欠发达地区弥补经济社会发展不足的基本对策。进入 21 世纪以来,江西的决策层对经济发展思路形成了共识,自 2003 年下半年以来,江西先后出台了《江西省人民政府关于进一步加快工业园区发展,提高工业园区发展水平的若干意见》《江西省人民政府关于进一步加快发展开放型经济的若干意见》等一系列促进园区发展的政策举措,提出了"工业立省,科技强园,突出产业优势,发挥规模效应"的要求,极力为工业构筑最有利的政策环境,对产业集聚和集群进行方向性的规范。如对省一级工业园区作了以下的要求规定,提出了发展的基本政策导向。主要条款有:

1. 进园项目要求。进园项目要符合国家产业政策。鼓励引进大型骨干项目、高新技术项目、主导产业带动项目、与企业配套项目和企业集群项目。对优势项目,不受投资规模限制,并优先安排进园。一般性项目原则上固定资产投资额要在 500 万元以上。

这一条主要是对入园企业质的要求,旨在通过设置门槛提高园区企业的竞争力和对区域经济发展的影响力。

2. 园区投入产出。园区单位面积固定资产投资额必须达到每亩 30 万元以上,重点园区达到每亩 50 万元以上,国家级开发区达到每亩 100 万元以上。

这一条是对入园企业规模的具体要求，既达到引进大企业的初衷又能实现提高土地集约化经营的目的。

3. 项目建设进度。对大型骨干项目、重点工程项目要根据投资规模大小，合理确定开工时间和建设进度，分阶段推进，按时建成投产。其他项目原则上在取得土地证后，半年内必须开工建设。

这一条主要目的在于保障园区建设效率，也防止一些企业热衷于圈地现象的发生。

4. 科学合理用地。按照“盘活存量、优化增量”的指导思想，强化土地集约化使用，提高土地利用率。对产业集聚力强、发展后劲足、带动作用大的工业项目以及列入省里调度的重点产业项目，在用地指标上予以倾斜，确保用地需要。今后，用地指标优先安排已落实的重大项目，工业用地向产业集聚度高的园区倾斜。

这一条和第2条关联，除为提高土地集约化经营目的外，体现了支持重点和扶优助强的政策用意。

5. 基础设施利用。园区的基础设施规划和建设要与提高集约化水平相衔接，与产业集群的协调发展相衔接。通过优化布局，完善配套，联建共享，提高综合利用率，促进园区从粗放型扩张向打造精品园区转变。

这一条政策的落实，有利于提高入园企业专业化分工和减少交易费用。

6. 强化产业规划。按照“找准区域优势，规划产业方向，承接梯度转移，把握发展趋势，突出招商重点”的要求准确定位。园区主导产业的数量一般控制在3个左右，重点园区主导产业的产值占园区总产值的比重要达到70%以上，其他园区要达到50%以上。

这一条有利于产业集聚向产业集群发展，园区的核心企业不宜太多，否则难以实现企业相同分工。

7. 强化产业布局。国家级的开发区要以技术密集型、资金密集型和外向型产业为主；设立在设区市的工业园区要以资金密集型、技术密集型和出口加工企业为主，兼顾发展传统制造业和劳动密集型产业；设在县(市、区)的工业园要通过承接产业转移,发挥比较优势,发展劳动密集型产业以及与大型骨干企业相配套的产业。

这一条主要是对国家、省、市(县)三级园区进行功能划分,也是引导各地因地制宜发挥地方特色、避免一哄而上和恶性竞争现象发生的措施。

8. 强化产业配套。鼓励园区围绕六大支柱产业引进配套企业,加速支柱产业快速裂变扩张,提高规模经济水平。鼓励和引导中小企业进园落户,主动充当大企业的"配角",形成产品配套、合作紧密的生产网络,促进产业向深度和广度延伸。

这一条是直接针对为推动产业集群形成而提供的政策保障。

9. 强化产业扶持。在具有比较优势的领域,形成一批产业相对集中、相互关联紧密、特色鲜明的主导产业群。凡认定为省级特色工业园区的,除享受赣府〔2003〕18 号文件的优惠政策外,省政府设立的县城工业基础设施建设资金将给予重点扶持。中小企业技术创新项目以及为大企业产品配套的技术项目,可以享受贷款贴息政策。

这一条是直接针对为推动产业集群形成而提供的优惠措施。

10. 完善园区考核。进一步完善工业园区考核制度,在考核工业园区每平方公里的投资强度、销售收入、财税收入、出口创汇、劳动就业等相对指标的基础上,将工业集中度(即园区产值占当地工业总产值的比重)、产业集聚度(即园区内主导产业产值占园区总产值的比重)纳入考核范围,促进工业园区加快产业结构调整,壮大产业集群,提升产业层次。

这一条主要目的在于规范园区的发展质量,也有利于促进产业集聚向产业集群方向发展。

11. 改善融资环境。各商业银行和信用社应当积极开发适应中小企业发展的金融产品,为中小企业提供信贷、结算、财务咨询、投资管理等方面的服务。对资本金已足额到位的内、外资企业,可以采取资产抵押等担保方式提供合理的固定资产贷款。对经过认证确有信用度的企业,应当及时确定授信额度,提供信用贷款。

这一条目的在于发挥地方金融机构支持产业集群发展的作用，也是产业集群软环境建设的一重要内容。

12. 建设服务体系。鼓励高等院校、科研机构与园区企业开展多种形式的技术合作，创建生产力促进中心、科技孵化基地等，提高产品的科技含量，促进科技成果产业化。建立和健全促进人才合理流动的市场机制和激励机制，鼓励和吸引海外留学人员、大中专毕业生、外出务工经商人员到园区投资创业，鼓励社会各方面力量为园区培养人才。按照“企业招工、学校代培、供需对接、渠道畅通”的要求，建立工业园区企业劳动用工的市场运作机制。引导和鼓励会计事务所、律师事务所等社会中介组织进入园区，向企业提供法律、财务、审计等专业化配套服务。

这一条提出了优化产业集群环境的具体方向。

13. 加强对重大招商项目的调度。建立重大招商项目协调制度，防止招商引资的过度竞争和牺牲长远利益的恶性竞争。省级主管部门重点掌握投资1000 万美元和 5000 元人民币以上的项目，每月调度一次。

这一条主要是规范招商引资的秩序，确保园区健康发展。

资金扶持是所有政策支持中最有效率的手段，是构筑支持体系的关键，是优化环境的最具体的行动。为解决江西工业园区中小企业融资难，产业扩张中资金紧张的问题，进一步扶持带动力强的核心企业，近年来，江西省根据《国家发改委、国家开发银行关于合作开展中小企业贷款与信用担保体系建设工作的通知》精神，制定下发了《关于开展工业园区中小企业融资服务试点的意见》，同时，组织编写了《工业园区中小企业融资项目试点申报须知》并下发到各工业园区，对 15 家重点园区进行了融资专题培训。

2008 年江西省专门制定了工业园区产业集群发展专项资金扶持办法，扶持对象为：

1. 能够带动产业集聚的龙头企业：生产性固定资产投入 1 亿元以上；建成投产后，年实现销售收入 5 亿元以上、增值税 1000 万元以上，对产业发展支撑作用明显；带动 10 户以上关联企业与产业配套，产业集群年实现销售收入

20亿元以上、增值税4000万元以上。

该条目的在于推进园区核心(主导产业)的形成。

2. 有利于延长产业链的配套项目:生产性固定资产投入5000万元以上;建成投产后,年实现销售收入2亿元以上、增值税400万元以上;属于产业集群中的核心项目和关键技术,与核心骨干企业构成完整的上下游产业链,配套比例达到80%以上。

该条目的在于推进园区专业化分工和协同机制的形成。

3. 利用特色资源进行深度加工的重点企业:充分利用铜、钨、稀土、钽铌、盐、陶瓷、多晶硅等特色资源进行深度加工,对同一资源的开发利用处于国内领先地位;建成投产后,企业年实现销售收入10亿元、增值税2000万元;主导产品的科技含量和附加值较高,延伸产品比上游产品增值50%以上,市场占有率和知名度居全国同行业前列。

该条目的在于延长有关企业产品产业链。

4. 规划建设的产业基地:产业基地配套设施投入1亿元以上;引进落户的相关企业达10户以上,每户企业生产性固定资产投入2000万元以上;主导产业年销售收入10亿元以上,产业基地年销售收入占园区销售收入的比例达到60%以上,能够形成一批特色鲜明的"块状经济"。

该条目的在于为园区内企业减少交易费用、提高企业竞争力等奠定基础。

扶持方式有以下几种:①信贷担保。对工业园区产业集群的扶持,采取政府出资为引导、产业关联企业共同入股的方式,组建产业集群会员式的融资担保公司,注册资本金在3000万元以上,省级扶持资金给予10%的注册资本金补助,最高补助额度不超过500万元;②投资补助。对新扩建的龙头企业和重大配套项目,其固定资产投资在5000万元以上,且法人自有资金超过总投资50%的进行投资补助,每个项目补助金额不超过200万元,并将补助资金作为股份投入,由园区具有法人资格的国有资产公司持股;③贷款贴息。产业基地内单个配套企业生产性固定资产投入超2000万,企业总数达10户以上,且基地配套设施基本完善,对产业基地给予贷款贴息,贴息金额最高不超过400万元,贴息时限按项目开工至建成投产计算,一般不超过2年。

扶持目标为:每年集中扶持符合江西产业主攻方向的重点项目,通过五年的扶持,力争工业园区实现以下目标:

——每个工业园区初步形成1个初具规模、特色鲜明、配套完善、竞争力强的主导产业;

——形成10个年销售收入超100亿元的产业集群,20个年销售收入超50亿元的产业集群;

——形成25个年实现销售收入超30亿元的产业基地;

——形成30个年销售收入超10亿元的龙头企业。①

以上所述的扶持方式基本符合江西工业园区产业升级和形成产业集群的需求,要达到的目标还要艰苦努力。尽管美国次贷危机引发的世界性金融危机对江西的负面影响比沿海地区小,但总体宏观背景的不利因素还不容忽视。

7.4 产业集群支持体系创新取向——以江西为例

自熊彼特提出创新概念以来,创新已成为推动国家和区域经济发展及竞争力提升最具根本性的力量。同样,产业集群支持体系的创新也在一定程度上决定着产业集群的升级和可持续发展。

表7-3 2000年江西省创新体系在全国的位置

江 西 省	排名
创新环境	25
创新服务、创新基础设施、市场需求、劳动者素质、金融环境	18~24
创业基金	27
创业水平	28

资料来源:中国区域创新能力报告2001。

① 江西省政府文件法规. http://www.jiangxi.gov.cn

有关研究揭示,2000年前江西省的创新能力、创新环境、创业基金、创业水平等指标在全国的位置偏后。2001年后的几年里,江西为支持工业化和大开放发展战略,在优化投资环境、推进创新创业等方面采取了一系列的行动,不仅连续几年开展解放思想转变观念的主题教育,而且在政策等支持体系的建设上进行了创新。如降低创业准入标准,扩大对创业者的财税支持力度,强化了金融支持创业的力度,政府行政审批制度改革进一步加快;2000年7月,江西省政府各部门的行政审批事项共有1127项。

表7-4　2000年江西省创新能力在全国的位置

江　西　省	排　名
企业技术创新能力	22
大中型企业研发投入	19
大中型企业设计能力	23
大中型企业创新产出	21

资料来源:中国区域创新能力报告2001。

2003年以前,省政府先后对省级行政审批事项进行了三次清理,共取消审批事项812项,取消率达72%;2003年国家出台了《行政许可法》,并于2004年7月正式实施。江西省政府认真实施《行政许可法》,全面清理行政许可依据、项目和实施主体,对省级核定的有关事项再次清理,精减率达67%;江西省、市、县三级政府及部门普遍设立了行政服务中心,推行一站式办理、一条龙服务、首问责任制、一次性告知制、限时办结制等制度;为加强对投资环境的监督,江西还成立了省级行政投诉中心;为促进政府机关改进工作作风,省政府连续多年在省政府组成部门、直属机构、具有行政管理职能以及与经济发展密切相关的49个部门和单位集中开展了政务环境评议评价活动。也正是这些投资环境、支持体系不断优化和改善的原因,江西的开放性经济迅猛发展。

理论界对这些年江西创新创业环境令人欣喜的改变,也进行了相关的调查。秦夏明(2006)等采取GEM的技术路径(GEM是Globe Entreperneurship Monitor,全球创业观察的英文简称,由英国伦敦商学院和美国百森学院共同发起成立的一个旨在研究全球创业活动态势和变化的研究项目),采用专家调查法取样调查。江西创业环境综合状况进行了研究。结果表明江西省居于所有GEM项目城市和中国整体区域的第8位(不计平均值),略高于平均值,属于中等水平。以平均值3.00作为衡量标准,把所有比较城市及区域分为四个区间:长春、昆明和重庆的创业环境较差;中国整体区域、西安、武汉为一般;广州、江西、北京和成都为较好;南京、杭州、济南和天津为好。江西创业环境与这些项目城市和地区相比,在各个环境要素中所具有的优势和劣势概括为表7-5。

表7-5 综合环境支持体系等要素优劣概括

环境要素	江西		
	优势	劣势	排序
金融扶持			中下水平
当前的融资途径		非正式私人投资占主导地位;金融机构有少量信贷投入;政府以贴息方式推动,规模较小。非常缺乏权益、债务资本来源,缺乏IPO渠道,风险投资几乎处于停顿状态,创业投资比例极低	
政府政策			中上水平
政府效率	省政府有较具体的要求,各级政府的工作效率相对于过去有明显改善,但仍需要增强;新创企业管制成本较高		

续表

环境要素	江西		
	优势	劣势	排序
税收优惠	可获得较为明显的优惠		
政府政策制定	省政府开展全民创业活动，各级政府有相应的配套政策出台；政府对创业企业的税收和其他管制相对稳定	政府采购政策的制定需改进	
政府项目			中上水平
政府具体项目		政府提供创业项目开发与创业服务的组织不足	
教育与培训			中下水平
中小学教育内容		中小学对学生创新、创造力意识的培养有改善，但创业教育内容匮乏，相对落后	
管理与创业教育	职业培训教育有较大发展，大学生创业教育得到较明显推动	管理教育仍较落后	
研究与开发转移			下游水平
技术成果转移		研究成果转化的条件差，无论是企业在资金、技术等方面的承受能力和转化能力，还是政府的资助方面，都不能满足创业过程中研究开发转移的效率要求	

续表

环境要素	江　西		
	优势	劣势	排序
商业和专业基础设施			下游水平
商业资源与服务		优良的商业资源、商业服务的数量较少，获得和使用资源、服务的成本较高，难以寻找和使用到好的资源与服务，工商部门效率较低	
市场开放程度			上游水平
市场变化	市场变化快，存在较多机会		
进入壁垒	市场进入成本较低，但存在不公平壁垒		
有形基础设施			中上水平
设施资源	能够满足需要		
使用成本	较低		
文化和社会规范			中上水平
社会氛围		需改善小富即安的意识	
创业文化	有比较明显的激励特征，个人优势明显，创新精神和个人责任感有所提高		

上面的比较分析表明，在江西省的创业环境中，诸如市场机会、文化和社会规范、政府税收优惠、有形基础设施等方面存在一定的优势，但是在金融支持、研究与开发转移、商业和专业基础设施、教育和培训等方面差距较大，这些成为制约江西省创业活动的重要瓶颈因素。同时，也对江西工业园区创新创业环境的进行了调查。调查对象企业所处的工业园区在创新创业环境方面与

全国水平比较,11 个项目有 9 个高于全国平均水平,其中 5 项大于 5 分,分别为园区地方政府支持、园区政府服务(公正、公开、效率)、园区法制环境(地方法规等)、园区基础设施(道路、网络、公共建筑等)、园区优惠政策(税收、用地、厂房等),这说明企业认为所在园区在这 5 个方面高于全国平均水平,满意度较高,建议园区继续做好这些方面的工作,以吸引更多的企业入驻园区;有 3 项,即园区企业集群(产业链、合作、协作等)、园区中介机构与服务(孵化器、咨询等)和园区生活环境(住房、医疗、教育等)刚好达到全国平均水平,建议园区加大这方面的努力以便提高企业的满意度;2 项低于全国水平,分别是园区融资环境(贷款、风险投资等)平均得分 3. 72 分,园区产、学、研相结合的环境平均得分 3. 54。

各个企业的入园动机按被选频率分别是:享受企业创立方便 246 人次,被选频率为 68. 1%;享受税收优惠 237 人次,被选频率 62. 7%;享受更好的基础设施 199 人次,被选频率为 52. 6%;享有更好的人文环境 104 人次,被选频率为 27. 5%. 其他的入园动机还有为了接近供应商、为了接近客户商、为了接近同业企业、为了获得人才和资源。假如再投资设立企业,企业选择投资地点时主要考虑的前三个因素分别为政府服务水平(占总数的 88. 4%)、基础设施状况(占总数的 78. 8%)和经营成本(占总数的 73. 5%),建议园区在这三个方面加大投入力度,以便吸引大型企业发展壮大再设立新企业时能选择本地工业园区。而产业配套能力(占总数的 49. 5%)、对外开放、透明的程度(占总数的 38. 1%)和信息发达程度(占总数的 29. 9%)则是企业再投资设立企业的第二考虑因素,建议园区也要加大这方面的投入,从而增加企业的价值。再投资设立企业选择投资地点时,企业还会考虑的因素为当地文化是否有利于经商(占总数的 21. 7%)、经济规模(占总数的 18. 3%)、消费水平(占总数的 10. 8%)和人口规模(占总数的 7. 1%)。[①] 这些成绩的确令人鼓舞,但它属于过去,在这“百舸争流、不进则退”的竞争越来越激烈的年代,陶醉于过去的成

① 秦夏明等. 全民创业研究[R]. 江西省社会科学规划重大招标项目,2006.

绩是要失败的，只有不断的创新，才能在市场竞争中立于不败之地。

表 7－6　江西工业园区在创新创业支持体系方面与全国水平的比较

项　目		平均分
E01	园区地方政府支持	5.37
E02	园区政府服务（公正、公开、效率）	5.54
E03	园区法制环境（地方法规等）	5.30
E04	园区基础设施（道路、网络、公共建筑等）	5.22
E05	园区优惠政策（税收、用地、厂房等）	5.27
E06	园区人才政策（户口、激励等）	4.75
E07	园区融资环境（贷款、风险投资等）	3.72
E08	园区企业集群（产业链、合作、协作等）	4.07
E09	园区中介机构与服务（孵化器、咨询等）	4.05
E10	园区产、学、研相结合	3.54
E11	园区生活环境（住房、医疗、教育等）	4.04

说明：4 为平均水平，1 为最低水平，7 为最高水平。

7.4.1　政府经济发展战略创新取向

由于江西多数工业园区内的企业是通过政府提供优惠政策吸引入园的。这种集中仅仅只是一种地理上的集中，存在许多先天的不足：有的园区企业关联度低，还未产生实质的集群效应；有的园区建设缺乏统一规划，存在重复性建设现象；有的园区内产业分工协作不明显，没有形成一条完整的产业链；有的园区尚未形成与科研机构良好的合作机制；有的园区重视招商引资数量、产值、出口总额等数量指标，轻视竞争力的培育和可持续发展。针对这些不足，政府应在经济发展战略上，有所侧重地进行产业集群发展的导向性的部署。

1. 把培养支柱产业，提高企业的关联度放在首要位置。支柱产业不仅规模效应比较明显，而且它对经济社会发展的支撑和主导作用也比较突出，同时其自身也面临着快速成长的机遇而具有巨大的发展潜力。因此,经济发展战略的重点是鼓励园区根据比较优势选择好主导产业,然后根据产业链环节,明确目标、突出重点、分类指导,有选择地吸引各环节的企业加入,用优势产业带动产业集聚发展,充分发挥政府在产业集聚形成中的引导作用。通过各市、县的协调,项目对换等措施,形成园区内的企业能有一个完整的生产体系,把园区办成江西优势产业集群的生产基地和产品输出地。江苏昆山电子信息产业集群形成之快,与昆山政府的产业导向意图分不开。在昆山手提电脑产业发展之初,他们把一台手提电脑拆开,对照现有企业目录,缺什么零部件就想方设法招什么零部件生产企业,以致才有昆山的 IT 产业 90% 的零部件能在 30 分钟的路程内完成采购的产业发展环境;以致才有全球 1/3 的手提电脑、1/8 的数码相机出产于昆山、2006 年昆山 IT 产业产值达 1600 亿占工业总产值 52.4% 的产业格局。

2. 着眼于战略层面的整合,把继续推进产业集聚作为战略创新的基础。通过政策引导园区内企业形成相互依存、互相合作的专业化分工协作的网络机制,鼓励区内企业建立健全信用体系,能为有关企业提供专业化供应配套,以提高企业之间产品关联度,形成将经销商、生产商和供应商紧密联系产业链纽带和"小企业、大产业"的产业格局。这样的产业格局,不仅能促进工业园区内企业的竞争,而且也能增加园区企业的创新能力和根植性。在目前面临新一轮国际国内产业转移的机遇时,应重点支持具有拓展和延伸产业链、壮大产业规模作用的产业发展。要围绕龙头产业和企业,发展提供配套产品和服务的中小企业,提高区域配套率,在主导产业形成的同时,深化与延长产业链条,从离散地抓项目向抓产业链转变,逐步形成以产业链衔接的高新技术企业集群。应当大力引导企业构建上下游产业关联大、带动作用强、附加值高的产业集群,以形成紧密的产业链和供应链,从而优势互补,充分发挥整体优势。

3. 立足省情,把建立开放型产业集群作为战略创新的目标。在充分利用国内资源和国内市场的同时,也要充分利用国外资源和国外市场,进一步推进开放型产业集群的形成。一是重点形成外资进入和主导的产业集聚。外资企业尤其是跨国公司具有全球布点优势，能充分挖掘产业价值链资源和利用国际化的视野选择最有利的区位进行布局，选择最好的产业关联配套等途径迅速培育出产业集群；二是鼓励民营资本形成产业集群。民营资本自发形成的产业集群多数是属于投资少、见效快、技术水平低的劳动密集型产业，其集聚特点是产业根植于地方性的社会网络、柔性生产强度高和防范市场风险意识强。

4. 实行跨越式发展战略，适时推进高新技术产业产业集群。高新技术产业集群内相关行为主体之间具有更精细的分工与更密切的合作关系，集群内新公司的衍生能力强，是“弹性专精”的聚集体，还具有知识技术密集、高投入、高风险、高收益、群体化、溢出效应强等特征。高新园区化是高新技术产业集群化发展的载体。通过提供园区空间和支撑性的基础设施，并给予集中的政策优惠，从而达到外力推动产业聚集的效果；而园区经济又可发挥规模经济效应，形成发展的自我强化循环。加大对高新技术产业集群培育的资金投入，以各种形式给处于不同发展时期的高技术企业以资金援助。如无息或低息贷款协助企业进行技术开发和基础研究；政府支付一定比例的从外国购进的技术设备的价款；政府为高技术企业提供信贷担保等等。另外，加速折旧或特别折旧使高技术企业提前收回资金，这也可看成是政府变相地对高技术企业的资金支持手段。

5. 加快人才高地建设，为产业集群的发展提供源源不断的高素质经营人才。企业要成为创新主体的条件是企业成为市场主体，而企业市场主体的形成又依赖于企业家和一批高素质企业管理人才。沿海地区产业集群的发展轨迹昭示，企业家人才队伍的形成对产业集群发展起着决定性作用。因此，要通过政府引导形成有效的企业家培育机制、选拔机制、竞争机制、淘汰机制、激励机制和风险保障机制，打破人力资源流动的地域、所有制、身份界限，使各类人才在公正、平等、竞争的条件下自由流动。当前最重要的是要通过制度创新，给企业经营人才能脱颖而出提供合适的土壤，为创业者制定最宽松的政策环境，鼓励能人创办企业，对创办企业成功、对社会贡献大的企业家应高看一眼并给予应有的政治地位和社会地位。此外,要高度重视一些地方出现的“民工荒”问题,这一问题的实质是产业环境问题,是政府服务不到位的问题。一方面企业招不到合适的职工,另一方面城市下岗工人、农村转移出来的富余劳动力不能就业,这说明我们的职业教育、就业职能培训、继续教育不完善。应通过政府买单、补贴等政策支持,鼓励民办院校、职业学院开办工业化和产业集群发展所需的专业培训课程。南昌大学、新余一所民办院校开办了目前国内最早的光伏专业,为本地的光伏产业集群服务是一个很好的开端,应通过这一实例,走出更多更有效的培育产业集群发展所需人才的新路。

7.4.2 政府管理体制创新取向

管理创新是运用现有的资源,依据市场经济法则和现代科学技术的发展态势,对传统管理模式及相应的管理方式和方法进行改造、改进和改革,实现技术创新目的系统工程。管理的方式与方法不是一次完成的,因而管理是一个不断发展变革的活动,也就是一个在动态中不断进步与发展的管理创新过程。政府管理体制对产业集群发展的作用是多方面的,因而管理体制的创新也应是全方位的进行。

1. 创新企业管理制度。要通过建立现代企业制度,完善企业的动力机制和约束机制,形成促使各类企业提高投入产出率的经营机制和技术开发、技术进步机制。要把培育企业的技术创新能力放在突出位置,加快科研机构和科研资源向企业集中的步伐,同时,建立以企业为主体的技术开发投资体系。

2. 创新市场管理体制。要加快培育市场体系和市场机制,充分发挥市场配置资源的基础性作用。要正确处理好企业投资主体、政府政策扶持、市场配置资源的关系,充分发挥市场在企业资产经营、投资决策等各个环节中配置资源的基础性作用,加快培育证券市场、产权市场、房地产市场、劳动力市场、技术市场、信息市场等各类要素市场。

3. 创新投资管理体制。要通过建立良性循环的投资体制,切实抓住投资决策上政企分开这个关键环节,使企业真正成为投资主体。政府通过政策、规划、监督来加强对固定资产投资的宏观调控和管理,通过投资立法来规范投资主体的行为。

4. 创新政府经济管理体制。要通过建立新型的政府经济管理体制,建立起覆盖全社会的产业管理新体制。要全面实行政企分开,政资分离,要形成综合经济管理体系、国有资产管理体系和行业自律性管理的中间组织体系的经济管理格局。政府主要通过税收、金融、财政和产业政策引导工业企业发展。

5. 创新市场金融体制。通过合资合作,大力发展投资银行业、投资管理、投资顾问等金融服务;完善技术和产权交易市场,建立完善的风险资本市场体系;鼓励民间资本以小企业为主要服务对象组建股份制商业银行;发展各类基金,扩大融资渠道,鼓励民间资本进入风险投资市场。①

7.4.3 技术体系创新取向

技术体系在产业集群发展中的支持意义首先是提高资本的有机构成。按卡尔·马克思(Karl Marx)的观点,资本有机构成是由资本技术构成决定,并且反映资本建设构成变化的资本价值构成。在扩大再生产过程中,商品生产者为了追求更多的剩余价值和在竞争中取得优势,必然不断改进企业企业的技术准备,从而使不变资本所占比重增大,可变资本所占比重缩小,导致资本有机构成不断提高。其次是技术创新或技术进步的关键性作用,对此,新古典理论的模型有过论证。

该模型主要论证了人均产出增长的函数关系,认为只有资本增长超过劳动供给增长时,工人人均产出才能增长。也就是说,只有资本劳动比增长了,工人人均产出才能增长,工人人均资本与人均产出之间存在着正相关。当每个工人获得的资本装备增加时,工人的人均产出增长。但是,如果技术不进步,这种增长不能无限制地继续下去。因为资本如同其他投入要素一样也会出现边际收益递减,结果是工人人均产出也会以递减率增长。当资本劳动比

① 浦再明. 上海发展战略引论[M]. 上海:上海财经大学出版社,2004.

达到均衡水平时，工人人均产出也出现均衡状态，这时资本、劳动、产出会以同一速度增长。

如将供应作为主体方面，假设前提是充分就业，完全竞争下的产品市场，生产要素的自由流动，各地区的单位要素价格相同，地区间的运费为零，这时要素报酬的地区差异可以通过要素的流动来达到平衡，即所谓市场机械主义（Marktmechanismus）可以最终导致人均收入地区差异的平衡。新古典地区增长模型有单一部门模型和双部门模型两种。其中单部门在上述假设下的生产函数为：

$$Y=f(K,L,T)$$

其中 Y 代表 t 期的产出，K 是资本总额，L 代表劳动力，T 表示技术进步；表明产出是资本总量、劳动力和时间的函数。根据这个公式可以推导出下列增长平衡：

$$Y_i = a_i K_i + b_i L_i + t_i$$

其中 Y_i 为产出增长率，K_i 为资本增长率，b_i 为用于收入部分的劳动所占比例（%），L_i 为劳动投入的增长率，a_i 用于收入部分的资本所占的比例，t_i 为技术进步的增长率。

由上可见，欠发达地区在引导产业集群发展过程中，应根据本地的实情，在坚持自主创新的同时，有必要将二次创新或集成创新作为技术创新的重点，在引进基础上经过消化、吸收和再开发来进行创新。同时，以产业技术创新为重心，建立高效的技术创新运行机制。

1. 注重构建以产业性企业集团为主体的产业技术创新体系。从产业层面入手，运用财政、金融等激励政策和法律手段，促使控股产业性企业集团尽快成为产业技术创新的规划者、投资者、组织者和管理者；另一方面，以支柱产业和高新技术产业为重点，建设产业科研技术开发中心。除了现在已有企业集团独立设置研发机构等模式之外，还可以借鉴跨国公司战略联盟的做法，由大型企业集团与国际跨国公司和著名实验室联合组建科研开发机构。

2. 塑造高效的技术创新资源配置机制。根据各产业现状和发展目标，确立产业技术创新的方式和重点。支柱产业的技术创新，以工艺创新为契机，重点是在引进、消化的基础上，通过消化吸收和二次创新，实现规划经济和集约化增长，实现产业技术高度化，努力使支柱产业形成国际竞争优势。传统行业的技术创新，以产品创新为抓手，以行业基础技术和重点技术的改造为创新形式，依据市场需求的变化，用高新技术或适应技术加以改造，迅速实现产业的升级换代，提高产品的创新能力和竞争能力。

3. 完善企业技术创新机制，倡导企业技术创新文化。企业是技术创新行为的最终承担者，通过从竞争战略、人才培养和企业制度三个方面着手，倡导企业技术创新文化，引导企业制定和实施市场竞争战略，从根本上形成企业技术创新的自我驱动机制。①

4. 充分发挥科技优势，加强科技创新，搞好产学研合作交流。着力构建全社会的公共研发平台和特色产业集群技术创新平台，鼓励产业集群同大专院校、科研院所联合，围绕特色产业集群的发展选择技术攻关课题，组织行业关键技术和工艺的研发，为众多中下企业提供技术支撑。建立重点产业集群的技术创新基金，运用政策贴息、税收返还等政策手段，促进产业集群的核心企业逐步增加研究开发投入，加快产品升级换代。②

5. 建立健全多元化科技投入体系，增加科技经费投入。保证政府加大对科技投入经费的基础上，引导全社会多渠道、多层次增加科技投入，鼓励大型企业集团提取一定数量资金用于关键技术的研发和产业化投入。③

6. 完善用人制度，树立市场观念，全面构建技术市场。人才是技术创新的主体，要设立优秀人才奖励办法，积极支持鼓励优秀人才从事技术创新岗位。结合市场发展需求，从国内外市场寻找技术合作伙伴，广泛参与国际化市场竞争。就政府而言，必须为科技成果转化提供更为有利的环境。

① 浦再明. 上海发展战略引论[M]. 上海:上海财经大学出版社,2004.
② 赵凌云. 中国中部地区发展报告[M]. 北京:社会科学文献出版社,2006.
③ 王建农等. 江西2005投入产出应用分析成果精选[M]. 南昌:江西人民出版社,2006.

7.4.4 金融支持体系的服务创新

产业集群的成长离不开两个要素,一是技术,二是资金。目前,技术创新体系对产业集群整体素质的提升、核心企业知识外溢对增强产业集群的关联性的作用已被实践所证明。但金融体系对产业集群的支持作用,如何形成对产业集群更有利的金融支撑机制还要进一步明确。原因有三:一是江西产业集群快速发展时段正是国家进行宏观调控或国际经济动荡之时;二是江西金融体系不发达,金融服务一时还不能适应产业集群的发展需要;三是江西产业集群的发展动力以外源性资金为主,中小企业还不是银行的主体客户,众多企业的资金还是依赖于外省的母体企业的资金供给。这几年,随着人民币的升值,外向型企业出口困难的出现,这些母体企业的资金供给受到一定的影响。另外,江西产业集群由萌发阶段向初步扩张阶段转变或技术创新到一定程度,资金慢慢成为第一推动力之时,金融支持体系的作用越来越重要。因此,江西产业集群的发展对国家政策的扶植、金融支持体系的服务创新更为迫切。

1. 作为中部地区欠发达省份,江西应更多地争取国家金融政策支持。在小额贷款公司、银行分支行的设立、地方银行的上市、票据市场、保险市场、国债市场、贴现市场等为特色的金融体系建设方面,争取国家给予政策倾斜。

2. 下大气力培育优质的资本市场主体,通过资本运作,引入内外战略投资者,积极发展产业投资基金和企业风险投资基金,依托优势产业和市场需求,开展高新产业投资基金、支柱产业投资基金、中小企业发展资金等多种形式。

3. 努力获取国家政策性资本流入和财政转移,申请增加财税留成比例,增加区域资本积累的内生能力。江西农业比较优势明显,是国家重要的粮食生产基地,而粮食生产自然、市场风险大,因而要作为争取国家政策支持的最主要项目,争取更多的资金支持,减少财政支农资金压力,使公共财政有更强的实力进行产业集群支持体系建设。

4. 争取国有银行完善授权授信办法,减少贷款环节,提高贷款审批效率,应适当下放贷款审批权限，让县级支行拥有一定额度的放款权，使之在贷款投向上能重点扶植发展潜力大的产业；大力发展地方性金融机构，地方性金融机构管理层次少，经营成本低，拥有地缘优势、人缘优势、信息优势、资产监控优势，不仅较为容易建立产权关系明晰、责权明确的法人治理结构，而且有较强的活力和自我约束力，有利于降低监督管理成本，规避风险，即使在微薄的服务收费中仍可保持可观的业绩。

5. 集群内企业也要加强自身治理结构的完善和现代企业制度创新。股份制本身就是一种融资制度，其实质是令企业的治理结构规范化，有利于股权的转移与交，有利于增强企业活力和外部融资。

7.4.5 适应产业集群发展的文化创新

产业集群作为一个创造、扩散和应用知识的体系，从本质上讲就是一个区域性创新体系，是区域创新体系的重要模式。产业集群的形成及区域内产业发展的根本动力在于区域创新体系的构建，而区域创新体系的核心是营造一种有利于区域行为主体（企业、大学、政府机构）相互之间进行交流与协作的良好的区域产业文化。这种产业文化支持产业集群的运行，并使其在面对外来竞争者时拥有独特的竞争优势，对于那些还没有形成地方优势的产业集群的区域，重要的是培育区域内的企业家和有利于创新的制度文化环境；对于已经形成地方优势的产业集群区域，也要重视制度文化的创新，以发挥产业集群的竞争优势。

民族文化形成主要来自本地域文化，在广泛吸收融合外来文化基础上形成地方性强的文化环境。不同历史时期因物质生产方式不同使得文化具有特殊的性质，随着社会的变化而不断变化、丰富，表现出强烈的历史时代特征。江西等欠发达地区，长期以来主要是“农耕文化”为主体，商业文化欠缺、商品经济意识淡薄。有关对江西历史文化研究的成果表明，江西历史文化还存在一些影响创业的负面要素（见表7-7）。因此，进行文化创新的任务还亟待进行。

表 7-7　江西历史文化与创业文化关系总体评估

江西历史文化特征	不利于培育创业文化的因素	有利于培育创业文化的因素
明理包容，特色不够鲜明	缺乏对“本省”的认同感，从而使培育创业文化缺乏必要的文化氛围	对新观念不易接受但也不排斥，有文化培育的可行性
简朴务实以致执拗的个性	面对市场经济的时候，会缺少变通和灵活应对的策略	只要恰当改变江西本土创业环境，江西人身上的韧性和节俭、吃苦耐劳等优良传统，必然能在创业中发挥重大作用
浓厚的小农意识	A. “小富即安”，不思进取，缺乏创业意识 B. 一味求稳，缺乏创业必备的冒险精神 C. 目光短浅，只重视眼前小利，缺乏创业所需的长远眼光和前瞻意识 D. 宗法思想非常严重，是个人情社会，关系社会，缺乏创业所需要的软环境	提取其中一些元素，为营造“和谐”的创业氛围所用
严重的官本位	A. 只唯上，思想保守，“左”倾严重，没有创业文化所需要的开拓和创新精神 B. 内耗严重，缺乏创业所需要的团队精神 C. 行政力量太过刚性，容易压制创业人才 D. 容易形成江西本土单一的价值观念，使优秀人才缺乏创业的动力	行政力量有较大的动员和组织能力，正确把握政府职能的情况下，可以有效保证全民创业活动的开展

续表

江西历史文化特征	不利于培育创业文化的因素	有利于培育创业文化的因素
精于小商业 难以成大业	缺乏做大做强意识，很难出现带动全民创业所需要的品牌企业	恰当引导，可以调动千百万民众参与全民创业
聪明好学，人才辈出，但却只是人才摇篮	能培养和输送出大量人才，但却留不住人才，缺乏实现全民创业的人才队伍	为江西创业提供了源源不断的人才贮备

资料来源：李冬妮．把握社会转型趋势培育江西和谐创业的社会文化[R]．江西省经济社会发展重大招标课题，2005.

1. 创新有利于构建转变观念的文化环境。促使社会经济发展的原因多样，但文化环境作为一种深层次潜在的“软实力”，是促使社会发展的一个普遍性共因。因此，构建一个有利于创新的文化环境同样是社会经济发展的关键所在。产业集群的发展不单依赖于经济实力，思路、观念、战略、规划、诚信、效率等构筑的文化环境也十分重要。文化创新关键在于观念创新，超前的理念和思维决定着一切，它首先要求管理者、参与者具有较高的创新思维和远大战略眼光。江西这几年的变化也表明，没有思路就没有出路，没有正确的定位，就没有自己发展的地位。有了思路，有了战略定位，还要统一思想，凝聚合力，才能上下齐心。无疑，文化环境的创新对于思路的形成和落实起着支持作用。因此，要将产业集群发展战略的确立与创新文化环境结合起来，以先进的文化理念引导产业集群的可持续健康发展。

2. 创新有助于强大的企业家队伍形成的文化环境。产业集群的形成要靠硬件基础条件，但起决定作用的是人才。创新文化环境必须坚持科学的人才观，树立正确的选人用人导向，建立以能力和素质为导向的人才评价体系。在全社会形成尊重知识、尊重人才、尊重创新尊重创业的文化氛围，使得优秀的企业经营管理人才、创新人才能向产业集群集中；在构建优秀人才辈出文化环境的同时，更要创新充分发挥人才作用的文化环境。

3. 创新有利于创业的文化环境。产业集群的发展，不仅要靠外源性动力,还要靠本土创业才可能永续发展。目前"小富即安"、不思进取、重视眼前小利、缺乏创业意识、缺乏创业所需的长远眼光和前瞻意识、缺乏创业必备的冒险精神等现象在江西还很普遍。也正因此,前几年江西在确立工业化战略时,提出开放比改革重要的理念就是基于江西相对封闭的文化环境等原因,并采取多种形式创新文化环境,如组织领导干部到发达地区考察、请沿海发达地区领导来作专题报告、开展全省性的主题教育活动、组织专家进行宣讲、宣传创业模范等来解决不利于创业的社会思想认识问题。省委主要领导还一再强调要树立自强不息、创业致富的目标追求;敢闯市场、敢担风险的进取意识;吃苦耐劳、注重实干的创业精神;和谐宽容、大气精致的人文特质;合作共赢、讲求信用的价值取向;富而不奢、富而思进的财富观念;亲商、重商、崇商、富商的商业生态环境,投资意识、经营意识、市场意识、风险意识等等,这些都是创新文化环境的重要内容,关键在于还要继续进行。

4. 创新有利于深化改革的文化环境。国企改革能直接有助于产业集群,制度性改革能支持产业集群。而有利于改革的文化氛围,不仅可以促使改革政策的出台,更能巩固政策改革的成果。文化环境创新的重点在以下方面:经济体制和发展机制的理念观念创新;行业规范发展,完善市场体系,建立诚实守信的公平竞争的市场秩序制度文化创新;竞争、学习和知识创造文化意识创新。

5. 创新有利于产业集群可持续发展的文化环境。目前江西的产业集群主要是中小企业的集聚,从外部环境看,中小企业发展还有很多发展增长障碍,比如行业壁垒问题、规模经济问题、技术问题、融资问题、诚信问题等;从内部机制看,产业集群还作为一种学习性区域,是各行为主体在能动地响应各种挑战与机遇过程中,形成的具有柔性化网络组织的区域。它强调区域是否有对外界环境变化进行整体性快速与柔性反应的能力以及区域内现代企业、市场、政府、相关机构及其他主体之间是否具有互动与协同关系,更强调区域要通过学习来获得上述能力与关系。针对产业集群内外的环境问题,要通过文化创新,促进产业集群的学习型企业比例有大的提高,通过对中小企业重要性的再认识的文化渗透,使其发展壁垒大大减少,使之能得到更多的社会公信度和更高的社会地位。

7.5 产业集群区域合作机制的强化

区域合作机制主要由两大部分构成,一是市场配置资源的区域合作机制,二是建立在市场配置资源基础上的政府推动的区域合作机制。而这种区域合作可以不同程度消除市场配置的外部负效应,形成更大范围的市场资源配置机制。

为实现建设“三个基地、一个后花园”和“对接长珠闽、融入全球化”的发展战略,实现区域市场的共赢和产业优势的互补,破除体制的僵化和思想保守的弊端,提高经济的外向度和活力,推进产业集群的形成与升级,促进经济发展方式转变、大开放下的区域间合作是江西经济的必然选择。同时,江西作为全国唯一一个紧邻中国最有经济活力的“长三角”“闽三角”和“珠三角”三个经济三角洲的省份,有着更宽广的承接产业转移、形成产业集群和接受经济辐射的空间地理上便利和优势。从微观来说,区域合作还包括本省内的各行政区、中心城市辐射作用所带动的企业合作下的产业集群发展。

7.5.1 市场配置资源的区域合作机制

发达地区产业集群的形成基本是市场自发的,这说明市场的力量是巨大的。那么,欠发达地区也有相对发达区域,也可以在通过区域合作等因素作用下,引导其走市场推动之路。

1. 发挥市场机制的作用,走市场配置资源为基础的区域合作下的产业集群发展道路。区域合作的基础是依靠市场机制的动力作用。市场作为“无形的手”,能起到自动调节市场资源、优化资源使用效率作用。产业集群里能通过市场的力量,自下而上的、针对区域的、长期的和基于多元行动主体的、能够动员内生发展潜力的政策,使产业集群中各行动主体是平等的竞争与合作的关系。企业通过内部共生机制,而不单是依靠政策的扶持来提高自身的市场竞争力。

2. 通过区域合作分工的形式,为形成和促进新的产业集群产业集群提高动力。产业集群主要利用组织力量或市场力量构建区域专业化分工,细化产业分工、形成区域产业特色、充分发挥区域分工的外部性,形成聚集经济效应。在这种组织结构下,企业之间建立以互信互利为基础的竞争与合作关系,能够优化产业结构、减少产业组织内损耗,企业不仅可以获得交易成本、生产成本等下降带来的“内部经济”,还可以享有技术外溢等资源共享带来的“外部经济”。以某种区域专业化分工网络为基础的产业集群作为区域竞争力的重要标志,能强化区域经济的核心增长能力。充分利用产业集群的空间集聚优势,形成规模经济、构建信任的人群网络、实现技术扩散和创新。因此,必须统筹规划,合理布局,把能形成产业链的相关产业或地理较集中的产业整合到一定区域,培育优势产业核心竞争力,整体产业布局,合理分工,强化区域内竞争与合作。

3. 以中心城市为核心,发挥其带动和辐射功能,通过创新能力强的企业或行业,发挥其资本与技术高度集中、自身增长迅速、具有规模经济效益所产生的强大辐射作用形成产业集聚。因此,应对区域所处的城市产业进行新的规划或布局,以高新技术产业、信息业、现代装备制造业等为产业结构调整方向,实现现代产业的高度聚集和产业结构的优化升级。使中心城市成为吸纳集聚区域信息流、技术流、人才流的核心,有效扩大产业圈、经济圈范围,集聚圈内的每个企业都因与其他关联企业接近而改善自身发展的外部环境,从而获得集聚经济带来的外部规模经济与外部范围经济,最终成为产业集群。

4. 以大型工业企业为核心,深化区域内分工协作,在形成产业带或产业圈后向产业集群过渡。首先要打破区域间的流通、市场化障碍,统筹考虑存量和增量配置,促使资产重组、技术扩散和产业合理分工,避免产业间趋同性恶性竞争;其次要加强区域内生产要素自由流动,以大型工业企业为核心,首先推进大型企业体制和机制创新,建立现代企业制度,引导社会资源流向大型企业;其次依托大型企业的生产服务网络,引导中小型企业顺应大企业的分工模式,成为大型企业发展的辅助产业群体、配套服务组织,促进区域内产业的横向和纵向分工协作,延长产业链,促使产业集群的形成。

7.5.2　基于政府推动的区域合作机制

欠发达地区工业园区发展的经验表明,产业集群的发展可以依靠政府的力量,结合区域具体特色和比较优势,充分利用本地丰富的劳动力等资源优势,通过政府推动下的区域合作,激发市场力量,在有条件形成产业集群的产业链条环节中,发展"块状经济",培育出新的产业集群。

1. 强化区域合作机制,建立完善的区域合作规则。区域合作主要是在积极发挥市场主导作用的同时,注重政府的引导作用。政府必须对区域合作机制强化指导、协调,建立政府性的区域合作功能性机构,同时不妨建立民间性的区域合作协会,鼓励不同区域间建立密切的合作关系。通过这种正式和非正式的合作机构,共同探索研究促使区域经济得以壮大的产业发展之路。区域合作规则作为规范区域内产业行为的激励和约束,兼顾区域和国家的长短期规划,协调中央和区域利益关系,有利于实现区域制度构建的融合。要充分发挥政府的特殊作用,通过政策支持,引导发达地区与欠发达地区政打破区域间的"行政"分割,形成跨区域合作的互动合力;鼓励"长三角""珠三角"和"闽东南三角"都通过"泛长三角""泛珠三角""泛闽东南三角"的概念向欠发达地区渗透,欠发达地区更要积极呼应发达地区产业集群,拓展腹地和结构升级的战略需求。此外,欠发达地区还应加快与相邻发达区域产业集群跨区域的"连横"互动模式。

2. 要大力争取国家加大实施促进中部地区发展政策。将东北老工业基地的一些政策措施尽快延伸到欠发达地区,由国家重点支持欠发达地区的能源原材料工业和装备制造业的发展,促进资源型城市结构调整和产业转型;国家政策支持的重点应放在带动能源、原材料工业升级、扶持装备制造业、高科技产业集群等发展上。此外,地方政府还要充分运用政府公共服务职能,重视区域资金、技术平台构建,打造物流、商流、资金流、人才流网络,推进基础设施建设,对区域工业发展给予政策性优惠,保证外来投资得到稳定的收益率和可预见的法律政策环境。

3. 构建区域合作法制化的制度环境。不管是当地区域合作,还是跨行政区形成合作,作为参与区域合作的各方而言,必须有一个各方达成一致的合作机制,实现对区域合作的稳定和促进。目前来说,行政区划内各政府权益、地区经济发展矛盾仍存在。针对这些地方无法解决的矛盾,国家首先从最高政策管理角度,创造一个适宜构建区域合作机制的制度环境。设计评价地方政府绩效考核体系时,使之与区域合作成效按一定比例挂钩,避免地方利益冲突而导致的区域合作竞争力降低。

4. 设立专门的区域合作议事机构,协调处理经济合作和产业集群发展过程中的政相关问题。区域合作由于跨行政区域,不能单独由某个地方行政区域管理,必须另行设立一个具有广泛代表性的群体组成的协调管理机构,形成一个在政府引导下的民主管理的服务机构。特别是对欠发达地区的以中小企业为主的产业集群,规模较小,对市场机遇的把握能力较差,在投入要素方面缺乏规模经济的优势,研究与开发的能力有限,无法有效地将一些企业发展的核心环节内部化,常常需要从公共机构获得专业化服务。在目前行政区划下,有些发展中的问题,依靠市场和企业是不能解决的,它不仅要求当地政府制定公共政策和提供公共产品来支持,同时它还要求相关区域政府、相关部门联合行动,共同调整与制定经济政策,才能促进区域合作背景下形成的产业集群发展。

本章小结

产业集群的发展需要内生力和外力的推动,同时还需要环境支持体系的支撑。本章针对欠发达地区产业集群发展过程中最为重要的政策、金融、技术、管理、文化等方面创新体系的建设,对其不足方面或缺陷进行了相关分析,并在此基础上提出了建设有关支持体系和进行区域间合作的基本思路和对策建议。

第 8 章　全文总结与展望

8.1　全文主要观点

产业集群功能的作用首先在于极化效应。在一定时期内，产业空间聚集、扩张的区域经济效应、经济利益驱动和支持体系的作用，对区域经济必然会产生重大的影响。在企业集聚和扩张规模的逐步壮大中，区域经济腹地的不同要素通过不同渠道向特定地域集中和配置，从而形成区域经济增长和发展中心；其次是扩散效应。随着区域经济增长点和发展极的形成，其要素收益差增长点和发展极的要素逐渐向周围腹地扩散，产生范围经济或外部经济效应；再次是网络效应。核心企业和配套企业及中介体系的相互影响作用所形成的产业联系网络，能促进专业知识的传播和创新扩散，尤其是面对面的隐含性知识交流能促进新思想的产生对区域内的要素产生的影响；最后是要素流动和配置效应。这些效应都是正向和积极的，因此，产业集群的发展越来越被政府所重视。

产业集群不仅是一种强竞争力的经济组织，也是一种可扩展的跨越式发展模式和推进工业化战略较为成功的一种路径和模式。产业集群特有的作用主要体现在其具有集聚效应上，尤其在减少交易费用和提升企业竞争力、推进产业持续发展、带动区域经济快速增长等方面作用显著。产业集群在发达地区的蓬勃兴起和对区域经济所产生的重要作用的经验，也为欠发达地区发展产业集群、增强区域经济综合竞争力、实现跨越式发展提供了新的借鉴。

培育产业集群是提高区域经济竞争力的有效途径。作为欠发达地区，要加快区域经济增长、实现中部崛起的目标，培育和推进产业集群是最佳的选择。就江西产业集群发展而言,应选择重点,量力而行,有所为有所不为。目前可重点打造汽车、航空制造、特色冶金、新材料和金属制品等产业集群。在策略上,充分发挥政府的推动和引导作用,加快工业园区向产业集群发展,大力培育带动能力强的核心企业,重视中小企业集群的培养。应逐渐实现产业集聚从要素供给支持向市场化推进的转变,因地制宜,构建具有特色的新产业集群。同时对现有产业聚集区加强创新能力的培育,注意打破条块分割,营造有利于产业集聚的市场环境。基于区位优势、政策作用、外部辐射及制度文化因素等多个角度,目前江西的工业园区对于欠发达地区走新型化工业道路、培育产业集群、实现区域经济振兴具有重要意义。工业园区是欠发达地区实现产业集群的有效载体,产业集群又是欠发达地区工业园区提高素质的主导驱动力。

中国经济还处于转型期,市场经济尚未完善,市场机制不健全,产业集群强大的竞争优势还没有很好地体现出来。再加上欠发达地区经济规模小、市场发育不成熟,国有经济比重大,民营经济不发达,经济体制配套改革滞后,资金等生产要素仍然流向发达地区,要素市场和产品市场的商品定价控制权仍然牢牢地掌握在大中城市和发达地区,优势产业集群形成条件欠缺多,发展速度缓慢。在这样的背景下,走政府主导型的产业集群之路是欠发达地区的现实选择。政府的作用主要是为市场机制发挥作用创造条件,并有效地弥补市场机制失灵的缺陷,通过适当的行政干预,建立和完善扶植产业集群发展的产业政策、制度和条例,积极引导产业集群发展。当然,政府在促进产业集群成长的同时,也可能会带来资源配置效率偏低、企业依赖性强、自我发展能力弱的问题,这一方面要注意尽量避免这些副作用。另外,在产业集群发展到一定的阶段,政府的作用要转移到其根本的职能——指导、调控、监督、服务上来。

8.2 本文主要创新之处与理论贡献

8.2.1 本文创新之处

1. 本文进行了产业集群理论体系的综合和丰富，构建了一个欠发达地区产业集群发展的研究框架。将有指导意义的理论进行综合，用数学方法对有关数据进行分析，采用对比的研究办法，找出研究对象存在的问题或不足之处，得出了有决策参考价值的对策，填补了经济欠发达地区产业集群的一些研究空白；从宏观、中观、微观三个层面，对经济欠发达地区的产业集群发展历程进行反思，通过比较等研究手段，在揭示经济欠发达地区的产业集群的一般发展规律的同时，对江西的经济欠发达地区的产业集群的规律进行了创新性的探索。

2. 在用一般的分析方法分析问题的同时，还采用竞争优势理论、SWOT等分析方法，率先对江西产业集群突出的、根本性的优势和劣势进行更加深入的分析，提出有针对性的政策建议；本研究通过数理分析、图分析，通过建立相关模型进行定量分析，对江西产业集聚的中观进行剖析，用科学、准确的计算结论支持本研究得出的开创性解释，使有关部门对江西产业集聚和集群等情况掌握得更全面、深入，为政府作出有关决策提供更多的参考依据。

3. 对现有研究中被混淆的有关概念进行了辨析，对经济欠发达地区产业集群的优势培育、风险规避等进行开创性的研究。对鄱阳湖生态经济区城市群和产业集群的发展思路进行了创新性的探索，提出的一些建议具有前瞻性和可操作性。

8.2.2 本文主要理论贡献

一是从研究方法来看，尽管本研究也遵循从传统的经济学、产业经济学、经济地理学、区域经济等角度的主流研究的技术路线，从资源禀赋、内生性发展、市场容量等传统的区域经济学理论出发，剖析欠发达地区产业集群，得出有关解释，但也有机地糅合了创新系统理论、技术经济学、城市经济学、战略管理等新兴学科理论。在研究手段上，力求做到了由原来的只是基于某一学科的理论和方法进行研究，转变为跨学科的理论交叉与渗透的综合研究方法。因此，这是本研究对欠发达地区产业集群研究方法上的理论上的一点贡献。

二是在追踪产业集群理论研究的热点、重点、难点的基础上，对欠发达地区新出现的最具特色和竞争力的经济组织形式——产业集群的发展轨迹进行了揭示，较系统地研究了欠发达地区产业集群的重要载体——工业园区的产业集聚等问题，同时通过与发达地区的对比分析，分析了欠发达地区产业集群发展的缺陷、不足及新的战略思路。这些方面的理论研究，对于为理论界较少注意的欠发达地区产业集群的研究起到了丰富和完善。

三是分析欠发达地区产业集群与发达地区产业集群相比存在的差距，研究今后如何实现集群层次的提升，如何实现持续健康成长，这是经济理论界没有解决和落后于经济实践的一个问题。本研究提出的充分利用地方资源禀赋优势引外商投资，建立本地产业链，促进本地产业链向高端扩张；创新引资方式，突出抓好企业组织结构调整，在引导生产要素向大型优势企业集中，加快以产权调整为重点、以资本为纽带的企业联合与重组，打造企业“航母”的同时，注意培育和发展中小企业，鼓励创业和创新，建立公共创新服务平台、企业创新的动力机制、构建创新链，营造有利于培育本地企业家和创新的文化氛围、信任环境，有利于区域合作创新的制度环境等对策建议，对经济理论在实践上的运用和为政府决策服务起到了一定的贡献作用。

8.3 研究展望

产业集群研究是一个涉及经济学、管理学、社会学、技术创新等多学科研究的问题。国内对欠发达地区产业集群创新的理论和实践研究不多，加上受限于个人的能力和理论功底，对许多问题未能进行深入的研究，这些问题也是今后努力的方向。

1. 欠发达地区产业集群在政府主导下发展迅速,但如何与当地的文化传统、历史背景、地方制度、经济发展水平以及技术状况相结合,提高其“根植性”和可持续发展能力,值得进行深入的研究。

2. 本文提出了江西产业集聚程度是一个创新,限于资料的可得性,文中未能对产业集群竞争力进行计算和比较。

3. 欠发达地区企业家队伍不强大,企业家对产业集群发展与创新至关重要,如何建设企业家形成高地和建立企业家培养机制需要进一步研究。

4. 欠发达地区基本上都要求以信息化带动工业化,走新型工业化的道路,如何运用信息化推动产业集群,提高地区的创新能力和竞争能力,推动区域经济的发展也需加强研究。

5. 欠发达地区适应产业集群发展的文化建设问题等等。

本章小结

本章是对本研究的总结,概述了全文的主要观点、创新点和研究不足。由于产业集群在中国发展的历程不长,欠发达地区产业集群还处于萌芽状态,因此,在对今后的研究展望方面,这里分理论界和本研究两个层次进行,以求问题分析的针对性更强。

参考文献

一、国内外学术专著

[1]亚当·斯密. 国富论[M]. 北京:商务印书馆,1990.

[2]马歇尔. 经济学原理[M]. 北京:商务印书馆,2005.

[3]阿尔弗雷德·韦伯. 工业区位论[M]. 北京:商务印书馆,1997.

[4]克鲁格曼. 地理学和贸易[M]. 北京:北京大学出版社,2000.

[5]迈克尔·波特. 国家竞争优势[M]. 北京:华夏出版社,2002.

[6]埃德加·M·胡佛. 区域经济学导论[M]. 北京:商务印书馆,1990.

[7]奥古斯特·廖什. 经济空间秩序——经济财货与地理间的关系[M]. 北京:商务印书馆,1998.

[8]冯·杜能. 孤立国同农业和国民经济的关系[M]. 北京:商务印书馆,1997.

[9]沃尔特·克里斯塔勒. 德国南部中心地理原理[M]. 北京:商务印书馆,1998.

[10]藤田昌久. 空间经济学[M]. 北京:中国人民大学出版社,2005.

[11]瓦尔特·艾萨德. 区域科学导论[M]. 北京:高等教育出版社,1991.

[12]弗朗索瓦·佩鲁. 新发展观[M]. 北京:华夏出版社,1987.

[13]迈克尔·波特,竞争战略[M]. 北京:华夏出版社,1998.

[14]奥利弗·威廉姆森. 交易费用经济学:契约关系的规则[M]. 企业制度与市场组织——交易费用经济学文选. 上海:上海三联书店. 上海人民出版社,1996.

[15]迈克尔·波特. 竞争论[M]. 北京:中信出版社,2003.

[16]迈克尔·波特. 国家竞争优势[M]. 华夏出版社,2002.

[17]罗斯托. 经济成长阶段[M]. 北京. 商务印书馆,1962.

[18]贝恩. 产业组织[M]. 丸善,1981.

[19]王缉慈等. 创新的空间:企业集群与区域发展[M]. 北京:北京大学出版社,2001.

[20]朱永华. 中小企业集群发展与创新[M]. 北京:中国经济出版社,2006.

[21]李凯等. 产业集群组织分析[M]. 北京:经济管理出版社,2007.

[22]吴德进. 产业集群论[M]. 北京:社会科学文献出版社,2006.

[23]许继琴. 产业集群与区域创新系统[M]. 北京:经济科学出版社,2006.

[24]吴翔阳. 产业自组织集群化及集群经济研究[M]. 北京:中共中央出版社,2006.

[25]郑健壮等. 基于资源观的产业集群政策研究[M]. 上海:三联出版社,2007.

[26]刘巨钦. 企业集群成长机理与竞争优势培育[M]. 北京:中国经济出版社,2007.

[27]徐 琼. 区域技术效率论[M]. 北京:中国经济出版社,2006.

[28]李映照. 要素流动与企业集聚形成[M]. 北京:中国经济出版社,2007.

[29]钱方明. 开放与区域经济发展[M]. 北京:人民出版社,2006.

[30]张国华等. 开放条件下的昆山自主创新之路[M]. 北京:人民出版社,2007.

[31]王立军. 创新集聚与区域发展[M]. 北京:中国经济出版社,2007.

[32]陶良虎. 湖北装备制造业竞争力研究[M]. 武汉:湖北人民出版社,2006.

[33]陆立军. 浙江制造新优势[M]. 杭州:浙江人民出版社,2006.

[34]马建会. 产业集群机理研究[M]. 北京:社中国会科学出版社,2007.

[35]顾　强. 中国产业集群第3辑[M]. 北京:机械工业出版社,2005.

[36]顾　强. 中国产业集群第4辑[M]. 北京:机械工业出版社,2006.

[37]顾　强. 中国产业集群第5辑[M]. 北京:机械工业出版社,2006.

[38]顾　强. 中国产业集群第6辑. [M]北京:机械工业出版社. 2007.

[39]于春晖. 中国产业评论第3辑[M]. 上海:上海人民出版社,2006.

[40]林民盾. 横向产业理论研究[M]. 北京:科学出版社,2007.

[41]王建农等. 江西2005投入产出应用分析成果精选[M]. 南昌:江西人民出版社,2006.

[42]袁志钢等. 网络社会资本与集群生命周期研究[M]. 上海:上海人民出版社,2005.

[43]冯德连. 经济全球化下中小企业集群创新机制研究[M]. 北京:经济科学出版社,2006.

[44]张耀辉. 中国劳动密集型产业发展战略研究[M]. 北京:经济科学出版社,2006.

[45]史言信. 新型工业化道路产业结构调整与升级[M]. 北京:中国社会科学出版社,2006.

[46]尹继东. 欠发达地区新型工业化道路研究[M]. 北京:中国财经出版社,2006.

[47]刘世锦等. 2005中国产业发展报告[M]. 北京:华夏出版社,2005.

[48]罗　勇. 产业集聚经济增长与区域差距[M]. 北京:中国社会科学出版社,2007.

[49]张玉喜. 产业政策的金融支持:机制、体系与政策[M]. 北京:经济科学出版社,2007.

[50]邵继勇. 中小企业集群与经济发展[M]. 北京:科学出版社,2007.

[51]杨德勇. 区域产业与金融发展研究[M]. 北京:中国经济出版社,2007.

[52]夏维力. 群效应——从产业集群到城市群[M]. 西安:西北工业大学

出版社,2007.

[53]熊墨辉等.中国中部城市崛起战略研究[M].南昌:江西人民出版社,2007.

[54]施宇剑等.产业升级路径研究[M].上海:复旦大学出版社,2006.

[55]郑海涛等."走向高端"广东产业集群升级战略研究[M].北京:经济科学出版社,2006.

[56]姚木根等.2006年江西经济形势分析与预测[M].南昌:江西人民出版社,2006.

[57]唐晓华.产业集群:辽宁经济增长的路径选择[M].北京:经济科学出版社,2006.

[58]洪礼和等.江西工业崛起方略[M].南昌:江西人民出版社,2007.

[59]李 文.产业结构税收政策研究[M].济南:山东人民出版社,2007.

[60]许庆军.走近义乌[M].北京:中共党史出版社,2007.

[61]张永宁.数理金融分析[M].北京:经济科学出版社,2007.

[62]张进铭.政府在经济发展中的作用[M].北京:经济管理出版社,2001.

[63]周起亚等.区域经济学[M].北京:中国人民大学出版社,1989.

[64]孙络平等.产业集聚的交易费用理论[M].北京:中国社会科学出版社,2006.

[65]蔡 宁等.产业集群与区域经济发展[M].北京:科学出版社,2007.

[66]纪良纲等.城市化与产业集聚互动发展研究[M].北京:冶金工业出版社,2005.

[67]伍长南等.福建产业集群发展研究[M].北京:中国经济出版社,2006.

[68]吕 政等.国际产业转移与中国制造业发展[M].北京:经济管理出版社,2006.

[69]吴国林等.广东专业镇:中小企业集群的技术创新与生态化[M].北

京:人民出版社,2006.

[70]陈文华.产业集群治理研究[M].北京:经济管理出版社,2007.

[71]吴小军.产业集群与工业园区建设[M].南昌:江西人民出版社,2005.

[72]徐向艺.开放经济与中国产业组织研究[M].北京:商务印书馆,2006.

[73]王文松等.现代咨询方法与实务[M].北京:中国计划出版社,2003.

[74]徐康宁.产业聚集形成的源泉[M].北京:人民出版社,2006.

[75]李冠霖.第三产业投入产出分析[M].北京:中国物价出版社,2002.

[76]王则柯.新编博弈论平话[M].北京:中信出版社,2003.

[77]丁忠明等.我国上市公司资本结构与融资偏好问题研究[M].北京:中国金融出版社,2006.

[78]韩玲慧.经济发展中的银行体系[M].北京:中国经济出版社,2006.

[79]赵玉林.高技术产业经济学[M].北京:中国经济出版社,2004.

[80]闫天池.中国贫困地区县域经济发展研究[M].大连:东北财经大学出版社,2004.

[81]冯之浚.西部地区城市化发展道路[M].杭州:浙江教育出版社,2003.

[82]夏　兰等.基于网络结构视角的产业集群演化和创新[M].北京:中国市场出版社,2006.

[83]陈　平等.集群发展的国际经验:提升我国产业集群竞争力[M].杭州:浙江大学出版社,2007.

[84]王述英等.产业经济学[M].北京:经济科学出版社,2006.

[85]于干达.集聚优势[M].北京:清华大学出版社,2006.

[86]干春晖.产业经济学[M].北京:机械工业出版社,2006.

[87]朱英明著.中国产业集群分析[M].北京:科学出版社,2006.

[88]中国产业地图编委会.长江三角洲产业地图[M].北京:社会科学出

版社,2006.

[89]千庆兰.中国地区制造业竞争力新论[M].北京:科学出版社,2006.

[90]吴贵生.技术创新管理[M].北京:清华大学出版社,2000.

[91]梁琦.产业集聚论[M].北京:商务印书馆,2004.

[92]仇保兴.小企业集群研究[M].上海:复旦大学出版社,1999.

[93]全球并购研究中心.中国产业地图[M].北京:中国经济出版社,2007.

[94]林清泉.计量经济学[M].北京:中国人民大学出版社,2006.

[95]陈　兵等.浙江制造业经典案例[M].杭州:浙江大学出版社,2006.

[96]申恩平.企业群落与厂商行为[M].杭州:浙江大学出版社,2006.

[97]陈秋玲.走向共生[M].北京:经济管理出版社,2007.

[98]王洛林.中国工业利用外商投资研究报告[M].北京:社会科学文献出版社,1999.

[99]周　军.宏观经济学[M].武汉:武汉理工大学出版社,2005.

[100]周　军.微观经济学[M].武汉:武汉理工大学出版社,2005.

[101]罗　勇.区域经济可持续发展[M].北京:化学工业出版社,2005.

[102]石小军.商业银行信用风险管理研究[M].北京:人民邮电出版社,2007.

[103]浦再明.上海发展战略引论[M].上海:上海财经大学出版社,2004.

[104]马崇明.中国现代化进程[M].北京:经济科学出版社,2003.

[105]郭万达,朱文晖.中国制造[M].南京:江苏人民出版社,2003.

[106]邹再进.欠发达地区区域创新论[M].北京:经济科学出版社,2006.

[107]连玉明,吴建忠.中国国力报告[M].北京:中国时代出版社,2007.

[108]黄健康.产业集群论[M].南京:东南大学出版社,2005.

[109]罗　莹等.融资风险管理研究[M].南昌:江西高校出版社,1995.

[110]王小勇. 江西崛起与加速工业化[M]. 南昌:江西科技出版社,2002.

[111]徐　毅. 2008年:江西发展形势[M]. 南昌:江西人民出版社,2008.

[112]王玉帅. 欠发达地区新型工业发展道路研究[M]. 北京:中国财经经济出版社,2006.

[113]林　义. 风险管理[M]. 成都:西南财经大学出版社,1990.

[114]徐承红. 产业集群与西部区域经济竞争力研究[M]. 成都:西南财经大学出版社,2006.

[115]曾菊新. 空间经济:系统与结构[M]. 武汉:武汉出版社,1996.

[116]陈秀山等. 区域经济理论[M]. 北京:商务印书馆,2004.

[117]陈平等. 集群发展的国际经验:提升我国产业集群竞争力[M]. 杭州:浙江大学出版社,2007.

[118]符正平等. 中小企业集群生成机制研究[M]. 广州:中山大学出版社,2004.

[119]金培等. 竞争力经济学[M]. 广州:中山大学出版社,2004.

[120]刘　斌. 产业集聚竞争优势的经济分析[M]. 北京:中国发展出版社,2004.

[121]阮桂海等. SPSS 实用教程[M]. 北京:电子工业出版社,2000.

[122]浦再明. 上海发展战略引论[M]. 上海:上海财经大学出版社,2004.

[123]赵凌云. 中国中部地区发展报告[M]. 北京:社会科学文献出版社,2006.

[124]吴传清. 马克思主义区域经济理论研究[M]. 北京:经济科学出版社,2006.

[125]安虎森. 区域经济学通论[M]. 北京:经济科学出版社,2004.

[126]盖文启. 创新网络—区域经济发展新思路[M]. 北京:北京大学出版社,2002.

二、国内学术论文

[1]郭淑芬.欠发达地区产业集群形成与发展的特点研究——以山西晋城铸造产业集群为例[J].中国青年科技,2007,(6).

[2]胡亭亭.中国欠发达地区产业集群培育的对策研究——以安徽省为例[J].经济问题探索,2007,(7).

[3]林海平.欠发达地区的产业集群发展战略——以内蒙古地区为例[J].科学社会主义,2007,(2).

[4]富 筠等.欠发达地区产业集群发展对区域城市化的影响[J].保山师专学报,2007,(1).

[5]董 俊等.江西工业园区高新技术产业发展的现状及对策[J].特区经济,2005,(10).

[6]彭 忆等.产业集群理论与湖南经济崛起[J].边疆经济与文化,2006,(11).

[7]中国工商银行江苏省分行课题组.产业集群、区域经济与金融深化——金融支持中国戴南产业集群发展模式研究[J].金融论坛,2006,(12).

[8]刘增科.产业集群:欠发达地区经济发展的战略选择——以江苏省沿东陇海线地区为例[J].农村经济,2006,(7).

[9]王 晓.河南省产业集群的问题与对策研究[J].湖南科技学院学报,2006,(7).

[10]李志春.提升欠发达地区竞争力与发展产业集群研究[J].理论学刊,2005,(9).

[11]舒清泰等.论我国产业集群的演进与趋势[J].求索,2005,(5).

[12]关爱萍.我国传统产业集群发展分析与思考[J].开发研究,2005,(2).

[13]郭金喜.产业集群与跨越式发展[J].青海社会科学,2005,(2).

[14]李剑力.产业集群竞争优势与河南产业集群发展[J].决策探索,

2004,(10).

[15]郭金喜.运用产业集群,推动浙西南地区跨越式发展[J].浙江师范大学学报社会科学版,2003,(1).

[16]唐三湘.从比较优势到竞争优势——试论江西工业的崛起[J].崛起论坛,2003,(5).

[17]韩士专.欠发达地区发展产业集群的战略思考[J].商业时代,2006,(18).

[18]施一军.影响产业集群形成的主要因素对比分析及对策[J].价格月刊,2006,(6).

[19]刘晓东等.产业集群:江西经济发展的重要增长极[J].经济研究导刊,2007,(4).

[20]赵晓等.2005 年中国 1000 大企业区域分布分析[J].山东社会科学,2007,(1).

[21]刘春霞.产业地理集中度测度方法研究[J].经济地理,2006,(9).

[22]任登峰等.欠发达地区工业园区发展动力机制研究——以江西省赣州市兴国工业园为例[J].热带地理,2005,(4).

[23]吴晓军.论地方政府与欠发达地区产业集群成长[J].企业经济,2003,(10).

[24]朱秀春等.有机硅产业群的形成及其启示[J].南昌航空工业学院学报社会科学版,2004,(2).

[25]施一军.产业集群的构建与江西新农村建设[J].萍乡高等专科学校学报,2007,(2).

[26]夏　兰.江西省产业集群品牌研究[J].商场现代化,2007,(1).

[27]李玮等.南昌市县域优势产业集群模式分析[J].江西科技师范学院学报,2006,(6).

[28]万弋芳.江西中小企业产业关联度与集群发展的战略定位分析[J].华东经济管理,2006,(12).

[29]朱小理. 中部地区高新区与产业集群互动崛起应采取的几大战略[J]. 企业经济,2006,(10).

[30]黄晓东. 培育发展赣州钨产业集群的意义分析及政策措施建议[J]. 中国钨业,2006,(5).

[31]曾　煜等. 实现江西产业集群发展的对策研究[J]. 郑州轻工业学院学报社会科学版,2006,(5).

[32]谢立新. 传统技术型产业集群成长与地区竞争力提升——德化与景德镇陶瓷产业创新模式比较研究[J]. 发展研究,2006,(9).

[33]施一军. 产业集群的发展与城市竞争力的提升——以新余市为例[J]新余高专学报. 2006,(4).

[34]叶孝明. 以供应链协同管理推进产业集群化——以江西省为例[J]. 华东经济管理,2006,(6).

[35]中国人民银行九江市中心支行课题组. 中部地区工业园产业集群发展分析——九江个案[J]. 武汉金融,2005,(12).

[36]李云奇. 论江西全民创业与产业集群的构建[J]. 价格月刊,2005,(12).

[37]黄丽华等. 江西产业集群研究[J]. 价格月刊,2005,(8).

[38]王龙锋等. 江西特色农业产业集群化发展存在的问题及对策[J]. 南昌航空工业学院学报社会科学版,2005,(1).

[39]钟运动等. 山区经济发展的产业集群思考——南康市家具业兴起的一点启示[J]. 企业经济,2005,(2).

[40]朱文渊. 中部地区产业集群的形成与政策建议[J]. 嘉兴学院学报,2005,(1).

[41]刘继云. 江西产业集群发展中存在的问题与对策[J]. 科技创业月刊,2004,(11).

[42]胡振鹏等. 产业集群的理论与实践及其对江西在中部崛起的启示[J]. 南昌航空工业学院学报社会科学版,2003,(3).

[43]邢华等. 日本区域集群规划对我国构建国家创新体系的启示[J]. 亚太经济,2006,(7).

[44]陈卓雷等. 产业集群及其对江西经济发展的启示[J]. 企业经济,2003,(7).

[45]熊利民. 关于我省实施产业集群的思考及对策[J]. 金融与经济,2003,(6).

[46]黄信敏. 欠发达地区地方政府促进产业集群发展的政策研究[D]. 厦门大学公共管理专业,2005.

[47]傅 亮. 南昌工业园区产业集群发展研究[D]. 江西财经大学产业经济学,2006.

[48]任登峰. 欠发达地区工业园区与产业集群发展研究——以江西省为例[D]. 江西师范大学人文地理学专业,2006.

[49]盛 祖. 欠发达地区产业集群化研究——以云南迪庆州为例[D]. 云南师范大学人文地理学专业,2005.

[50]吴晓军. 产业集群与工业园区建设——欠发达地区加快工业化进程路径研究[D]. 江西财经大学产业经济学专业,2004.

[51]王成勇. 基于产业集群的区域经济发展战略研究[D]. 兰州大学区域经济学专业,2007.

[52]李文清. 西部产业集群发展因素及模式研究[D]. 西南交通大学管理科学与工程专业,2007.

[53]郑四华. 江西工业企业在中国——东盟自由贸易区的竞争力研究[J]. 企业经济,2006,(10).

[54]李志群. 产业集群:产业组织优化的新途径[D]. 山东大学,2006.

[55]李 怡. 中国信息产业集群研究[D]. 复旦大学,2006.

[56]朱华晟. 浙江产业群发展机理研究[D]. 北京大学,2002.

[57]吴三忙. 制造业地理集聚与地区专业化分工水平 1995 ~2005[J]. 工业经济,2007,(12).

[58]宋周莺等. 产业集群研究进展探讨[J]. 经济地理,2007,(3).

[59]楚　波等. 产业集群辨识方法综述[J]. 经济地理,2007,(5).

[60]吴德进. 企业间专业化分工与产业集群组织发展[J],经济学家,2005,(6).

[61]许庆瑞等. 论产业集群形成的条件[J]. 科研管理,2003,(1).

[62]刘善庆等. 产业集群分类综述[J]. 企业经济,2005,(5).

[63]周　兵等. 产业集群形成的理论及类型分析[J]. 生产力研究,2004,(8).

[64]王　雷. 中国产业集群理论研究综述[J]. 重庆工商大学学报,2004,(2).

[65]韩　蔓等. 天津滨海新区大项目带动产业集群发展[N]. 中国高新技术产业导报,2007－12－10.

[66]张晓琦. 黑龙江省发展产业集群的金融支持[J]. 经济研究导刊,2007,(3).

[67]郭　静. 安徽博望、高沟两地产业集群实证分析[J]. 北方经济,2007,(1).

[68]刘荣利. 河南省产业集群亟须突破的若干困境[J]. 洛阳工业高等专科学校学报,2006,(10).

[69]赵　晓等. 2005 年中国 1000 大企业区域 49 分布分析[J]. 山东社会科学,2007,(1).

[70]谢碧联. 对全省工业园区集约发展情况的调查研究[J]. 江西政报,2008,(14).

[71]杨廷干等. 经济开发区投资环境与投资效益的综合评价及统计制度设计[J]. 研究报告,2008.

[72]罗　莹等. 加快江西产业结构优化升级的思考[J]. 江西农业学报,2008,(1).

[73]罗　莹. 企业技术创新的风险与管理[J]. 企业经济,2006,(6).

[74]王发明等. 产业集群政策研究——以浙江为例[J]. 技术经济,2006,(6).

[75]李冬妮. 把握社会转型趋势培育江西和谐创业的社会文化[R]. 江西省经济社会发展重大招标课题,2005.

[76]李志群. 产业集群:产业组织优化的新途径[D]. 山东大学,2006.

[77]秦夏明等. 全民创业研究[R]. 江西省社会科学规划重大招标课题,2006.

[78]路　平. "簇群"(专业镇)经济的蓬勃发展加快了广东的经济发展和现代化、城市化的进程[R]. "产业集群与中国区域创新发展"研讨会会议资料汇编. 中国软科学研究会,2002.

[79]鲍洪俊. 浙江工业核心竞争力显著增强[N]. 人民日报,2001-11-27.

[80]罗　莹等. 江西产业集聚问题与对策研究[R]. 江西社科"十一五"(2008)规划项目.

[81]王步芳. 世界各大主流经济学派产业集群理论综述[J]. 外国经济与管理,2004,(26).

[82]安虎森等. 产业集群理论及其进展. 南开经济研究[J]. 2003,(3).

[83]安虎森. 新产业区理论与区域经济发展[J]. 北方论丛,1998,(2).

[84]张发余. 新经济地理学的研究内容及其评价[J]. 经济学动态,2000,(11).

[85]梁小萌. 规模经济和产业集聚及区域协调[J]. 改革与战略,2001,(5).

[86]吴向鹏. 产业集群:一个文献综述[J]. 当代财经,2003,(9).

[87]佘明龙. 产业集群理论综述[J]. 兰州山学院学报,2005,(21).

[88]吴利学等. 产业集群研究的最新进展及理论前沿[J]. 上海行政学院学报,2005,(3).

[89]宋维杰,产业群理论[J]. 财经问题研究,2002,(9).

[90]顾朝林等."新经济地理学"与经济地理学的分异与对立[J].地理学报,2002,(7).

[91]陈柳钦.产业集群与产业竞争力[J].南京社会科学,2005,(5).

[92]郑君君等.基于供应链的产业集群研究——以汽车产业为例[J].武汉大学学报(哲学社会科学版),2007,(1).

[93]魏雅婧.浙江"块状经济"浅析[J].福建地理,2006,(6).

[94]郑恒等.浙江产业集群空间发展与城市化的互动分析[J].财经论丛,2007,(11).

[95]孙海鹰.实施三大科技行动,加快陕西高新技术产业发展[J].中国科技产业,2001,(6).

[96]王 珺.广东专业镇经济的类型与演进[J].广东商学院学报,2001,(8).

[97]赵 梦.发展中的云南花卉产业(一)[J].农村实用工程技术(温室园艺),2004,(7).

[98]王 珺,产业组织的网络化发展——广东专业镇经济的理论分析[J].中山大学学报(社会科学版),2002,(1).

[99]胡伟强等.产业集群形成的新兴古典经济学解释及实例研究[J].求索,2006,(6).

[100]郑亚莉.簇群经济研究综述[J].当代财经,2004,(1).

[101]刘曙光等.区域创新系统研究的国内进展综述[J].经济师,2005,(1).

[102]万洛简等.基于空间统计的工业园区投资评价与分析[J].南昌大学学报,2007,(9).

[103]万洛简等.江西省开发区投资环境与投资效益的比较分析[J].江西广播电视大学学报,2008,(3).

[104]郑四华等.江西工业企业在中国——东盟自由贸易区的竞争力研究[J].企业经济,2006,(10).

[105]蔡映红等. 我国中部地区经济协调发展问题与对策[J]. 特区经济,2009,(10).

[106]江西省人民政府. 江西省国民经济和社会发展第十一个五年规划纲要的通知[J]. 江西政报,2006,(4).

[107]黄曼慧等. 产业集聚理论研究述评[J]. 汕头大学学报,2003,(2).

三、外文论文

[1]Adler,Paul S. and Kwon Seok – Woo. Social Capital: Prospects for a new concept[J]. Academy of Management Review, 2002,(7):17 – 40.

[2]Granovetter, Mark. Economic Action and Social Structure: the Problem of Embeddedness[J]. American Journal of Sociology, 1985, (91): 481 – 510.

[3]Andrea Fosfuri, Thomas Ronde. High – tech Clusters, Technology Spillovers, and Trade Secret Laws[J]. International Journal of Industrial Organization, 2004,(22):45 – 65.

[4]Buckley, P. J., Pass, C., Prescott, c.. 4Measures of international competitiveness: a critical survey[J]. Journal of Marketing Management ,1988: 175 – 200.

[5]Brikinshaw, Julian & Hood, Neil. Multinational Subsidiary Evolution: Capability and Charter Change in Foreign – Owned Subsidiary Company[J]. Academy of Management,2000.

[6]Carrie, Allan S. From integrated enterprises to regional clusters: the changing basis of competition [J]. Computers in Idustry ,2000,42(2 – 3):289 – 298.

[7]Claus Steinle; Holger Schiele. When do Industries cluster? A Proposal on How to Assess an Industry's Propensity to Concentrate at a Single Region or Nation[J]. Research Policy, 2002 (31):849 – 858.

[8]Cooke P. Hans Joachim Brazyk H. J., Heidenreich M.. Regional Innova-

tion Systems: The Role of Governance in the Globalized Word[J]. London: UCL Press, 1996.

[9]Coase, R. H. TheNatureoftheFirm. Economics(November), 1937:390 - 391.

[10]Claire Nauwelaes, Rene Wintjes. SME policy and regional dimension of Innovation: Towards a new paradigm for Innovation policy? [J]. SMEPOL, final report, Oslo, 1999.

[11]Cantwell J & R. Harding. The internationalization of German companies R&D[R]. Discussion Paper in International Investment and Management, 1997. No. 233, University of Reading.

[12]David B. Audretsch, Maryann P. Feldman. R&D Spillovers and the Geography of Innovation and Production[J]. American Economic Review, 1996, (3): 630 - 640.

[13]DeBressonC, AmesseF. Networksofinnovators: Areviewandintroductiontotheissue[J]. ResearchPolicy, 1991, (20):363 - 379.

[14]David L. Barkley&Mark S. Henry. Advantages and Disadvantages of Targeting Industry Clusters[N]. REDRL Research Report, 2001 - 9 - 10.

[15]Dunning, J. Trade, Location of Economic Activity and the Multinational Enterprise: A search of an Eclectic Approach[J]. London: Macmillan, 1977.

[16]Glenn Ellison, Edward L. Glaeser. Geographic Concentration in U. S. Manufacturing Industries: A Dartboard Approach[J]. Journal of Political Economy, 1997, 105(5).

四、网络资料

[1]2005全国各地区科技进步统计监测结果整理[EB/OL]. 国家科技部网站 http://www. most. gov. cn

[2]路 平. 广东专业镇经济发展的新趋势和新特点[EB/OL]. http://

www. zhyz. gov. cn

[3]广东省科技厅. 2001 年广东省专业镇技术创新[EB/OL]. http://www. zhyz. gov. cn

[4]浙江省经贸委. 浙江省工业发展“十五”规划中期评估报告[EB/OL]. http://www. jmw. zj. gov. cn

[5]浙江省委政策研究室课题组. 提高浙江区域块状经济竞争力研究[EB/OL]. http://www. jmw. zj. gov. cn

[6]何玲玲等. 跨国时代,浙江民营企业发展进入新阶段[EB/OL]. http://www. drcnet. com. cn

[7]江苏省经贸委. 四大产业集群基本形成,江苏沿江开发取得新进展[EB/OL]. http://www. jsetc. gov. cn

[8]黄庭满. 海峡西岸崛起十大特色产业集群[EB/OL]. http://www. zjjmw. gov. cn

[9]中国宏观经济信息网. http://www. macrochina. com. cn

[10]宋伍生. 在四川省产业集群发展研讨会上的讲话[EB/OL]. http://www. sc. gov. cn

[11]陕西软科学成果库. http://www. ssim. gov. cn

[12]宁夏经贸委. 宁夏产业集群发展概况[EB/OL]. http://www. nxetc. gov. cn

[13]国家统计局. 河南调查总队中部六省经济社会综合发展比较研究整理[EB/OL]. http://www. stats. gov. cn

[14]黄承喜等. 湖北促进中部地区崛起问题探讨[EB/OL]. http://www. stats. gov. cn

[15]中部六省统计资料. http://www. jxnews. com. cn

[16]舒国华等. 江西省民营企业产业集群研究[EB/OL]. http://www. jxfic. gov. cn

[17]江西省政府发展研究中心课题组. 赣港合作在江西建设产业转移基

地研究报告[EB/OL]. http://www. jiangxi. gov. cn

[18]国务院研究室综合司. 公布中部六省调查研究报告等[EB/OL]. http://www. gov. cn

[19]彭道宾. 中部六省产业发展状况比较研究[EB/OL]. http://www. jiangxi. gov. cn

[20]建设鄱阳湖生态经济区[EB/OL]. http://www. jxdpc. gov. cn

[21]向延华等. 中部六省固定资产投资差异比较分析[EB/OL]. http://www. hntj. gov. cn

[22]王缉慈等. 关于我国沿海产业集群发展的对策研究[EB/OL]. 中国经济改革研究基金会资助课题,2003. http://www. crfoundation. org

[23]吴玉英等. 特色工业园区产业集群发展崭露头角[EB/OL]. http://www. cqtj. gov. cn

攻读博士学位期间从事的科研情况

一、近5年主持完成的国家、省级课题

1.《中国农村政策对新农村建设的影响研究——以取消农业税政策为例》2007年国家社科基金项目(批准号:07BSH047);

2.《建立农民增收长效机制,实现农民收入持续增长》2005江西省经济社会重大招标课题;

3.《山上建绿色银行,山下建优质粮仓》2005年江西省社科规划课题(编号05YJ43);

4.《以工促农,以城带乡的战略选择》2005年江西省农业厅年重点调研课题;

5.《江西社会主义"新农村"建设几个重要问题研究》2006年江西省农业厅重点调研课题;

6.《江西农产品质量安全问题研究》2007年江西省农业厅重点调研课题;

7.《构建江西社会主义新农村新产业研究》2007年江西省社科规划课题(编号06YJ55)。

二、近5年来发表的中英文论文

1. Consideration of Entironment Problem about Project Countries Provided a Loan by World Bank——The First International Symposium on Sustainable Agriculture for Subtropical Regions (ISSASR-10) Changsha[J]. people's Republic of China, 2005,(11):23-25.

2. "学习力"是领导者必备能力[J].当代江西,2005,(11).

3. 山上办绿色银行,山下建优质粮仓——山上办绿色银行篇[J].江西农业学报,2005,(12).

4. 山上办绿色银行,山下建优质粮仓——山下建优质粮仓篇[J]. 江西农业学报,2006,(1).

5. "新农村"建设的思路与对策[J]. 求实,2006,(1).

6. 对南昌市城市建设的观察与思考[J]. 江西行政学院学报,2006,(1).

7. 企业技术创新的风险与管理[J]. 企业经济,2006,(6).

8. Consideration of Entironment Problem about Project Countries Provided a Loan by World Bank[J]. Scientific Research Monthly, 2007,(7).

9. 江西社会主义"新农村"建设几个重要问题研究[C]. 中国农业出版社,2007.

10. 以工促农以城带乡的战略选择[C]. 中国农业出版社,2007.

11. 构建江西社会主义新农村新产业研究[J]. 江西社会科学,2007,(12).

12. 加快江西产业结果优化升级的思考[J]. 江西农业学报,2008,(1).

13. 中国农村经济体制改革30周年的回顾及启示[C]. 江西科学技术出版社,2008.

14. 从社会学的角度看农业税的取消[J]. 世界农业,2008,(9).

15. 有关农村政策制定执行中的问题分析[J]. 农业经济,2008,(11).

16. Methods to increase the agglomeration degree of industrial park in Jiangxi Province[R]. 第五届创新与管理国际学术会议. 武汉理工大学出版社,2008.

三、近5年获奖项目

1.《建立农民增收长效机制,实现农民收入持续增长》获江西省第12次社会科学优秀成果一等奖(2007年)、江西生产力学会优秀成果奖一等奖(2006年)、中国生产力学会优秀论文一等奖(2008年);

2.《德国现代化进程研究》获江西省第11次社科优秀成果三等奖(2005年);

3.《对南昌市城市建设的观察与思考》获江西省第12次社科优秀成果三等奖(2007年)。

致　谢

日月如梭，到武汉理工大学攻读博士学位快5年了。在我眼里，那里的一草一木都是那样的亲切，在我耳边，老师上课旁征博引、妙语连珠的话语仍在回响。

望着书桌上那经过一年多在计算机上一字一句敲打出的论文，心里百感交集。

在此首先要感谢的是我的导师康灿华教授，从论文的选题、确定框架到写作、修改的全过程，得到了他的悉心指导，导师的意见和建议给予我许多的启发和帮助，同时康老师积极严谨的工作作风、治学态度、宽厚待人的品格都将使我终身受益；我还衷心感谢王仁祥、王恕立、聂规划、赵玉林、魏建国、周军、魏龙、凌丹、赵宏中、陶良虎、陈继勇、刘海云、刘国新、王爱民等武汉理工大学、武汉大学、华中科技大学的教授课程指导或对论文写作提出的大量建设性意见，这对论文的顺利修改、完成起到了非常重要的作用；要感谢我的同事们，他们帮我整理有关资料、数据，为论文的写作提供了基础性条件；我还要感谢论文中所引用的资料作者，他们的前期研究给了我很多启发，是他们辛勤的劳动拓宽了我的视野。

在论文准备和写作其间，还得到了江西省等不少市县、工业园区、企业和省直一些部门领导的热心帮助和鼎力支持，在此一并致谢！

2009年7月于南昌

附 录

发挥比较优势，推进产业集群

——与江西省萍乡市有关部门同志的访谈录

萍乡基本情况：萍乡位于江西省西部，面积3827平方公里，人口183万，因楚昭王在此地得"萍实"而得名。该市与湖南株洲毗邻，距长沙100公里，境内浙赣铁路及沪昆高速公路横贯东西，319国道和320国道交汇通过，交通非常便利。萍乡自然风光秀丽宜人，东部的武功山是江西最高的名山，北部的杨岐山为中国佛教名山，西部的大屏山与南部的玉壶山自然景观与人文景观相融，为旅游胜地。

一、Q：工业基础是产业集群形成的基本条件，目前萍乡市发展制造业产业集群有哪方面较为突出的优势？

A：2007年，萍乡完成生产总值318亿元，比上年增长14.1%；完成规模以上工业增加值118亿元，比上年增长32%；全市规模以上工业企业由上年的310家增加到487家，净增177家。冶金、机械电子、建材、化工、烟花爆竹、陶瓷等六大支柱产业共实现增加值105亿元，占全市规模以上工业增加值的89%，对全市的贡献率超过90%。各县区、萍乡经济开发区（属地）规模以上工业增加值增长均在30%以上，安源区、湘东区跻身全省工业十强。

近几年，萍乡县域制造产业渐成块状，渐显特色。如萍乡经济开发区的新材料和汽车及零部件；莲花的特种冶金材料、生物制药；芦溪的高压电瓷；湘东的工业陶瓷；安源的水泥制造和煤化工；上栗的烟花爆竹都有一定知名度；萍钢、萍矿板块正处于调整和上升期。萍钢在全省100强企业主营收入和利税总额均排在前5位。萍矿集团和安源股份大幅增长;“兴业强市”战略助推产业集群新跨越。市委市政府提出主攻工业战略,在“十一五”期间实施“3331”工程,将加快钢铁、烟花爆竹、工业瓷及高压电瓷、汽车及其零部件产业的集群步伐。

二、Q:萍乡市制造业产业集群发展的制约因素?

A:原有的优势逐渐丧失,资源型产业局限性日益显现。一是以煤炭为支柱的产业群难以形成现代工业集群。萍乡因煤立市,号称“江南煤都”,如今煤炭资源日益枯竭,百年煤城艰难挺进;二是以石灰石为主要原料的小水泥曾经为萍乡经济作出过巨大贡献,而今日成为安源和湘东城区的主要污染源。“小水泥”没有做成环保型、节能型的“大水泥”;三是先天的区位劣势,距离省会南昌200多公里,距上海、广州近千公里,接受长三角、珠三角辐射影响不大;四是国有工业企业改制严重滞后,市属机械、轻化纺、建材行业没有大的进展和新的突破;五是企业家少,能做大事、敢冒风险的企业家更少,相当一部分的工程技术人员和熟练工人外流;六是缺少带动性强的龙头企业,外向程度差,真正意义的外资甚少,旗舰型企业少。

三、Q:萍乡市具备形成制造产业集群的潜力产业主要有哪些?

A:产业集群体现一个国家、一个地区发展的显著特色。萍乡市作为一个百年老工矿城市,经过几十年来,尤其是改革开放以来的发展,初步形成了冶金、机械、建材、陶瓷、医药、化工、食品、烟花爆竹等30多个门类的制造产业体系,制造业主营收入占全市工业的90%以上。其中钢铁、烟花爆竹、化工陶瓷、水泥制造经济总量和贡献最大,正由产业聚集向产业集群过渡。

四、Q:萍乡市打造产业集群应采取哪些对策措施?

A:根据萍乡的市情和工业发展规律,有必要在以下方面有所努力:

1. 做好产业规划,明确产业定位,打造“中部地区现代制造业基地”名片,叫响博升钢材、安源客车、上栗花炮、萍乡工业瓷、芦溪电瓷品牌。具体来说一是要制定“一个中心辐射”(萍乡经济开发区);二是利用好“两大工业走廊带动”(沿319国道和320国道建设工业走廊);三是大力推进“五大区块并进”(5个县区形成各自特色区块)的发展框架;四是加快实施“3331工程”(到“十一五”末完成销售收入萍钢300亿元、萍乡经济开发区和其他两个县工业园区300亿元,烟花爆竹、工业瓷和电瓷、汽车及零部件产业三大板块各100亿元,发展100家超亿元规模企业)。

2. 形成若干发展支柱产业和优势产业的产业规划和实施意见,力求通过科学布局和建立产业联盟,做大做强支柱产业和优势产业;加快项目带动和园区建设。萍乡经济开发区建设冶金、汽车及零部件、机械电子、医药化工、新型材料五大园区的一区多园规划,符合作为萍乡制造产业核心的实际,更重要的是突出重点和特色;促进结构调整和产业提升。

3. 改善“三高一低”(高能耗、高污染、高危险、低附加值)的工业产业结构,关键是引进和培育高新技术产业,提升传统产业规模、工艺和管理水平。上栗县委县政府提出做大做强烟花爆竹10项举措,当务之急应该制定一个产业发展规划。莲花县近几年引进生物制药和机电加工等中小企业以及永安特种材料集团,成长性好,科技含量高,应大力扶持,延长产业链条,尽快形成产业集群。

4. 抓好开放型经济工作。市委市政府已经出台了《关于进一步加强开放型经济工作的若干意见》等三个重要文件,下一步要选准项目,动员全市上下走出去,包装江发、江机等国有企业改制和汽车配件、新型医药、精细化工等项目,广泛联系,寻求合作,要瞄准世界500强。与此同时,要千方百计激活民间投资,搞好政府搭桥、银企合作,诚信融资;强化创新意识和人才支撑。

5. 抓人才队伍建设。现代产业集群的一个重要特点是高新技术和拥有先进管理人才及机构的紧密结合。萍乡经济技术开发区作为产业聚集的内核,应该成为引进人才提供发展的平台;要建立新型材料、工业陶瓷和高压电瓷、烟花爆竹研发机构和博士后科技工作站,培养和形成具有一定的自主创新能力的人才队伍;要建立具有萍乡特色的职业教育体系,萍乡职业技术学院等职业学校可设立汽车专业、硅酸盐和陶瓷专业、烟花爆竹安全生产专业。

6. 实施名牌产品推进战略和企业高管人才激励机制,重奖有突出贡献的管理人才和企业家;加大支持萍钢、萍矿板块的力度。从萍钢、萍矿的经济总量和利税占全市经济比重看,这是两大板块、两大擎天支柱;从产业集群看,萍钢、萍矿辐射面不仅是已有的企业群体,更体现在巨大劳动力就业和消费市场;从发展空间看,萍钢是全省"十百千亿工程"300亿目标之一。因此,支持萍钢、萍矿是兴业强市、加快发展萍乡产业集群的题中应有之义。

五、Q:萍乡市在发展产业集群中应发挥怎样的政府导向和宏观调控作用?

A:萍乡市产业集群正处于资源型经济转型阶段。在这一阶段,迫切需要政府的引导和宏观调控。重点在以下方面:一是制定产业政策,包括产业扶持政策、产业调整政策、产业技术政策、产业组织政策。适当放水养鱼,捆绑财政预算安排的企业挖潜改造资金、基本建设资金、招商引资专项资金、科技三项费用,重点倾斜,不撒胡椒面。认真研究中央扶持东北老工业基地的财税优惠政策,努力争取国家对中部支持政策,挖掘和论证包装对接项目;二是进一步优化发展环境,为投资创业者提供良好的发展空间。市委市政府也一直在下大决心治理发展环境,整顿干部思想作风、工作作风,改善投资环境;三是广泛开展"创新创业,共建和谐"实践活动,进一步在全市上下统一思想,鼓舞士气,形成自加压力,负重拼搏,赶超发展的浓厚氛围,努力开创"兴工强市"新局面。

六、Q:目前已经形成产业集群的烟花爆竹产业的现状如何?

A:萍乡市烟花爆竹产业已经发展成为全国七大烟花爆竹重点产区之一,总产量排列全国第三位和全省第一位。目前出现以下可喜的格局:

1. 经过合理引导和重新布局,基础设施建设上了新水平。近几年来,按照国家和省市政府的统一部署,经过集中清理整治,实施安全生产许可政策,重新调整产业布局,有力地促进了全市烟花爆竹行业规范发展。目前,全市烟花爆竹产业主要集中在上栗(10个乡镇场)、芦溪(8个乡镇)、湘东(9个乡镇)、莲花(1个乡镇)三县一区的28个乡镇场,萍乡经济开发区和安源区已经完全退出烟花爆竹生产行业。

2. 生产势头良好,行业发展有气象。一是烟花爆竹产量、产值快速上升。全市烟花爆竹生产企业数量占全国烟花爆竹生产企业总量的20%左右,2007年产量达到1838万箱,产值达到35亿元;二是财政收入增长,2007年,全市烟花爆竹行业完成税收4.2亿元,比上年同期增长35.48%,占全市财政收入的13%,其中主产区的上栗县烟花爆竹完成税收3.1亿元,占全县财政收入的71%。三是生产企业效益好。四是就业渠道拓宽,职工收入增加。同时促进了黑火药、造纸、装潢印刷、纸箱包装、交通运输等相关配套产业发展。

3. 加快创新步伐,科技研发有新的成果。一是机械化水平不断提高,普遍采用插引、结鞭机械化生产;二是烟花品种不断丰富;三是烟花产品燃放作业技术有新的突破;四是烟花爆竹新型纯感氧化剂研制成功。

4. 转变营销方式,销售渠道有了新拓展。采取走出去和请进来的方式,建立健全销售网络。

5. 强化行业管理,安全生产上新台阶。按照《江西省深化烟花爆竹安全专项整治工作方案》,狠抓行业管理,强化责任、强化整改,抓好标准化建设,抓好规范化管理,抓好安全培训。

目前,存在的困难和挑战如下:

1. 行业整体素质偏低,监督管理人才缺乏。从企业层面看,企业管理水平较差,全市现有的烟花爆竹企业中75%是从鞭炮生产基地提升改造为生产企业,企业管理仍属于家庭作坊式和家族式管理;从操作层面看,企业职工素质偏低,85%的工人是直接从农民走上生产岗位;从监管层面看,日常监管难以到位。

2. 技术力量薄弱,产品档次较低。一是技术力量薄弱,主要以土生土长的师傅带徒弟的方式开展,缺乏专业技术人员。二是研究机构不健全,全市

1152 家烟花爆竹生产企业,具有比较完整的研究机构还不到 20 个,检测设备不完善。三是机械化生产水平不高。四是产品档次较低,全市烟花爆竹主要以生产鞭炮为主,烟花产品为辅,年总产量中 70% 的是爆竹产品,烟花仅占 30%;质量意识较差,经营秩序混乱。近几年来,烟花爆竹产品供不应求,有的生产企业由于自身实力不强,偷工减料,以次充好,产品不符合标准。

3. 行业发展环境不佳,做大做强的氛围不浓。一是受江西省要退出烟花爆竹行业的政策影响;二是做大做强氛围不浓;三是燃放场地等公共服务设施缺乏;四是融资困难;五是自身保障体系不完善;六是流通体制不畅;七是对外宣传力度不够。

七、Q:萍乡市烟花爆竹产业向产业集群发展应采取哪些对策?

A:我们建议:

首先,要强化政府调控职能,营造良好发展环境。一是明确职责,理顺关系,强化行业管理,明确市中小企业局对全市烟花爆竹行业管理的主要工作职能。二是市县(区)及有关乡镇对烟花爆竹的产业布局要有明确的发展思路、发展规划和发展目标,制定有力的发展措施。三是市县(区)要协调好银行关系,使有市场、有规模、效益好的企业能够得到支持。四是大力发展出口产品,不断扩大国外市场。培育出口产品,不断提高出口产品的技术含量和附加值,大力研发新产品,努力突破国际技术贸易壁垒,扶持一批有竞争力的出口名牌产品。五是加大科技投入,促进科技发展。加强与大专院校的联合,加快烟花爆竹理论研究步伐,尽快研究出"安全、无毒、高效、价廉"的烟花爆竹新型药剂、机械设备和产品。各级财政每年应从烟花爆竹行业税收中提取 1% 的比例用于技术研究和奖励,使萍乡市烟花爆竹产品向安全型、环保型和艺术型方向发展。

其次,要加强产品质量管理,严格执行产品标准。一是生产企业要严格按照《烟花爆竹安全与质量》国家标准组织生产,严格每道质量关。二是检验部门要按照国家标准严格把好质量检验关。三是公安部门要严格把好烟花爆竹产品准运关。四是行业主管部门和质量技术监督部门,要对生产企业进行定期和不定期监督检查。五是探索联合发展路子,加快联合组团步伐。尽快制定组团方案,组织专门机构和专门人员,集中精力开展组团工作,组建具有一定规模的烟花爆竹集团。出台优惠政策,培育龙头企业集团,加强指导、协调,服务,建立集团高效运行机制。

最后,要加强教育培训,提高整体素质。一是通过各种形式和途径培养烟花爆竹企业的管理和技术人才;二是提高整个烟花爆竹行业职工队伍素质,积极推动企业管理创新和科技创新;三是提高各级相关管理部门的有关人员和驻厂督导人员的管理水平,增强服务意识。

八、Q:萍乡市工业陶瓷产业向产业集群发展的优势条件?

A:1. 具有一定的产业规模,基础较好。目前,萍乡市拥有各类工业陶瓷企业250余家,周围还分布着原料加工、焦化、包装、运输、销售等为之配套服务的企业近200家。有16家企业通过了ISO 9002国际质量体系认证,42家企业在因特网上开辟了网页。全市陶瓷企业年生产能力达100余万吨,固定资产投资逾10亿元,从业人员达2万余人,工业陶瓷占全国市场份额70%左右。2007年陶瓷产业实现产值近26亿元,完成税收2.4亿元。其中湘东区去年陶瓷产业实现产值21亿余元,占全区工业总产值的1/4强,完成税收0.9亿元。陶瓷产业在县乡经济中已起着支撑作用,具有发展产业集群的物质基础。

2. 产业相对集中,县域产业特色比较分明。萍乡市陶瓷产业主要集聚在湘东区、沿320国道和县级主要公路两旁,企业数量占总数的90%,已形成了湘东镇博宏工业小区、下埠潘塘工业小区、下埠杞木工业小区、下埠木马工业小区、腊市全兴工业小区等产业基地和湘东镇、下埠镇等产业乡镇,其中下埠镇因陶瓷企业较为集中(110余家)、发展历史较久、产业规模大,被国家发改委命名为“工业陶瓷之乡”。全市陶瓷行业销售人员有2000余人,专门销售公司达百余家,销售网点遍布全国,部分产品已打入国际市场,去年出口创汇达600万美元。以产业集群有关标准来评价,萍乡市陶瓷产业松散型市场建设与产业基地相衔接的生产经营体系已基本形成。早在1970年,萍乡市第一家工业陶瓷企业——下埠横溪工业瓷厂落户湘东,距今已有35年的历史。35年来,陶瓷工业迅速发展,为我们培养了一大批懂经营、会管理的本土企业家和熟练技术工人。在湘东,40岁以上的男劳动力没有不知道陶瓷技术的,为陶瓷产业的大发展提供了人才保障。

3. 丰富的资源是萍乡市陶瓷产业向产业集群发展的重要支撑。从资源状况来看,高岭土是陶瓷产业的主要原料之一,是陶瓷企业实现可持续发展的前提。全市高岭土主要分布在南坑镇,其特点是储量大、高品位矿少、贫矿多。2004年高岭土产量达100.83万吨。总体上看,高岭土原料市场广阔,完全可以满足工业陶瓷发展需要。

4. 陶瓷市场前景广阔。从需求来看,世界主要陶瓷生产国家的产品大多为建筑陶瓷、日用生活陶瓷、工艺美术陶瓷和科技含量高、附加值高的精密陶瓷、电子陶瓷等,其中工业陶瓷所占比重不多。而中国工业陶瓷以中低档、粗加工产品为主,与国外优势企业相比,产品具有很大的互补性。目前国内工业陶瓷市场容量约为40亿元左右,今后一段时期,可望保持10%~15%的增长幅度,即在未来5年内,工业陶瓷市场容量可望达到70亿元以上。从供给来看,全国工业陶瓷主要供给地有江西萍乡、江苏宜兴、山东淄博、广东佛山等地,萍乡市工业陶瓷产业已占据全国市场的70%,在市场竞争中已占主导地位。

九、Q:萍乡市陶瓷产业向产业集群发展的有哪些对策措施?

A:我们建议:

首先,要制定好陶瓷产业集群发展规划。一是要将陶瓷产业集群发展纳入国民经济和社会发展"十一五"规划,并与土地利用总体规划和城市规划相衔接,使产业集群得到更多的政策支持和更大的发展空间。在抓好总体规划的同时,要尽快编制完成萍乡市陶瓷产业集群发展专项规划;二要明确产业集群的发展思路和目标。即坚持以市场为导向、高新技术为支撑、产业优化升级为重点,形成专业化分工和社会化协作的集群网络,营造富有生机和活力的产业环境,培育集中度更高,核心技术、品牌效应与营销网络优势更加明显、竞争力更加突出的陶瓷产业集群;三是明确具体可行的政策措施,重点解决以下问题:①在市、湘东区经贸委内设立陶瓷服务办公室,其具体职责是:制定陶瓷产业发展规划和有关政策规章,加强部门协调和指导;加强对企业的服务和指导,规范产业竞争秩序,对扰乱市场秩序行为进行惩戒。②设立陶瓷产业发展基金,专项奖励陶瓷新产品、新技术研发。设立专户,封闭运行,专款专用。资金来源从陶瓷企业税收中按比例抽取。

其次,面向市场,加快产业结构调整步伐。一是要加快上下游产业建设,形成上中下游相联结的产业链,形成1~2个产业品牌。在产业的上游,要在陶瓷企业集中区发展炼焦企业,为陶瓷企业提供优质的煤气资源;以现有机械加工企业为基础,引导生产陶瓷机械设备,解决设备购买、维修问题。在产业下游,引导产品向精细深加工方面发展,开发环保、电子等高档精密陶瓷,提高产品的附加值。同时,大力发展配套产业,引导和支持诸如信息、运输、金融中介等服务配套企业,提高服务业与主导产业的关联度。二是要改善产品技术结构,建立松散型产业研发机构。要对现有陶瓷生产技术进行“脱胎换骨”式的优化升级,重点是构建两个技术创新平台,即公共技术研发平台和产业集群关键技术创新平台。三是要加快组织结构建设,增强企业发展活力。

再次,鼓励和引导陶瓷企业建立现代企业制度,组建企业集团;建立产业与市场相联结的市场体系。一是要建立陶瓷专业市场。建议以湘东赣西大市场为重点,把陶瓷产业的原材料、辅助材料以及机器设备等纳入市场经营,打造陶瓷专业市场。二是要着力完善市场功能。要把面向整个产业的劳动市场、信息服务、金融服务等中介组织纳入市场中,使各种产业要素都在专业市场中聚集。可以建立陶瓷产业集群专门网站,介绍行业动态,发布本地产品信息以及推介新产品、新技术等。三是要积极开拓国内外市场。进一步巩固国内市场,积极开拓新的市场领域。同时,要进一步扩大商业网点布局,在产品主要销售地建立办事处,以便及时了解掌握市场动态;加大扶持力度,为培育产业集群提供良好的政策环境。

最后,当前,要重点解决以下几个问题。一是要解决用地难的问题。对此,应在规划范围内的陶瓷企业用地要采取更加灵活的政策,可采取未批先用、边批边用的办法,为陶瓷产业发展提供充足的土地资源。与此同时,要简化办事程序和手续,降低用地费用,尤其是对于土地出让金,市级财政要给予陶瓷企业享有县级开发区的政策。尤其是湘东陶瓷产业基地,作为产业集群和产业升级的主要载体,应以各项优惠政策鼓励发展。二是要加强对企业家和职工的培训。要引导扶持各种教育机构面向陶瓷产业开展培训业务。萍乡高专可以开设陶瓷专业班,为企业培养高素质的经营管理人才;社会其他培训机构,如职业学校、技校等可以开展面向职工的技术人员培训。三是发挥市工业陶瓷商会对公共政策的推动作用,使商会充分发挥自身优势和行业自律作用,积极为政府公共政策的制定作参谋,加强企业、行业的规范自律,提高诚信,规范市场经营秩序,制止无序恶性竞争,有效推动集群经济的发展。

十、Q:萍乡市电瓷产业向产业集群发展有哪些对策措施?

A:萍乡电瓷已有百年历史,具有传统优势、成本优势、营销优势和资源优势。2007 年,全市生产企业有 90 多家,年生产总值 9 亿元左右,实际可达 12 亿元的生产能力。主要生产 500KV 以下各种电器瓷套、支柱线路、电站用绝缘用品等 40 多个系列、600 多个品种。低压电瓷生产供应占全国 60%,高压电瓷生产供应占全国 40%,出口占全国电瓷出口的 20%。我们认为,要在以下方面有更大的作为:

1. 实施品牌战略,打造大型电瓷集团。按照“依托产业铸龙头,依靠龙头兴产业”的思路,通过设立电瓷中小企业发展基金、电瓷出口产品发展基金等方式,选择一批市场竞争力强、发展潜力大的企业在资金投入、政策扶持、管理指导上以重点倾斜,培育电瓷产业的龙头企业。一是可以将萍乡电瓷厂进行改制,将萍乡电瓷厂打造成市场竞争力强劲的电瓷集团。以其良好的生产设备，具有良好声誉的PC品牌和部分高素质的员工队伍为基础，组建一个具有相对规模、相对凝聚力和号召力的品牌企业。二是以强联电瓷业为基础，联合高强电瓷集团、华通电瓷厂、环宇电瓷厂等几家规模较大的企业，实行强强联合，重组一家大型电瓷集团公司。三是可以由已停产关闭的企业联合起来组建新的电瓷集团。四是引资新建电瓷集团。

2. 建立创新机制，着力提升产品质量。一要创新技术。要以市场经济为导向，以提高产品质量和市场应变能力为中心，以产业技术改造和高新技术产品开发为重点，集中力量突破产业重大关键技术，积极推广等静压干法成型技术及新型窑炉成技术，不断推出高新技术产品和高附加值产品。二是创新产品。要加大科技投入，加大新产品的开发建设。同时要创造优惠的条件吸收高科技项目，促成这些科技成果在萍乡成为基地和转化为产品。三是大力引进技术人才。要下大力气引进人才，可以从西安、大连等地和科研院所聘请相关技术人，对本地人才和工人可以通过聘请专家授课、组织进修等形式提高企业员工的素质。四是以芦溪工业园为基础，加大燃气供应等服务体系建设，提高电瓷业的集约化经营程度，进一步发挥集群的效应。

3. 强化政府职能，推进电瓷产业规模发展。一是进一步加大政策支持力度。从企业技术投资、出口创汇、品牌奖励等方面制定一系列政策扶持企业发展。二是在芦溪县成立电瓷产品科技研究所和质量检测机构。成立一个专门的电瓷产品研究开发机构，专门研究如何改进电瓷产品生产技术。同时，通过收集相关信息，抢抓发展机遇。三是组建电瓷进出口贸易公司，专营电瓷进出口业务。四是为产业发展创造良好环境。畅通融资渠道，解决融资难的问题。通过政府与有关金融单位协调，并采取一定的政策导向，通过建立企业信用担保金，扶持企业做大。五是规范矿产开采行为。要对瓷泥实行规划、开采、加工、销售四统一，做到合理规划、有序开采。六是充分发挥行业商会作用。行业商会通过规划、协调、监督和服务等工作，在政府和企业间发挥好桥梁与纽带作用。

4. 塑造电瓷基地品牌，构建企业文化。萍乡电瓷产业主要集中在芦溪县,芦溪县委县政府已推出打造全国知名、江南最大的电瓷生产基地的目标,充分发挥了服务型政府的职能。通过设立大型专业网站——中国芦溪国际电瓷网,了解国际国内信息,指导企业进行生产经营,着力推介芦溪的知名企业和知名产品。利用城市雕塑、标志性建筑和大型电瓷优质产品展览馆,举办大型的有影响力和辐射力的国际电瓷节和电瓷优质产品博览会等形式,使人不断感受到芦溪的电瓷文化氛围,使芦溪逐步发展成为全国最重要的电瓷制造基地之一。同时,要大力加强企业文化建设,宣传竞争理念、效益理念。

十一、Q:萍乡市汽车及零部件产业向产业集群发展的有哪些有利条件和不利因素?

A:有利条件主要有:

1. 虽形成了一定的历史沉淀,但产业发展基础好。机械制造业是目前萍乡的六大支柱产业之一,而汽车及零部件又是萍乡机械制造的主要组成部分。2005年底,全市规模以上汽车及零部件生产企业有12个,其中核心企业有:安源客车制造有限公司、萍乡益民动力公司、江发集团公司、安源旅游客车公司、行地农用车公司等。主导产品包括各类客车、柴油机、农用车、汽油机及缸体、缸盖、汽车增压泵、离合器等,“安源牌”客车是江西省重点保护名牌产品。2005年有改装汽车1232辆,占全省32.3%。据不完全统计,全市汽车工作从业人员有5000人左右,2005年全市汽车及零部件产业完成销售收入9.6亿元左右。

2. 具备了一定的行业协作和技术研发能力。益民动力公司、江发集团公司与锡柴配套生产的柴油机产品属于环保动力产品,技术达到国内领先水平,符合国家产业政策发展方向。近几年来,企业注重自主创新,提高研发能力,努力开发了一系列的新技术、新产品,如益民动力开发了4100、4102机体、缸盖等。同时,相关企业与国家大型骨干企业、高等院校、科研所建立密切合作关系,有力促进企业技术水平的提高。

3. 拥有一批精通行业管理和熟悉专业技术的人才。近年来,萍乡市实施人才强市战略，促使人才队伍不断扩大，其中汽车及零部件行业拥有的各类人才比例较大。如江发集团公司有管理和技术人才有上百人，占在岗员工的19%；安源客车制造公司等其他规模较大企业，也都有各自数量不菲的管理与技术人才。

4. 我国汽车市场前景广阔。随着“村村通”“万村千村”工程计划的实施，农村汽车消费的多样化，大中型客车、低速汽车（农用车）需求稳步提升，将为汽车工业的发展带来新的机遇。

5. 江西省“十一五”规划将引导全省汽车工业持续、快速、健康发展。省政府将江铃、昌河、上饶客车和萍乡客车列为重点扶持企业。

不利因素：萍乡汽车及零部件产业与发达地区相比，与大公司、大企业相比，在聚集效应、生产规模、产品水平、品牌建设、自主创新能力和综合竞争力上有较大差距，整车发展乏力，零部件企业尚未解决散乱局面。

十二、Q：萍乡市汽车及零部件产业向产业集群发展的应采取哪些战略措施？

A：1. 战略定位。萍乡的汽车工业发展战略应坚持错位发展，差异化发展，做大发动机及缸体、缸套、制动泵、离合器、水泵、万向节、合塞环等零部件，坚持“两手抓”，一手抓整车，一手抓零部件，以安源客车制造有限公司为龙头，加快发展整车，做大安源客车品牌；以赣发动力公司及安源万向公司为龙头，做优做强柴油发动机和缸体缸套等零部件，与江铃、昌河等整车企业配套，和长三角、珠三角及国内大集团对接。

2. 发展思路。以科学发展观为统领，把汽车工业作为新型工业化的重要抓手，着力抓好对外开放，引进大公司、大企业、大项目，做大产业规模；着力抓好产业园区建设，完善配套功能，强化公共服务；着力抓好安源客车、低速汽车（农用车）、发动机等整车和零部件龙头企业，搞好总量扩张和技术升级；着力抓好人才队伍建设和企业自主创新，培育壮大自主品牌。

3. 产业布局。在萍乡经济开发区内以安源客车制造有限公司、行地集团农用车生产基地、赣发动力为基础，建设汽车工业园，按照“产业聚集、企业集群、土地集约”的发展方式，推动产业与汽车园区规划相结合，建成江西重点、萍乡特色的、集整车及零部件生产、销售、售后服务于一体的汽车工业城。同时，在芦溪县工业园打造汽车与零部件基地。

4. 战略对策。一是加快制定和出台汽车工业发展规划和发展汽车工业的政策性文件。成立市发展汽车工业领导小组，组建一个协调班子，明确要求有关部门积极扶持，在扶持政策上要体现出政府支持的坚定立场和政策的具体深入细化。二是加快发展开放型经济，广泛吸引国际资本和民间资本。组建专门班子、专门队伍，瞄准世界500强和国内大企业、大集团，以合作、合资、兼并、收购等方式参与萍乡市国有企业的改制重组。支持国有、民营和混合制企业靠大靠强、联大联强。注重项目推介宣传，抓住大项目。三是加快科技投入和人才队伍建设。支持和鼓励企业增加科技投入，加速研发能力和自主品牌的建设。要创造条件，逐步使企业的研发投入达到当年销售收入的10%以上。政府要设立汽车工业发展基金，对重大开发项目给予资金支持。坚持不懈地加快高级人才的引进和培养，建立灵活多样的人才和激励机制。

图书在版编目(CIP)数据

欠发达地区产业集群研究:以江西为例/罗莹 著.—南昌:江西科学技术出版社,2010.12
ISBN 978-7-5390-4033-2
Ⅰ.①欠… Ⅱ.①罗… Ⅲ.①不发达地区-产业经济学-研究-江西省 Ⅳ.①F127.56
中国版本图书馆CIP数据核字(2010)第195781号

国际互联网(Internet)地址:
http://www.jxkjcbs.com
选题序号:ZK2010107
图书代码:D10123-101

欠发达地区产业集群研究:以江西为例 罗莹 著

出版发行	江西科学技术出版社
社址	南昌市蓼洲街2号附1号 邮编:330009 电话:(0791)6623491 6639342(传真)
印刷	南昌市红星印刷有限公司
经销	各地新华书店
开本	787mm×1092mm 1/16
字数	320千字
印张	22.5
版次	2010年12月第1版 2010年12月第1次印刷
书号	ISBN 978-7-5390-4033-2
定价	36.80元

赣版权登字-03-2010-326